The Anthem Companion to Hannah Arendt

阿伦特指南

著作与主题

[加拿大] 彼得·贝尔（Peter Baehr） [加拿大] 菲利普·沃尔什（Philip Walsh） 编

陶东风 陈国战 译

著作权合同登记号 图字：01-2017-6955

图书在版编目（CIP）数据

阿伦特指南：著作与主题/（加）彼得·贝尔，（加）菲利普·沃尔什编；陶东风，陈国战译. —北京：北京大学出版社，2021.6
（亚努斯思想文库）
ISBN 978-7-301-31234-6

Ⅰ.①阿… Ⅱ.①彼…②菲…③陶…④陈… Ⅲ.①阿伦特(Arendt, Hannah 1906—1975)—政治思想—研究 Ⅳ.① D097.125

中国版本图书馆 CIP 数据核字 (2020) 第 023183 号

The Anthem Companion to Hannah Arendt
Copyright©2017 by Anthem Press. All rights reserved.
Simplified Chinese edition copyright©2021 published by Peking University Press.

书　　名	阿伦特指南：著作与主题 ALUNTE ZHINAN: ZHUZUO YU ZHUTI
著作责任者	[加拿大] 彼得·贝尔（Peter Baehr） [加拿大] 菲利普·沃尔什（Philip Walsh） 编 陶东风　陈国战　译
责任编辑	于海冰
标准书号	ISBN 978-7-301-31234-6
出版发行	北京大学出版社
地　　址	北京市海淀区成府路 205 号　100871
网　　址	http://www.pup.cn　新浪微博：@北京大学出版社 @培文图书
电子信箱	pw@pup.pku.edu.cn
电　　话	邮购部 010-62752015　发行部 010-62750672 编辑部 010-62750883
印 刷 者	天津光之彩印刷有限公司
经 销 者	新华书店 880 毫米×1230 毫米　16 开本　19.75 印张　263 千字 2021 年 6 月第 1 版　2021 年 6 月第 1 次印刷
定　　价	60.00 元

未经许可，不得以任何方式复制或抄袭本书之部分或全部内容。
版权所有，侵权必究
举报电话：010-62752024　电子信箱：fd@pup.pku.edu.cn
图书如有印装质量问题，请与出版部联系，电话：010-62756370

目 录

编者导论　阿伦特对社会科学的批评　/ 1

第一部分　著作

第一章　阿伦特与极权主义　/ 31

第二章　《人的境况》与行动理论　/ 60

第三章　《艾希曼在耶路撒冷》：启发式神话与社会科学　/ 93

第四章　"开端的难题"：阿伦特的革命理论　/ 136

第五章　阿伦特的"心智生活"　/ 161

第二部分 主题

第六章 阿伦特论思考、人格和意义 / 191

第七章 解释种族灭绝：阿伦特与社会科学中的非人化概念 / 217

第八章 阿伦特论权力与暴力 / 242

第九章 极权主义领袖理论 / 273

作者简介 / 307

编者导论　阿伦特对社会科学的批评

彼得·贝尔（Peter Baehr）　菲利普·沃尔什（Philip Walsh）

　　汉娜·阿伦特（1906—1975）是社会科学的坚定反对者。她不断指责社会科学的方法，嘲笑其目标。社会学更是她愤怒声讨的对象。但她此刻却出现在这里，成为"圣歌社会学指南"丛书[1]的作者之一。没有比这更反讽的了，这该如何解释呢？

　　阿伦特出现在"圣歌社会学指南"丛书既不是对一个学科难堪之事——"经典的"女性理论家罕有其人——的体面改正，也不是唯利是图的营销策略。今天，越来越多的社会学家声称阿伦特属于社会学，正如过去很多人声称马克思属于社会学一样。不只是她对科学、工作、能动性、权力、革命和人类社会本质的研究提供了新的视角，社会学家可以直接从中获益，还有更加根本的东西。阿伦特的挑战促使我们重新思考我们正在做什么。她促使我们完善、修正或放弃我们过去的某些最基本的知识影像。

　　仅仅20年前，阿伦特还是人文学科诸多领域中一个深奥难懂的作者，在社会科学中则几乎不被阅读。想起这点未免令人吃惊。即使在政治理论和政治哲学——这是她最为接近的学科——中，阿伦特也

---

[1] "圣歌社会学指南"丛书是圣歌出版社推出的介绍与评价欧美重要社会学家的系列著作，本书为其中一本，本书的原名为《圣歌阿伦特指南》（The Anthem Companion to Hannah Arendt）。——译注

是一个边缘形象。但是20年后,她的地位得到稳步提升,从知识讨论的边缘进入中心。许多因素可以解释这个动态变化:作为一个致命的政治概念的"极权主义"的复兴,非洲、巴尔干和中东地区的种族大屠杀的出现,与之相伴随的意识形态和恐怖的新形式,国家的内爆以及无国家民族的悲剧性重现,人权话语的兴起,对国家势力及其对私人领域入侵的新的担忧,经典共和主义作为对自由主义和社会主义的一个政治替代的复兴等。所有这些都激发了阿伦特的概念和主张的活力。更有进者,人文科学和社会科学之间最近一些年出现的互渗,作为跨学科研究驱动的结果,极大地激励了学术界跨越知识边界。阿伦特,一个涉猎范围极大的思想家,对政治、社会、历史、美学、哲学和教育都发表了大量看法,自然成为这个过程的受益者。

本书的目的和特色

这样,在"圣歌指南"系列中增加阿伦特卷,实为及时之举。现存的关于阿伦特著作的概要介绍大致分为三类。有些选本把阿伦特规规矩矩地置于哲学传统和政治理论的传统之中;另外一些从文学和文化研究的角度研究她;还有一些从法律和历史的角度解读阿伦特。本书和这些先前编辑的集子都不同,它的目的是把阿伦特的著作联系于基本的社会学问题。我们心目中的读者是更高层次的研究生和本科生,并希望吸引有建树的学者和熟悉阿伦特著作的读者。

第一部分阐释她最重要的著作,依据出版时间进行编排:《极权主义的起源》(1951)、《人的条件》(1958)、《论革命》(1963),以及《艾希曼在耶路撒冷》(1963),加上其去世后出版的《心智生活》(1978)。第二部分考察主题——人格、权力、领袖和大屠杀,这些主题使社会学家能够更深刻地思考相关问题。当然,把第一部分和第二部分划分开来的边界是可以跨越的。第一部分的撰写者引用了大量阿伦特的文本，而第二部分的作者则选择某些作品进行详细阐释。在这个"导言"中概括这些文章是多余的。作者们思路清晰、学识渊博，是文章的最佳阐释者。我们认为更有价值的是去辨析阿伦特与社会科学的分歧所在，以及她对于社会科学的挑战，下面各章就是这样设置的。它们都详细描述了阿伦特的一个或者几个主张，对阿伦特的分析的说服力及其对社会学研究的用途进行了评述。在论述阿伦特对于社会科学的重要性之前，考察其生平背景是一件值得做的事情。

生平概述

阿伦特有幸生存下来并成为著名的理论家，本身就是一个小小的奇迹。她1906年10月14日出生于德国的汉诺威，是一个世俗犹太人中产阶级家庭唯一的孩子。父亲在她七岁时去世，留下玛莎·阿伦特[1]在柯尼斯堡抚养孩子——这个家庭于1909年搬迁到那里。从早年开始，阿伦特的母亲就鼓励她免于受害者心态的影响。即使受到孩子们反犹言论的嘲笑（并不是说这很常见），阿伦特这位年轻的女孩也被认为能够保护自己。这种期待培育了道德的和心智的坚韧，她的一生都带着这种坚韧生活。阿伦特的母亲不关心政治，即使大战的风暴也没有对柯尼斯堡这个小城产生太大的影响。阿伦特一开始也对政治问题不感兴趣，她的知识激情紧紧黏着于欧洲文学、哲学以及古代希腊罗马的经典作家，她作为大学预科学生——德国中学的最高学术等级——学习了后者的古代语言。

随后是大学教育。在马堡，阿伦特师从存在主义大师马丁·海德

---

[1] 汉娜·阿伦特的母亲。——译注

格尔，并与之相爱。他对她的思想影响被证明是持久的，但具有腐蚀作用。在阿伦特看来，海德格尔是康德以后最伟大的哲学家。但是他后来拥抱国家社会主义对她而言是一个范例性的教训，它表明：当哲学家把他们的存在观、真理观、理性观或善好观强加于必然是不确定和不一致的政治时，将会发生什么。1926年，哲学家和他学生之间的恋爱不得不中断，阿伦特到海德堡大学并在雅斯贝尔斯非常不同于海德格尔的指导下继续其学业。雅斯贝尔斯指导了其博士论文《论圣·奥古斯丁著作中的爱的概念》。

逐渐地，这些1920年代的学术经历——结束于胡塞尔在弗莱堡大学的一个学期的讲演——使得阿伦特受到了极好的哲学训练。但是，残酷的政治现实突然降临。魏玛时期（1919—1933）是一个非凡的艺术和科学实验的文化实验室，其创造活力很少被打断。1929年以后，阿伦特生活于柏林，与第一任丈夫、哲学学者君特·斯特恩（Günther Stern）结婚，并遭遇了巨大的动荡——哲学对此显得毫无办法。特别是反犹宣传，提出了急迫的、关于一个民族的命运问题——对于这个民族，阿伦特并不觉得和自己有多大关系。对此问题的一个坚定的应答就是犹太复国运动，其阐释者为德国首席代言人和知识分子库尔特·布卢门菲尔德（Kurt Blumenfeld）。阿伦特认为，一个犹太人的祖国应该保护犹太人免受欧洲反犹太主义的剧烈变迁的影响——更为急迫的则是免受德国的国家社会主义的影响，希特勒在1933年当选总理只是加深了她的这个信念。受布卢门菲尔德的德国犹太复国组织的委托，阿伦特在普鲁士国家图书馆收集反犹主义的文章，被盖世太保逮捕。如果阿伦特的审问者当时没有屈服于这个年轻女性的魅力和智慧，那么这将是人们得到的关于阿伦特的最后一个消息。拘留8天后，阿伦特被释放。她决定逃离德国。

这样，一个难民的长途冒险跋涉开始了：布拉格、日内瓦，然后是巴黎。在巴黎，她与斯特恩重逢并重新开始犹太复国活动，一度伴随一个年轻的犹太人移民群体到了他们在巴勒斯坦的新祖国。正是在巴黎，阿伦特遇到了海因里希·布吕歇尔（Heinrich Blücher）。在和斯特恩离婚后，阿伦特很快和他结婚。表面上看，布吕歇尔是一个直率的工人阶级、前马克思主义者，没有接受过正规的高等教育，并不是一个阿伦特这样背景的博学女性的合适伴侣。但是他恰好有一种她所需要的勇气，而且，当他们最初相遇的时候，他拥有比阿伦特更丰富的政治经验。作为一个在哲学领域自学成才的人，他果断干练，在知识方面不惧权威。在后来的岁月里，当阿伦特因其饱受争议的观点——特别是关于艾希曼审判——而受到攻击时，布吕歇尔总是献计献策、忠心耿耿。

随着1940年夏天德国入侵法国，阿伦特在巴黎的旅居突然中断了，她作为一个外国的敌人，在再次流亡前被短暂拘留。这次是与布吕歇尔一起于1941年移民美国（她的母亲随后移民），生活几乎从零开始。当他们到达纽约时，这对夫妇不懂英语。但是与她的丈夫不同，阿伦特很快学会了英语。先是实用主义地学，随着时间的推移则逐渐变得精通，但总是带着浓重的德语口音。"二战"期间，阿伦特为移民报纸《建设》（*Aufbau*）写新闻稿，这是一份面向说德语的犹太人的报纸，与此相结合，她也在欧洲犹太人重建委员会从事研究工作。1940年代早期，也是死亡营的消息第一次被美国人所知的时期，当大屠杀的规模和杀人方法逐渐曝光之后，恐惧迅速取代了原先的不相信。其对阿伦特的震撼是巨大的。此后，解释在欧洲发生的通过工业化的方式进行的种族灭绝，成为她研究的核心。其最先的成果是《极权主义的起源》（此前就有关于这个主题的预备性论文），出版于1951年，同一年，她获得了美国公民身份。这个双重胜利开启了光明的前景。《极权主义的起源》确立了阿伦特作为这个主题的首席思想家的地位，她也是被美国思想界谈论的一个离经叛道者。这是阿伦特一系列启发、困扰，甚至有时冒犯其同时代人的著作中的第一部。

这本《阿伦特指南》的很多读者都是专业学者。随着阿伦特在1950年代名声大振，她开始在普林斯顿、康奈尔、伯克利和芝加哥等地授课，后来成为芝加哥大学社会思想委员会（Committee of Social Thought）的定期访问教授（1963—1967），此后才在纽约新社会研究院（New School for Social Research in New York）拥有了一个全职教职（1967—1975）。由于各种原因，阿伦特成为一位极富感召力的、要求严格的教授。她现在的遗嘱执行人杰罗米·科恩（Jerome Kohn）是阿伦特的一个研究生。阿伦特一生中大部分时间避开了学校的杂务，并且终其一生也不适应大学的学术。在这方面，她类似于独立研究员，比如托马斯·曼（Thomas Mann）、阿瑟·库斯勒（Arthur Koestler）、奥登（W. H. Auden）、埃德蒙·威尔逊（Edmund Wilson），以及玛丽·麦卡锡（Mary McCarthy）。这个名单还可开得更长，而它的成员——比如詹姆斯·鲍德温（James Baldwin）、丽贝卡·韦斯特（Rebecca West）以及乔治·奥威尔（George Orwell），甚至没有接受过大学教育。与那些给精英的政治哲学和哲学杂志或专业学术团体写作的人不同，阿伦特把自己的著作定位于更多的读者和听众。《评论》（Commentary）、《汇流》（Confluence）、《异见》（Dissent）、《巴黎评论》（Partisan Review）、《纽约时报》（The New York Times）、《听众》（The Listener），特别是《纽约客》（New Yorker）和《纽约图书评论》（New York Review of Books），更能达到阿伦特的这一目的。阿伦特与自由的、生机勃勃的知识分子环境，而不是温文尔雅的现代学术体制环境更为融洽。尽管如此，她的那些严密的学术著作，涉及大量的参考文献，最好是在大学的小型学术沙龙谈论，而本指南就是为这样的小型沙龙准备的。

阿伦特对社会科学的评价

初一看，阿伦特对社会科学的态度似乎很简单，即认为社会科学在知识上是名誉扫地的、以"暴露真相"自诩的还原论实践，它把自己的研究对象极度简单化和非人化。但仔细观察，她对社会科学的反对、她的批判路径，在其学术生涯中发生过重要的变化。她的相关评价涵盖了五个领域和时期。第一，早期对卡尔·曼海姆的《意识形态与乌托邦》（1929）的批评建立在对社会学之僭越的哲学批判上；第二，她战后的极权主义研究挑战了社会科学家带入其研究中的那些理解范畴；第三，在《人的境况》（1958）中提供的人类活动的本体论提出了对于"社会观"（"social viewpoint"）的批判性解释；第四，贯穿于其所有著作的对于政治之意义的理解角度，导致其与对政治事务的社会科学研究方法的极度分歧；第五，社会科学发现人类行动规律的雄心，是阿伦特在其1960年代中期的数篇论文中批驳的主题。在此，我们概括一下阿伦特在每一个领域关于社会科学的观点的实质和优点。

对曼海姆的批判

1930年，阿伦特发表了对曼海姆的《意识形态与乌托邦》的批判性评论。这本书当时在德国备受关注。当它1936年翻译到美国的时候同样如此。在《哲学与社会学》这篇评论中，阿伦特捍卫雅斯贝尔斯和海德格尔的存在主义哲学，攻击曼海姆的社会学无法把握"基本的"人类经验类型，而存在主义就是扎根于这种经验类型的。这个批驳的路径在一定意义上预示了阿伦特后来对社会学的批判，这些批判都集中于社会学不能解释人类现象的复杂性。《意识形态与乌托邦》首先关注的是通过扩展和重构马克思的"意识形态"概念，为知识社会学确立新的基础，但是曼海姆还进入了另一个领域，论及理性化的（科学化的）政治的可能性、乌托邦和意识形态思想在历史过程中的作用、哲学在理解人类事务中的作用等问题。对于曼海姆而言，标准的懒惰的[1]哲学模式——它渴望产生出一种对于其他科学的理性化的正当性辩护——是傲慢的，它不能收集自己的"存在的决断"（existential determination）（1929/1933，404）。换言之，哲学没有也不能外在于对自己之主张的真理和价值的争夺，而且，曼海姆还认为，这些主张涉及对于地位不同的社会群体之间的权力的争夺。哲学总是——有意无意地——参与到竞争之中，以使自己"关于现实的公共阐释"（同上）成为被大家接受的阐释。在这方面，它们和其他话语一样"关联于不同的社会情境"（1929/1936，81）。曼海姆最为大胆地把存在主义作为知识上的幼稚的显著例子挑选出来。

对于刚刚获得博士学位、对自己两位导师的思想极度认同的阿伦特而言，曼海姆的著作是一个强有力的挑战。阿伦特的评论使曼海姆面对一系列问题，包括常常被认为是曼海姆知识社会学的阿喀琉斯之踵的东西：社会学的相对主义（阿伦特更喜欢"关系主义"这个术语），它所采取的关于"自由漂流的知识分子阶层"——这个阶层负有在对抗的政治视角之间进行协调的责任——的假定立场。但是阿伦特的首要关切是曼海姆对哲学的界定，即后者认为影响日常生活经验和其他人文科学的社会力量、偏见以及意识形态教义，同样制约着哲学。阿伦特认为，这个还原论的和廉价的立场不能区分海德格尔在《存在与时间》（1927）中努力加以区分的本体和本体论。阿伦特坚称，这个差别不是哲学家自上而下强加的任意划分，而是与人类的经验结构相一致的，在"人类公共生活"的日常模式——它表现于"理想化的交谈"，即"与他人共存"——中，世界具有一个平凡、连续、内在的本体特征。但是如同雅斯贝尔斯和海德格尔共同指出的，这并不能耗尽所有的人类经验。相反，在世俗平凡生活被打断的瞬间，人被

---

[1] 曼海姆并不明确使用这个术语。尽管如此，它抓住了他的哲学的自我观。约翰·洛克最早使用这个术语来概括认识论与科学之间关系的特征。

抛回到自我，"意识到人类情境的本有的不确定性"（Arendt，1994，31）。这个时候，人对于自己"在世界中"的本真存在的知识变得可能了。对于雅斯贝尔斯而言，这个经验突然发生于他所说的边界情境（border situations），"这是很少见的瞬间，只有在此瞬间，我们才经验到我们本真的自己"（同上）——这是所有人类都潜在地可能获得的心智洞明的瞬间，因此它扎根于世界，而不是扎根于哲学家的反思性视角。但是曼海姆的社会学——以及更一般意义上的社会学视角——太过死气沉沉、整齐划一和同质化，忽视了人类经验独特的差异化模式，因此也忽视了与自我的对抗的可能性，更不能把握经验的本体论结构。对曼海姆而言，只存在本体（ontic），或他说的"生命的具体操作秩序"（1929/1936，193）。所有经验，包括那些包含了基本真理或核心价值的经验，都是依据社会压力和社会地位解释的。像阿伦特指出的那样，这意味着，"社会学研究的是比心智更为原初性的现实，而所有的知识产品都从这一角度得到解释和解构。解构在此并不意味着毁灭，而是意味着把任何关于正确性/有效性的主张追踪到它所产生的特定情境"（1994，33）。

虽然对于本体论差异的参照不见于阿伦特后期的著作，但对于曼海姆社会学视角的批判却来自对这一差异的坚守，而且这种批判遍及她对社会科学的其他批判（我们后面还会讨论）。曼海姆对现象学基本观点——经验是由一个复杂的、差异化的结构组成的，这个结构必须通过自己的方式得到分析——的拒绝，代表了社会学视角的片面性：所有重要事物都归因于一个外部的社会起源，而且全部都可以进行归纳判断。这些判断不考虑人类现象的特殊的、有时是独一无二的特征。

极权主义的起源

阿伦特写作关于《意识形态与乌托邦》的书评时，魏玛共和国还没有伤及筋骨，她依然是德国公民。纳粹还没有把持国家并发动战争——这场战争后来成为全球战争。与此相反，《极权主义的起源》

（1951）却是在"二战"后完全不同的环境中构思的。她对于社会学的批判经历了一个相应的重点转换。虽然早先她是站在捍卫的立场为现象学申辩而反对傲慢自负的社会科学，但现在，她开始攻击社会学和其他社会科学误解了现代时期最重要的一段历史。

在《极权主义的起源》中（也在其他相关著述中），阿伦特对社会科学的主要指责是：它们不能很好地理解极权主义是一种空前的社会和政治秩序（1950/1994，233；1951/1973，461）。极权主义是一种政体类型，它"本质上不同于其他政治压迫的形式"。它产生了一种"全新的政治机构"（1951/1973，460），它"依据完全不同于其他价值系统的价值系统进行运作，所有传统的法律的、道德的和功利主义的范畴都不能帮助我们理解极权主义，或者判断、预言其行动路线"（同上）。

在一个层面上说，阿伦特关于极权主义的新颖性的主张明显有些夸大其词。极权主义政体包含了很多与专制政体——尤其是一党专制政体——相似的特征，违背法治、要求意识形态的一致性乃至集中营，都不是极权主义的发明。但是这样说没有抓住阿伦特的要点。极权主义的新颖性不仅因为其恐怖与意识形态的特殊组合，或它是一种培育、孵化运动而不是制约运动的政府类型，而且也是因为其存在导致了一种特定的行动，这种行动全然蔑视那些用以比较和区分人类行为的所有概念。集中营没有什么实用意义，也不能通过把它们和奴隶制进行比较而得到解释，周而复始的清除使得极权政体隶属于故意制造的混乱。让全然无辜者忏悔莫须有的罪名是不可思议的。同样不可思议的是辨识和清除所谓的客观敌人——这些人的"罪行"不过是他们的存在本身。虽然如塔尔科特·帕森斯（Talcott Parsons）、雷蒙·阿隆（Raymond Aron）这样的社会学家发展出了关于极权主义的非常重要的分析主张，但是阿伦特认为他们的知识反思很大程度上是传统的：他们把极权主义描述为以前业已存在的政体的更极端的形式，它们的激进本质是通过陈旧的概念——如独裁、失范——得到表述的。阿伦特将此视作社会科学的一个更基本的弱点的表征：对于功能主义解释的依赖，对于根本性的历史差异缺乏敏感，偷换概念，摧毁了概念的边界以及它们的对象的边界。因此，虽然阿伦特关于极权主义的不可预测性的主张在某种意义上是有问题的，但是其研究方法的原创性，其大胆拒绝把极权主义视作某种业已得到把握的东西的变体，却是促使我们重新思考的、富有启发性的挑战。

即使我们接受阿伦特在1950年代所指出的社会科学的基本弱点，我们也要承认今天的社会科学已经很大程度上克服了这些弱点。因此，值得我们去做的是探讨阿伦特在《极权主义的起源》中对社会科学的批评对于新近的社会学理解政治现象的框架是否适用。极权主义和阿伦特提供的对它的强有力的描述，仍然对传统社会科学的理解提出挑战。比如，当代新韦伯主义社会学家朗西曼（W. G. Runciman, 2000, 64—93）——他提出的人类社会中的权力组织的模式依赖于归纳概括——的方法。他争辩说，虽然公元前3世纪的古希腊城邦和公元16世纪的英国绝对主义君主政体在很多方面差异很大，但是都可以归入国家社会（state societies），因为它们都通过一种特定的权力构造得到维持。这种权力构造由下列成分构成：1.统治精英和被统治者的区分；2.保证合法性和稳定性的统治意识形态；3.生产方式、强制方式和说服方式之间的不规则平衡。（2010, 10—11）对于朗西曼而言，每一个社会的权力结构都可以理解为是联系于统治精英对其所实施的强制方式、生产或说服方式的控制程度的。一旦我们界定了权力及其合法化所依赖的基础，就可以把它们推演到每一个以国家为基础的政体形式。这一点补充了朗西曼的更为一般化的视角，在这种视角中，比较和分辨只是命名和理解长时段的社会现象的产物。

在很多方面，朗西曼的模式不适合极权主义政体。极权主义成功地把大量人口及其次级机构整合到政治机器中，统治精英周期性地遭到清洗。极权主义阐发的历史的和自然的意识形态，并不是稳定性的因素而是其反面。（Arendt 1951/1973, 463）极权主义的意识形态把"自然和历史从维护人类生命和行动的坚实土壤,转化为超级巨大的运动力量疾风暴雨一般碾过人类,把每个人——不管愿意不愿意——都拖入其中,要么跳上其高歌前进的卡车,要么被它的巨轮碾得粉碎"(1994,341)。而且纳粹对权力的假设不是以支撑权力的法律地位为标志,而是相反,纳粹甚至懒得去取代魏玛宪法。他们"对制定无论是什么样的法律都不感兴趣,而是持续地去开拓新的领域"(1951/1973,394)。的确,极权主义政体垄断了强制工具,恐怖的实施是其统治的最重要的要素。但是朗西曼提出的"说服手段"之说在应用于极权主义宣传时却属于用词不当。阿伦特的《极权主义的起源》奉献给我们的最有力部分就是分析极权主义宣传的。它不仅揭示了纳粹使用的独特(宣传)技术——包括准科学的语言、自我实现的预言、阴谋论等——而且强调了极权主义宣传和任何诉诸自我利益和实用考量的"说服手段"的差异性。与此相似,虽然纳粹德国的经济在生产方式的组织上可以被辨认为资本主义经济,但是在其他方面又是不规则、不协调的,比如把工资劳动和奴隶制/苦役混合在一起,故意消灭大量劳动力。在这些和其他方面,纳粹并不合乎阶级利益假设——而控制生产方式的观念正是建立在这种假设的基础之上。

朗西曼的模式或许在解释阿伦特所忽视的极权主义统治的特征时仍然是有用的,而且在确立所谓"拒绝比较"(1994,339)的现象之间的联系和相似性方面也是有用的。齐格蒙特·鲍曼的《现代性与大屠杀》(1989)从独特的社会学角度分辨了迄今为止仍然没有意识到的极权主义统治的特征(比如,通过腐蚀伦理关切来"生产社会距离"),而同时也质疑在作为"常规的"大屠杀与作为"反常的"大屠杀之间进行清晰区分。在这样做的时候,他通过某种方式走向同时质疑下面两种主张:极权主义是独裁政府的变体;大屠杀是前所未有的。但是正如玛格丽特·卡诺万(Margaret Canovan 2000,33)指出的,让人吃惊的恰恰是极权主义的"陌生性,阿伦特描述的现象不仅是令人恐怖的,而且是怪诞的和无意义的,非常不可理解的"。阿伦特极其清晰地把极权主义的陌生性呈现在我们面前，这或许是她的解释的最重要的优点。

社会观与活动三分法

阿伦特的《人的境况》(1958/1998)在一个更加基础的层面挑战了社会科学。这点并不是那么显而易见。这本书是非常哲学化的，某些主张还是非常海德格尔的(Villa 1999，62)。但也正是在这本书中，阿伦特讨论了社会科学惯常处理的问题，比如工作的人文含义、公共领域的特征、交往、个人主义，以及现代自然科学的起源，等等。虽然此书有奇怪的结构，而且表面看上去像是一系列独立的论文，但是它具有整合性的内核则在于标为"劳动""工作""行动"的三部分。

《人的境况》的哲学阐释者常常倾向于把它视作现象学著作，是从个体经验角度对人类世界的图绘。但是这本书也意在解释客观的和主体间的结构，个体经验就发生在这个结构中。相应地，阿伦特把个体活动定位于一个先前确立的人类环境或网络中，这个环境或网络限制了人类的行为，也引发了人类行动，或使它成为可能。她和曼海姆之间的论争似乎又重新开始了，只是现在只有曼海姆的亡灵才能做出回应了。当曼海姆在《作为文化现象的竞争》("Competition as a Cultural Phenomenon")中写道，"我们从一出生就进入了一个已经被阐释过的世界，这是一个已经变得可以理解的世界，其中每一个部分都被赋予了意义"(1930，198)，从他的角度看，他也持有一种个人主义的存在哲学假设。阿伦特在《人的境况》中从一个有可比性的起点出发：人类行动是在一个存在于个体之前的、共享的、相互依赖的世界中展开的，但是她的规划仍然使人想起本体论的差异（出现在关于《意识形态与乌托邦》的评论中），因为她提供了关于由互动和机构构成的共享人类世界的基本本体论，而不仅是本体的解释。《人的境况》实际上提供了与社会学理论直接对抗的对于"社会"的解释。

为了理解她正在做什么，我们必须先考察她最富有争议的一个命题——"社会的兴起"——的含义。她在一个独特的相互联系的意义上用它来指：1. 流行于大众社会的顺从主义文化；2. 国家组织的机构入侵市民社会和私人领域，其代价则是团结的传统资源的丧失；3. "自然的非自然增长"，即抬高迄今为止一直被当作劳动领域的一部分，因此在更大的人类经验框架中显得琐碎而不重要的那些活动和经验的地位；4. 大众媒介和大众市场对于政治机构的殖民。现在人们可以从社会学角度重述这些主张中的每一个。在第二个主题——国家组织的机构入侵市民社会和私人领域，其代价则是团结的传统资源的丧失——和罗伯特·帕特南（Robert Putnam）对于社会资本在1960年代的衰落的研究（2000）之间，存在重要的重合。他把这个衰落部分归结为地方的和传统的身份——以伦理和宗教组织为基础——被国家对财富和其他责任的盗用所取代。

然而，社会的（the social）兴起有另一个含义，这个含义直接联系于阿伦特对于社会科学的批评。这就是她的如下观念：社会的兴起包含了"社会观"（social viewpoint）的兴起。她通过如下方式提出这个观点：

> 社会观是这样的一种解释，它除了人类生命过程之外别的什么也没有解释，而且在这个解释框架内，一切都变成了消费对象。在一个彻底"社会化的人类"中，其唯一的目的就是生命过程的维持，不幸的是，就是这个非常非乌托邦的（unutopian）理想指导了马克思的理论。劳动和工作之间的区分将彻底消失，所有工作都会变成劳动，因为所有事物都不会通过其世界性的客观性质得到理解，而是被理解为活生生的劳动力，以及生命过程的功能。（1958/1998, 88）

把一切工作理解为劳动的倾向根植于社会观，而且这种观点是依赖于社会过程的——正是这个过程促成了这种观点。阿伦特说的"社会的兴起"所意指的一个重要内容，是一个社会科学中广泛流行的观念：所有工作都可以被理解为劳动，而所有行动都可以被理解为工作。阿伦特归之于这个或其他发展——马克思在此显然难脱干系——的意义，通过她对于人类活动的三分法的理解得到了阐明。

阿伦特认为，劳动、工作和行动三个范畴表示不同的、具有超历史的、"本质的"或至少确定的本质的人类形式（human forms）。但是就这些形式的意义依赖于它们相互之间的对比而言，它们同时也是相互依存的，它们共同构成积极生活（vita activa），即"内在于每个人"的生命模式（1958/1998，3）。（欧洲版的《人的境况》的标题实际上就是"积极生活"，参见 Young-Bruehl，1982，324。）劳动范畴包括身体所从事的活动，其功能是满足生物性需要（1958/1998，80—81）。劳动不是一个"规划"（project），除了维持和再生产生命之外没有别的目的。它包括为了消费而进行的生产，与有计划的、受控制的、组织化的活动，即工作（work）的特征形成对比（或制作[fabricate，阿伦特后期的著作更喜欢这个词），工作即把世界上的对象转化为实现人类目的的物。制作是与实用的、手段—目的的思考联系在一起的，在这种思考中，目的已经事先预见到并选择了各种路径去实现它们。第三个活动范畴是行动，它紧密联系于言说以及更一般意义上的交往。行动和言说区别于制作的地方在于它们是因为自身的缘故而被追求的，没有更进一步的目的。工作的意义是内在地联系于其结果的，劳动是依附于生物学条件的，但是行动是在人之间发生的，在"人的复数性的居间空间"（in-between space of human plurality）发生的。换言之，行动发生在人类相互之间作为同类的行动者（而不是物）相遇的空间，这些行动者被赋予了自由、思考能力和意志，相互之间平等对话、相互承认。阿伦特坚决地把它等同于政治领域。但是塞拉·本哈比（Seyla Benhabib 2000，125）指出，政治领域是一个过于受约束的概念。每当活动的意义在"相互关系的网络和规范层面——他们建构了人的复数性——展开"的时候，我们就参与了行动。行动可以在教室、沙龙、客厅内发生，当然也可以在议会、工会大厅以及电视中发生。[1]

刚才描述的人类活动的三分法不应该被理解为可直接对应于人类从事的实际活动，比如，养育孩子是结合了劳动、工作和行动的活动，而且，很多实践，比如思考或游戏，并不适合三种活动中的任何一种。即使如此，这种三分法还是抓住了人类活动之间的主要差异，而且在某种程度上具有超历史的机构对应物，比如奴隶制、契约制、种姓制、工资劳动制以及机构化安排，倾向于把劳动活动留给特定的人群，相似地，行业协会围绕参与制作活动的工匠的特权发展起来，而行动和言说发生于其中的公共空间，则紧密联系于一个普遍意义上的人。

这个框架如何区别于标准的社会科学解释？我们或许可以反对说，首先，从马克思主义视角看，它是基于一种对于人类活动的非批判的、怀旧的理想化，而远离当代工业化社会的实际。比如，家具的设计和制作不大可能是个体匠人的工作，而更像是参与到例行化、自动化作业的大量个体活动的产物，这些个体在生产中的任务与最终结果产品没有联系。但是阿伦特实际上不否定工作可以退化/还原为劳动。和马克思——他使用异化的语言描述同样的现象——一样，阿伦特关心的是去阐明这点如何代表了人的境况的畸变，而反对马克思关于解放的解释。因为马克思把人的自由全然定位于制作领域，认为人只有在选择其工作的手段和目的的时候才是自由的。依据阿伦特，这代表了狭隘的人类自由概念，没有跳出把人视作本质上是工具的使用者。它忽视了作为独特活动的行动，以及作为政治经验的自由。实际上，她相信马克思的思想最终是反政治的。

其次，我们可以反对阿伦特的三分法框架，说它忽视了任何个体行动的首要因素，即个体的意向。这里的主要对比是与韦伯的行动理

---

[1] 本哈比认为，行动可以通过友谊、爱、合作的形式发生在私人领域。她还评论说，行动的领域需要在其指向荣光和完成的濒死形式（agonal forms），与其指向理解与交流的叙事形式之间进行再划分（参见 2000，126—127）。但是，就这两种形式本质上不同于制作领域而言，它们都应该被理解为行动。

论的对比，尽管阿伦特和韦伯在其他方面也是对立的。韦伯对于行动的解释是古典的，是一般意义上的意向主义理论；理性行动与交换理论可以被理解为更为专业化的重述。这些理论在解释人类行为的时候全部赋予个体行动者的目的以优先性。韦伯的理论比其他理论更为普遍化，原因是它并不假设所有人类行为均为目的理性所驱动——每做一件事都要对结果进行成本—收益计算，而是把这种现象的主导地位限制于高度理性化的文化条件下。但是，从阿伦特的角度看，对行动的意图主义解释的瑕疵首先在于：它们把手段—目的的思考范畴当作了原型范畴，而事实上，这一模式仅仅适用于制作领域。姑且承认，人事实上的确经常以一种工具性的方式对待他人（与康德的"人性公式"相反，这个公式认为人应该总是以他人为目的本身对待他人），但是就像阿伦特指出的，在行动领域，这个解释常常失败。正如每个通过民主决策形式参与政治的人都知道的，结果仅仅非常罕见地接近卷入这个过程的特定行动者或行动者群体预见的结果。与此相似，在以学术、友谊、政治或爱为基础的关系中，人们并不依据目的理性对待彼此，或者简单地把彼此当作交换或协约的合作伙伴。尤尔根·哈贝马斯在《交往行为理论》（1989，280—285）中观察到，韦伯的行动理论不能承认战略的（strategic）或交往的行动是不可还原的。我们或许可以把阿伦特的观点理解为大体上类似于哈贝马斯的观点，虽然哈贝马斯的交往理论是否比阿伦特的理论提供了范围更大、更有说服力的理解模式，仍然是可以争论的。

再次，社会科学家或许会质疑阿伦特说，他们处于理解人类行为意义的最佳位置，因为人类行动的意义从它发生的机构内部才能获得理解或定位。一种关于人类行为对于机构的依赖性的解释可以在彼得·伯格（Peter Berger）和托马斯·卢克曼（Thomas Luckmann）的《现实的社会建构》（*The Social Construction of Reality*，1967）那里发现。作者认为，个体——通过对象化和分类——在心理上"建构了"社会世界，同时通过对机构——它们是个体行为的成果——的再生产实际地"建构了"它。在这个模式中,社会世界可以通过行为(能动性)与机构(结构)的辩证关系得到理解。但是伯格和卢克曼的原创性模式及其后继的精致理论成果,都不能解释独立于机构的人类行为——这个行为就发生在该机构中——所具有的本质上不同的意义。行业协会这个机构不同于议会,不是或不仅是因为人们赋予它们的意义,而是因为这些机构基本上是对应于不同的人类活动的。

实际上,所有此类社会科学解释的一个共同点,就是拒绝承认被赋予行为三分法中不同部分(劳动、工作和行动)的、根本上不同的意义,以及随之而来的倾向:假定所有的活动都类似于劳动(马克思、伯格以及卢克曼)或者制作(就韦伯的解释忽视了非工具性的人类行动和言说模式而言,韦伯有这种倾向,理性行动理论也有这种倾向)。在那些总是借用来自建筑的术语的词汇中,也可以发现类似的缺点。

我们现在可以发现为什么阿伦特把社会的兴起联系于"社会观"的出现。把制作活动的意向性的、以规划为基础的方面还原为行动者头脑中的"劳动",实际上导致了把制作还原为劳动。这就是为什么马克思的科学雄心,即把劳动价值理论推广到每一个单独的人类活动(包括知识和他自己的思想的出现),与他早期的有助于解放的著作——声称要寻找异化的终结,以及令人满意的、使人愉快的工作的重新出现——是矛盾的。

政治和呈现

贯穿阿伦特著作的政治概念,与主流社会科学发展出来的政治概念存在深刻的矛盾。这也是阿伦特对主流社会科学评价很低的根本原因。社会科学为理解政治提供的核心概念是权力,而最杰出的关于权力的社会学家则是韦伯。阿伦特从来没有发展出明确的对于韦伯著作的批评,但是她在《人的境况》和别的文章中对韦伯的背离是如此之多,如此令人震惊,以至于值得我们停顿一下来进一步考察它们。让我们集中于他们在权力和政治方面的差异。

所有社会学家都知道，韦伯把权力界定为一种强制形式，"一个行动者在社会关系中占据一个特定地位以强制实施自己意志的可能性，不管这个可能性所依据的基础是什么"（1922/1978，53）。相反，对阿伦特而言，权力是某种必然具有集体性的东西——在一个不同的意义上帕森斯也这么认为。"权力永远不可能是一个人的属性"。它"不仅对应于人的行动能力，而且对应于人集体行动的能力"（1951/1973，113）。阿伦特暗含的观点是：韦伯的权力概念相当于强力（Strength）和暴力（Violence）的混合。至于说到韦伯在他的关于传统的、理性化—法律的、卡里斯玛的合法性类型的分类中提出的统治观，阿伦特和他的差异也是根本性的。韦伯的伟大概念发明之一，是通过把统治（Herrschaft）概念重新界定为命令和赞同的结构，而有效地净化了它（Richter 1995，58—78；Baehr 2008）。韦伯是通过一个复合词"合法统治"而迈出这一步的，因为依据韦伯的解释，所有统治类型，就其依赖于自愿的服从而言，都是合法的，不管其基础是什么。换言之，韦伯没有提供关于不合法的统治的理论。与此相关的是，韦伯决定把统治从移动多变的政治的和法律的意义框架和关于它的无休止论争中提取出来，还决定把这个术语彻底地重新定位于另外的话语。这个话语就是社会学，一门在韦伯的阐释中被认为是免于价值判断、因此也免于喋喋不休的政治论争的学科。但是阿伦特特别区分了"正当化"（justification）和"合法性"（legitimacy），就像她拒绝把政治等同于统治，她把这种等同从韦伯追溯到了柏拉图（1969/1972，151）。阿伦特反复把统治描述得非常阴暗，它帮助解释了为什么《极权主义的起源》的德文版名为《极权统治的要素与起源》（*Elemente und Ursprünge totaler Herrschaft*）。

相应地，阿伦特和韦伯有不同的政治观。韦伯把政治描述为"每一种独立的领导活动"，特别是那种对于国家有影响力的领导活动（1919/1994，319—311）。在任何男人或女人寻求"对于权力的分享"或寻求影响权力的分配的地方，就有政治。这个政治的界定很大程度上符合政治是关于党派、选举、抗议、暴力、外交的这种共识，它包含了从自由民主制度到最野蛮的专制的所有政体。但是阿伦特却把这些现象视作政治的背景特征，而不是政治必不可少的特征。

对于阿伦特而言，政治是某种更为基本、独特的人类活动，表现了一种独特的"人类分化/区分的原则"，这种原则阿伦特称之为复数性。在一则1953年写的反思性日记中，阿伦特写道：

> 为了确立政治科学，我们需要在如下的假设之下重新思考关于人的哲学主张：不是大写的单数的人（Man），而是复数的小写的人们（men）居住于大地，政治科学的确立要求这样的一种哲学，对这个哲学而言，人只能通过复数的形式存在，它的领域是人的复数性，它的宗教来源则是再次出生的神话——不是亚当和他的肋骨，而是：男人和女人把（大写的）他创造为他们（create He them）。（2002，295）

尽管商业社会和国内社会的价值理性是私人需要和私人幸福追求的短暂满足，但是"政治和文化一样都是产生于挑战人类能力的死亡"（Canovan 1994，185）。政治不是内在于我们的某个东西，不是人类本性中的一种固有性质，如性驱动或恐惧情绪，而是一种人类的空间设计。它随着一系列事物——法律、宪法、集会等，这些事物都是来自我们之间——的创造来到世界，就像一张桌子把它周围的人们分离开来又聚合起来。政治需要机构来充实这个空间，来稳定人类行动——它既有保卫世界的自由也有摧毁世界的自由——的无休止流动。这样理解的话，人类的自由既不是意志自由、意识自由，也不是离开世界的自由。人类的自由，不管好坏，反映了一个基本现实，那就是：不同于狮子或鲨鱼，人是能够开始的存在，打破自动化的过程，打破常规，开启一连串的新事物。

阿伦特抱怨，社会科学正好持相反的观念，它假设"行为模式"可以是"系统研究的对象"。但是它们只有在下面的情况下才能成为这样的对象，"我们把人作为积极的能动者、作为世界上可证明事件的作者加以排除，并把他降格为在不同环境下做出不同行为的生物（对这样的生物，我们可以对之做实验），如果我们愿意，还可以对这个生物加以控制"（Arendt 2005，105）。

现代学科，比如经济学和统计学，如果没有大量受控制的人口——它代表了标准化的行为模式——是不可想象的。类型学和分类模式关注的是频率和预测，它们不承认阿伦特意义上的政治行动的可能性，把它边缘化为反社会的或异常的行为。而且，对阿伦特而言，政治的公共性质要求一个相应的理解它的方式。政治是一个呈现的空间，它是一个现象化的现实，行动者在其中寻求说服同侪，被看到和听到，并在某些共同事业中采取一个公共立场。这不但以一个人工制造的世界——它的耐久性形成了行动的框架——为前提，而且要以一个公共可见的空间为前提，这个空间的可见性告诉市民关于他们自己和他们相互之间的信息。正如阿伦特说的："公共领域的功能是通过提供一个呈现的空间来照亮人类事务。在这个空间中，人们可以通过言行——不论好坏——呈现自己是谁，自己能够做什么。"（1968，viii）在缺少可见性或可见性被遮蔽的地方，在纯粹的暴力统治的地方，在不可见的政府掌权的地方，政治就烟消云散了。政治也是一个惊奇的、自我揭示的空间，当人们离开家庭的保护伞，冒险从事公共活动，当人们加入他者的队伍追求集体的规划，他们就意识到了原先一无所知的事实、可能性和危险，他们了解了自己，同时也了解了他人。

我们说，依据阿伦特的理解，政治是一个呈现的空间，这个说法容易引起误解。阿伦特不是在提出存在与呈现之间或本质与表象之间的哲学对立，否则的话将意味着政治被还原为某种其他的东西，而不是一种独特的、基本的经验——虽然绝不是自足的经验。但是政治作为一种独特的理论对象，当哲学家和社会科学家把它描述为其他东西——从因果上讲它们更为重要——的一种结果（比如在马克思的经济基础—上层建筑的模式中或者在政治社会学中），或者当哲学家和社会科学家（比如现代的批判现实主义者）主张可见的、经验的领域最终是可以通过一般的因果结构加以解释的，政治常常就会消失。如果的确是这样（现实主义哲学家罗伊·巴斯卡[Roy Bhaskar]就是这么认为的），那么经验的东西（the empirical）只是实际的东西（the actual）的附庸，而实际的东西又是现实的东西（the real）的附庸（1989，190），这样一来，存在的最深刻、最重要的方面就是根本看不见的，是远离行动的，因此也是远离阿伦特理解的政治的，在政治中，"正是表象构成了现实"（1958/1998，50）。

过程、因果和解释

阿伦特反对社会科学对于支配人类事务的规律——类似于统治自然的那种规律——的探究。她是在《过去与未来之间》（1961）的核心论文《历史的概念：过去、现在与未来》中确立这种反对立场的。在这篇文章中，她注意到，虽然社会科学的方法比他们的自然主义对手"更加粗糙，更不可信赖"（1961，59），但他们的目的是一样的，即预言和控制人类的行为，"把人类完全当成自然存在加以对待，对其生命过程可以像对待其他所有过程那样加以控制"（同上）。阿伦特令人震惊地警告："社会技术……虽然有些滞后，但终究能应用于人际关系和人类事务世界，就像它已经成功地应用于人工世界。"（1961，89）

阿伦特批评的立场是传统上被视作普遍性方法的东西，它声称，原则上人类事务从属于相对不变的规则，这些规则有待我们发现和在以后加以运用。这种方法通常与具体方法相对，后者强调人类社会行为的多样性，以及每一个历史事件的独特性。今天已经几乎没有人认同严格的或字面上的普遍性立场。但是许多社会科学家仍然坚持一个较弱的主张，即由于规律性模式的确存在于社会生活中，因此，社会科学家的任务是把这些模式阐释为可以普遍化的、可以经验地加以测试的假设。这使阿伦特感到不安。她预测到未来将出现技术官僚社会对人类的控制，在这样的社会，遗传工程和生物技术的发现可能会部分地得到辩护。但是同样正确的是：技术将助长一个"失去控制的世界"（Giddens 2003），这个世界将比以前更不可预测。

　　阿伦特从来没有真正想象过社会科学会把自己提升到足够精致的水平以把握人类行动的复杂性。但她担忧的是"社会的兴起"可能会把人类行动简单化到可以对之进行科学研究的程度。这种简单化将达到这样的程度：自动化摧毁人类的技术和判断，文化实践退化为消费主义的娱乐。她预言性地推测，这样的世界标志着"劳动社会的最后阶段，这样的社会是一个公务员的社会，它要求它的成员成为纯粹自动化的功能，好像个人的生命实际上已经淹没在这类无所不在的生命过程中"（1958/1998，322）。这个景象，而不是韦伯的"铁笼"，才是令人担忧的。它也与阿伦特的"生生不息"的范畴存在矛盾，所谓"生生不息"反映的是阿伦特的如下观察：随着每一个新人的诞生，某种独特的东西带着新的开始而进入世界。

　　对于现代社会科学的更为显著的批评，出现于阿伦特对于"过程"概念的分析中。这个术语来自17世纪的自然科学，现在，它在历史学和社会科学的分支中已经无所不在，而在古希腊和罗马的历史书写中它是不为人知的。它在当代的流行表明一个全新的、关于"自然"领域与"历史"领域之关系的概念业已出现。阿伦特辩称：一旦人类事务逐渐被视作过程，而不是一系列独一无二的事件，那么，注意力就会从"什么"转到"如何"，特殊的事务就失去了其本身的所有价值（1961，57）。人的行动就会被视作只在它们是无所不包的整体的一部分的时候，或者作为集体现象的索引才是有意义的。古希腊和古罗马的历史书写：

> 都理所当然地认为，每一个事件、行动、遭遇的意义——古罗马人或许会说教训——是从自身中并通过自身显示出来的。当

然，这样一种认识并不意味着把因果性或事件发生的语境排除在外；古人和我们一样了解因果性和语境。但是，因果性和语境是通过事件本身提供的光而被看见的，这个光照亮了人类事务的某个片段；因果性和语境并不被设想为具有独立的存在，仿佛事件只是这个存在的或多或少是偶然的——尽管是恰当的——表达而已。(1961, 64)

我们现在将会说，古希腊和古罗马的历史书写遵循一个绝对具体的方法，历史学家选择出来加以记录和解释的行动是被"历史自己提供的'自然'之光"照亮的、极为非凡的行动（1994, 319）；它们不是被视作一个更为抽象的、普遍的过程的派生物。历史就存在于通过讲述故事的叙事，描述人类生命事件的技术之中，一个故事展示了言说和行动着的行动者，展示了事件的"人"而不是"什么"（1958/1998, 186）。讲故事是最人性化的理解过去的方法，因为通过叙述，个体被描述为独特的行动者而不是抽象力量和结构的矢量。阿伦特一如既往地推崇小说家通过他们刻画的人物来照亮事件的技巧，赫尔曼·麦尔维尔（Herman Melville）、伊萨克·迪内森（Isak Dinesen）和威廉·福克纳（William Faulkner）是阿伦特最喜欢的三位作家，阿伦特自己则在《黑暗时代的人们》（1968）中讲述了迪内森的"故事"，将他作为这本书的生命叙述系列中的一个。

阿伦特对社会过程概念的拒绝，以及对具体的故事讲述的推崇，绝不是始终一贯的。毫不奇怪的是，要找到任何一个社会、政治和历史的研究者能在书写其研究主题时不在某种程度上使用过程概念，是非常困难的。阿伦特自己也是这样，特别是在她谈到世俗化（1961, 129—135）、自由意义的变化（同上，147—151）、"社会的兴起"（1958/1998, 38—49），以及在《历史概念》中谈到历史概念的变化时。她对于这些长时段转型的理论阐释本质上与她反对的过程概念没有本质差异。而且过程概念也不是铁板一块的，它也不都是致力于贬低事件和个体的全盘解释。比如查尔斯·蒂利（Charles Tilly）就把过程界定为"对范围巨大的环境产生相同结果的诸多事件"（2007，22）。像国家的形成、民主化、去殖民化、世俗化、心灵化（参见 Jaspers，1958）等过程，是很难精确描述的，但是很少有人怀疑它们能够结合各种各样的社会语境在大范围内进行追溯。阿伦特自己熟知如何用"过程"概念进行学术研究，但她继续坚持认为"历史是一个由诸多事件而不是观念力量组成的故事"（1958/1998，252）。

结论

简言之，尽管阿伦特对社会科学不友好，但是她的批评可以转化为一种建设性的用途，可以作为对于统治我们学科领域的某些过分行为和简单化行为的警告和纠正。在所有社会科学中，社会学可能最能接受阿伦特的观念，当然不是接受它的表面价值。这本书的作者没有一个是真正的（阿伦特的）信徒。如果阿伦特对我们而言是重要的，那也是因为她提出了尖锐的问题，并提出了对于社会学家而言非常重要的事物的替代思考方式。这些问题和替代方式在下面的九章中得到了探索和评价。

（陶东风　译）

参考文献

Arendt, Hannah. 1951/1973. *The Origins of Totalitarianism*. New York: Harcourt Brace Jovanovich.

——. 1958/1998. *The Human Condition*. Chicago: University of Chicago Press.

——. 1961. *Between Past and Future: Eight Exercises in Political Thought*. New York: Penguin.

——. 1963/1990. *On Revolution*. New York: Penguin.

——. 1968. *Men in Dark Times*. New York: Harcourt Brace.

——. 1969/1972. "On Violence," in Crises of the Republic, pp. 105–198. New York: Harcourt Brace Jovanovich.

——. 1994. *Essays in Understanding, 1930–1954: Formation, Exile, and Totalitarianism*. New York: Schocken.

——. 2002. *Denktagebuch 1950–1973*, Vol. 1. Edited by Ursula Ludz and Ingeborg Nordmann. Munich: Piper.

——. 2005. *The Promise of Politics*. New York: Schocken Books.

Arendt, Hannah and Jaspers, Karl. 1992. *Hannah Arendt, Karl Jaspers Correspondence 1926–1969,* edited by Lotte Köhler and Hans Saner. New York: Harcourt Brace Jovanovich.

Arendt, Hannah and Blücher, Heinrich. 1996. *Within Four Walls: The Correspondence between Hannah Arendt and Heinrich Blücher 1936–1968,* edited by Lotte Kohler. New York: Harcourt.

Baehr, Peter. 2002. "Identifying the Unprecedented: Hannah Arendt, Totalitarianism and the Critique of Sociology." *American Sociological Review* 67, 804–831.

——. 2008. *Charisma, Caesarism and Fate. Historical Sources and Modern Resonances in the Work of Max Weber*. New Brunswick, NJ: Transaction Books.

——. 2010. Hannah Arendt, *Totalitarianism and the Social Sciences*. Stanford, CA: Stanford University Press.

Bauman, Zygmunt. 1989. *Modernity and the Holocaust*. Oxford: Cornell University Press, Polity Press.

Benhabib, Seyla. 2000. *The Reluctant Modernism of Hannah Arendt*. Lanham, MD: Rowman & Littlefield.

Berger, Peter and Luckmann, Thomas. 1967. *The Social Construction of Reality: A Treatise in the Sociology of Knowledge.* New York: Anchor Books.

Bhaskar, Roy. 1989. *Reclaiming Reality. A Critical Introduction to Contemporary Philosophy.* London: Verso.

Canovan, Margaret. 1994. "Politics as Culture: Hannah Arendt and the Public Realm". In *Hannah Arendt: Critical Essays,* edited by Lewis P. Hinchman and Sandra Hinchman, 179–205. Albany: State University of New York Press.

——. 2000. "Arendt's Theory of Totalitarianism: A Reassessment." In *The Cambridge Companion to Hannah Arendt,* edited by Dana Villa, 25–43. Cambridge: Cambridge University Press.

Giddens, Anthony. 2003. *Runaway World: How Globalization Is Changing our Lives.* Oxford: Polity Press.

Habermas, Jürgen. 1989. *The Theory of Communicative Action: Reason and the Rationalization of Society,* Vol. 1. New York: Beacon Press.

Heidegger, Martin. 1927/1962. *Being and Time.* Translated by John Macquarrie and Edward Robinson. Oxford: Blackwell.

Jaspers, Karl. 1958. *The Origin and Goal of History.* New Haven, CT: Yale University Press.

Mannheim, Karl. 1929/1993. "Competition as a Cultural Phenomenon." In *From Karl Mannheim,* edited by Kurt H. Wolff, 399–437. New Brunswick, NJ: Transaction.

Mannheim, Karl. 1936. *Ideology and Utopia: An Introduction to the Sociology of Knowledge,* translated by L. Wirth and E. Shils. New York: Harcourt Brace. (Orig. *Ideologie und Utopie.* Bonn: Cohen, 1929.)

Putnam, Robert. 2000. *Bowling Alone: the Collapse and Revival of the American Community.* New York: Simon & Schuster.

Richter, Melvin. 1995. *The History of Political and Social Concepts: A Critical Introduction.* New York: Oxford University Press.

Runciman, Walter G. 2000. *The Social Animal.* Ann Arbor: University of Michigan Press.

——. 2010. *Great Books, Bad Arguments.* Oxford: Oxford University Press.

Tilly, Charles. 2007. *Democracy.* Cambridge: Cambridge University Press.

Villa, Dana. 1999. *Politics, Philosophy, Terror: Essays on the Thought of Hannah Arendt.* Princeton, NJ: Princeton University Press.

Walsh, Philip. 2015. *Arendt Contra Sociology: Theory, Society and Its*

Science. Burlington VT: Ashgate.

Weber, Max. 1978. *Economy and Society,* Volumes I and II, edited by G. Roth and C. Wittich. Translators various. Berkeley: University of California Press.

——. 1919/1994. "The Profession and Vocation of Politics." In *Weber: Political Writings,* edited and translated by Peter Lassman and Ronald Speirs, 309–369. Cambridge: Cambridge University Press.

Young-Bruehl, Elisabeth. 2004. *Hannah Arendt: For Love of the World,* 2nd edition. New Haven, CT: Yale University Press.

第一部分

著作

第一章　阿伦特与极权主义

查尔斯·特纳（Charles Turner）

导言

"极权主义"是一个棘手的术语。首先，尽管后缀"主义"（-ism）意味着一种意识形态，如自由主义或社会主义，但很少有人像说"我是一个自由主义者""我是一个社会主义者"那样说"我是一个极权主义者"；其次，尽管"极权主义"有时候被当作一个研究对象的名称，但是形容词"极权主义的"却经常被用于极权主义最初发生的历史语境之外。模糊性还表现在这个术语涉及的范围：它是指涉政府的形式，还是指涉国家的类型？我们到底还需不需要这个术语？对于那些必须通过"专制"（tyranny）、"独裁"（dictatorship）等别的术语加以说明的东西，我们还能说什么？

处于政治的（领域）和社会的（领域）之间的极权主义[1]

一个普遍的误解是：极权主义是冷战的产物。的确，对于某些学者和政治家来说，它已经被用作与自由主义和民主政体相对立的概念。但是，阿伦特1951年出版《极权主义的起源》时，极权主义这个术语已经有了25年的历史（Gleason 1995）。它第一次出现在1923年的意大利。那年上半年，墨索里尼通过了对意大利选举法的修改，允许获得最多选票（超过25%）的政党得到2/3的议会席位，因此可以改变宪法。5月12日，左翼记者和政治家乔瓦尼·阿门多拉（Giovanni Amendola）在《世界II》（Il Mundo）发表了一篇文章，将此描述为"极权主义的统治体系"。他把它和其他两种统治体系即"多数统治"（majoritarian）和"少数统治"（minoritarian）进行了对比。就像在政治生活中经常发生的那样，阿门多拉为他所厌恶的东西杜撰的这个术语，迅速被这个术语所指的对象采用。墨索里尼本人就喜欢使用"我们的激进极权主义意志""极权主义国家"等说法。1925年，法西斯主义理论家乔瓦尼·秦梯利（Giovanni Gentile）更进一步，提出了"全整生活概念"（total conception of life）。他用这个说法来指"在政治中做一个法西斯主义者，而在学校里、家里和每日的工作中做一个非法西斯主义者，这是不可能的"。

阿门多拉和秦梯利的区别是耐人寻味的。首先，像亚里士多德

---

[1] 原文为Totalitarianism between the Political and the Social。这里的the Political 和the Social 翻译起来很费心思，它们都是形容词用作名词。如果译为"政治""社会"，则无以区分politics 和society；如果译为"政治的""社会的"，则无以体现其名词属性。为此，译者采用一个折中翻译法，译为"政治的（领域）""社会的（领域）"。实际上，这两个术语的使用是非常阿伦特式的。the Political意指与现代那种行政化了的、专注于经济事务和满足人的生物性需求的所谓"政治"不同的、以古希腊公民的行动为原型的本真政治；而the Social则不是我们一般所说的人与人相互联系形成的群体或组织，而是特指为满足人的生物性需要而组成的联合体，或人与人之间那种基于生物性需要的关系，因此与我们通常所说的"社会"含义并不相同。——译注

在君主制（一个人的统治）、贵族制（少数人的统治）、民主制（所有人的统治）之间进行区别一样，阿门多拉为我们提供了三个，而且仅仅是三个政府类型。其次，他用（极权主义）这个概念指的是政府形式而不是社会类型。因此，这个概念当然不是"全整生活概念"。这一点是非常重要的，因为我们所谈论的是极权政府、极权国家还是极权社会，这个问题在该领域绝大多数著名著作中都是悬而未决的。卡尔·施米特在1920年代后期的一篇文章中做的一个区分有助于我们理解这个问题。他说，存在数量意义上的极权国家和性质意义上的极权国家。在前者，国家活动的动力来自社会中产生的关切。现在的福利国家就是例子，因为政府的主要任务是通过影响全民的社会政策问题——家庭、职业、住房等——得到界定的。而性质意义上的极权国家并不怎么关心社会管理，而是致力于实施对于社会的主权权威（Schmitt 2004, 118）。作为一个研究托马斯·霍布斯的学者，施米特是一个传统的权威主义者；而秦梯利虽然也同意国家应该实施对于社会的权威，但是在下列意义上他是一个极权主义者：他认为国家还必须是"极端扩张的"——特别是教育系统，应该被用来让每个人都成为法西斯主义者。

这种极端扩张性只有在具有高度的"基础结构性权力"（infrastructural power）（迈克尔·曼[Michael Mann]语）的现代国家中才是可能的，这种基础结构性权力也就是全面介入市民社会的权力。但是迈克尔·曼（Mann 1984）认为，就它们既关乎社会型构，又关乎社会中人的生活并广泛运用这种权力而言，在西方福利国家和苏维埃联盟国家之间并不存在重要区别。它们之间的关键区别在别的地方，即它们对压制异见的"专制权力"——所有现代国家都可以获得这种专制权力——的运用。由于这个原因，曼拒绝使用"极权主义"这个标签；"权威国家"也能像纳粹德国极权统治那样完全控制对于专制权力的使用。

对于曼的一个批评是：他误解了极权主义国家使用的基础结构性

权力的特征,把它视作只是"国家干预"的另一个例子。但是在"我们需要更多的工程师""我们需要更多的计算机程序员"之类的国家政策,与那种寻求塑造每一个社会成员的态度和行为,以使其符合理想的人的国家政策之间,还是存在重要区别。路易十四把自己等同于国家,罗马教皇们把自己等同于国家和天主教会——但只是在短暂的当权时代才如此。极权主义国家更进一步,它超越了政教合一,因为它还控制了整个国家的经济。勒弗认为,极权主义不是国家对社会的胜利,而是相反,它是社会的"神化"。这样,政治权力的实施动力就来自非政治的、社会的逻辑。

在力图理解极权主义现象的学者当中,阿门多拉和勒弗的观点正好处于对立的两极。在观察极权主义现象的时候,我们必须牢记两个系列的问题,一是阿伦特对极权主义的解释中提出的一系列问题,首先是经验性的问题:极权主义国家实际渗透进日常生活乃至普通民众的大脑到什么程度?极权主义政府的行动多大程度上受到人民的生存条件和生活方式的驱动?其次,方法论的问题:研究政治——包括自由民主国家(只有最小的政府)政治在内的所有政治——的学者,应该在多大程度上努力通过政治本身的术语来理解政治?在多大程度上应该通过其"社会的"基础结构来理解它?提出最后一个问题的另一种方法是:亚里士多德还是孟德斯鸠?阿伦特总是坚持说:她用"极权主义"这个术语所谈论的是一个历史上全新的政府形式,不是新的社会类型(Friedrich 1954)。她这样说,部分是因为纳粹"二战"后的迅速垮台给了她深刻印象,它一定意味着:无论多么具有压抑性,纳粹主义还不能通过一种深度和持久的方式全面渗透到德国的社会组织之中;也有一部分原因是:她不喜欢社会学和社会科学。但是,当讨论极权主义政府时,她是在谈论某种超过了阿门多拉的选举法的东西。多大程度上超过呢?

涂尔干(Durkheim 1960)称孟德斯鸠为社会学的先驱,因为在18世纪中期时他引入了一种新的、非亚里士多德的划分政府的方法。

对孟德斯鸠而言，政府形式不能通过它们自身得到理解；必须把它们联系于其他东西：社会结构、"法律精神"。他对于共和政府（包含了贵族制和民主制）、寡头制和独裁制的区分，不同于亚里士多德对它们的理解，因为"法律精神"——共和制中表现为美德、寡头制中表现为荣誉、独裁制中表现为恐惧——和使得法律结构成为可能的社会结构，就是它们（政府形式）的定义的组成部分：比如，共和制只有在小型城市国家才是可能的，公民之间拥有平等；寡头制产生于带有显著阶级等级的社会。孟德斯鸠说，在拥有大量人口的、按照阶级等级安排的现代社会，不可能再创造出经典的共和政府，阶级划分的、带有强大中央政府的现代"共和政体"，在他看来仍然是"寡头制"。如果这些等级被摧毁，结果可能是平等，但却是基于恐惧的平等而不是基于美德的平等，简言之就是独裁。罗伯斯庇尔以确立"美德统治"为名实施的革命恐怖行为，似乎印证了孟德斯鸠的观点，而托克维尔在1840年代则表明，尽管条件平等的确使得现代共和制易于走向独裁，但是也不是不能避免独裁——如果它们能够以美国为师的话。在1940和1950年代，属于孟德斯鸠和托克维尔传统的思想家发现，纳粹德国和法西斯意大利证实了民主制的潜在危险（Talmon 1952）。

阿伦特并不这样看待"极权主义"。但是她的确把阶级边界的摧毁和阶级忠诚的瓦解视作极权主义这个前所未有的政府形式的重要结构性条件。另一方面，当她面对极权主义现象的时候，她主要谈论的是极权主义运动、极权主义机构、极权主义意识形态以及最极端和最独特的极权主义统治技术——秘密警察和集中营，而很少关注第三帝国的社会史。

在我们讨论阿伦特的解释之前，先提一下雷蒙·阿隆或许是有用的，他和阿伦特就极权主义形成了重要的对话（Baehr 2010c）。阿隆更多地把社会学和政治科学视作伙伴而不是敌人，这点在他对"政体"这个术语的使用中看得很清楚。"政体"意指的东西多于政府但少于社会。他从下面这段话开始解释他对极权主义的理解："孟德斯鸠所做的是对历史上的政体进行分类,而我们要做的则是对工业社会的特定政体进行划分"(Aron 1965a,29)。他的话说在阿伦特《极权主义的起源》出版10年后,这时美国的思想家——他们中没有一个是亲苏联的——正在把"工业社会"作为描述西方资本主义民主制的一般术语。阿伦特认为这样做不能把握美国和苏联的差别,而这个差别中最重要的就是美国是民主制而苏联则是一党制。这是一个政治科学的区别。但是我们还可询问孟德斯鸠式的关于它们的"基本变量"问题,亦即它们所依靠的基本态度问题:民主制依靠的是"对法律的尊重",一党制依靠的则是"信念"。正是这个最后变量,即信念,使工业社会的一党制政体不同于传统的独裁:尽管是非民主制,它们却又是高度参与的。

对阿隆而言,极权主义政体仅仅是一党制国家的一个变体。除了一党政治的垄断性外,极权主义政体还包括如下特征:党同时垄断了强制和说服的手段;所有经济的和职业的活动都服从国家控制;被理想化的领袖;给整个共同体打上官方意识形态印记,以至于社会和国家混而不分;意识形态的敌人比任何普通罪犯更罪不可赦(Aron 1965a,53)。这里的要点是:并非所有垄断性政党都认真对待意识形态;尽管阿门多拉最先在意大利法西斯主义的语境下引入了极权主义这个术语,尽管意大利法西斯主义最喜欢使用这个术语,但是从阿隆的视角看,意大利法西斯主义并不是典型的极权主义。阿隆认为,纳粹最好被描述为"权威主义的"而不是极权主义的,因为虽然它是残忍的,而且"整合了"所有政治和社会的机构,但它仍然在一个既存的社会结构中寻求合法性,它并不想根本摧毁这个结构、将它连根拔起;而布尔什维克则不同,它尝试创造一个新的社会结构类型,最终是创造全新的人类。未来属于雅利安人,而雅利安人被认为是已经存在的人种;相反,苏维埃人则必须通过一个集体意志的至高行动被创造出来。

这样,依据阿隆的解释,"极权主义"是同一个分类系统的一部分：极权主义、法西斯主义和权威主义都是"一党制"这种类型的亚类型；而一党制和"民主制"则都属于"工业社会"这个种下的两个类。阿伦特则追寻一种比整齐划一的分类更多的东西，她希望获取的与其说是概念地图，不如说是她所称的"理解"和"判断"：探究的核心不是把特定政体放到正确的盒子里，而是对于1930和1940年代降临到几百万无辜者头上的大灾难的理解，并培育我们识别对于人类——他们不能不生活在这个大灾难的阴影之下——而言什么是至关重要的东西的能力。

关于本书

《极权主义的起源》初版于1951年，再版于1958年并补充了材料和新的两章，1968年的第三次修改版又删去了两章中的一章，增加了一个新的前言。这不是一本容易读懂的书。它出版前的历史可以帮助我们理解为什么不容易读懂。

阿伦特1933年到1941年在巴黎流亡，在那里，她的主要时间献给了救助犹太难民。她特别感兴趣的是"一战"后国际条约赋予犹太人的地位，同时也对法国反犹主义的特征以及它与德国反犹主义的不同之处感兴趣。1940年的战争导致阿伦特被当作（法国的）外敌遭到拘留。维希政权期间，阿伦特流亡到了美国。1941年，阿伦特到了纽约。1942年后期出现的关于大屠杀的报道促使阿伦特决定写一本关于这个主题的书。到1946年，阿伦特正式计划写一本关于纳粹主义起源的书，暂定名为《反犹主义，帝国主义，种族主义》，她已经发表了关于这个主题以及关于德雷福斯事件、少数族裔、无国家状态、党派、运动与阶级的区别等主题的一些论文。这些文章发表在新创办的刊物如《评论》(Commentary)、《犹太人社会研究》(Jewish Social

Studies)、《巴黎评论》(Partisan Review)和《政治学评论》(Review of Politics)上。《极权主义的起源》一书的繁复特点，部分地就是阿伦特努力想把这些论文整合在一起的结果。如果这还不够，那么，在1948年，随着苏联对东欧控制的加剧，开始披露出关于苏联劳动营的报道。这产生了三个结果：1948年6月的一篇给《巴黎评论》写的关于集中营的文章，1948年12月的一篇标题为《关于集中营的研究计划》的备忘录，以及1951年出版的《极权主义的起源》。《极权主义的起源》仍然分为三个部分，但现在的三个部分分别为：反犹主义、帝国主义和极权主义。前两部分几乎完全是分析纳粹主义的根源的。

阿伦特的极权主义理论

《极权主义的起源》在方法论上并不是无懈可击的社会科学著作，阿伦特也不把它视作对于一个更大的集体研究规划的贡献。她不是从界定极权主义开始，然后再探究其原因。相反，她假设我们大致知道我们在谈论什么，知道关于极权主义政体的最邪恶行为的报道，它犯罪的规模，而且某些罪行在每个人的记忆中仍然是鲜活的。由于这些罪行，我们需要把极权主义拆散为各个"要素"。在1954年的一个演讲中，她写道："如果我们不把要素理解为原因，那么，极权主义的要素就构成了它的起源。因果关系……在历史和政治科学中是一个完全不相干的和伪造的概念。要素本身可能永远不能导致任何事件的发生。只有在要素结晶为固定和明确的形式时，它们才能成为事件的起源。"（引自Young-Bruehl 1982，203）尽管这是对阿伦特在书中所做研究的一个合理概述，但这很难算是一个方法论的界定；她事实上指出了集会和演讲、秘密警察、恐怖以及集中营、严刑拷打和大规模屠杀发生了，而且是以协调一致和系统的方式发生的。许多要素必须全部到位才能导致这些事情以这样的规模发生。它们如何积聚到一起——结晶化——实际上并不是历史学家需要解答的疑问，因为在某种意义上，政治史本身已经解答了这个问题。我们能够做的是努力去辨别这些要素是什么，为了分析的目的把它们分离和独立出来。

我们都知道纳粹屠杀了 600 万犹太人，因此，我们需要问：一个人怎么就构想出了这样一个大屠杀的规划？这反过来要求对于欧洲社会的犹太人的角色变化，以及 19 世纪"犹太人问题"（一个相对小的问题）的历史研究。我们知道，没有一种高度组织化的努力，这样的事情是不可能做成的。所以，我们需要了解现代官僚制度。我们知道，几百万人支持希特勒，因此，我们需要了解是什么使人们愿意把自己的种族归属或种族观念看得比他们的阶级成分更为重要。我们知道纳粹初看起来好像不是那么民族主义，而更像是整个欧洲的（现象）。由于同样的原因，我们知道共产主义的普遍诉求在俄国取得了巨大成功，因此我们需要知道 19 世纪晚期的"泛运动"，它们本身既不是普遍主义的，也不是民族主义的。我们知道极权统治都敌视作为组织政治事务的重要框架的民族国家，在这个框架中通过诉诸不同的忠诚资源——诸如"党派""人民"——来激励自己的同胞，因此，我们需要知道是什么使得国家不再能够调动这样的忠诚。我们知道纳粹入侵了一个又一个国家，并寻求统治欧洲，所以我们需要了解这种"扩张驱动"来自何处。我们知道人民被关入集中营，所以我们需要了解这种驱动的根源。我们知道人民没有做任何事情就被囚禁在集中营和劳动营，而且没有任何法律程序，所以我们需要了解是什么使得政策的制定者能在法律之外安置所有这些人，并且全然不顾 18 世纪后期就已经确立的人权观念。

这些东西本身都还不是极权主义。极权主义产生于这些东西的聚合。是什么把它们聚合在一起？一个有诱惑力的回答是："无所不包的意识形态"，一种对万事万物都能够提供现成答案的世俗世界观。这种意识形态是如此集中关注一个终极目标，如此致力于这样的观念——终极目标必须达到，任何限制政治行动的东西都可以一脚踢开。用陀思妥耶夫斯基的话说，"如果上帝死了，那么一切皆有可能"。但是，《极权主义的起源》的第一版并没有"意识形态与恐怖"这章。无疑，在其他各章节有很多地方谈到了意识形态；但总体而言，阿伦特并不过高估计观念对于极权主义的结构和特征的影响。她对于伦纳德·夏皮罗（Leonard Shapiro）的这段话——"极权主义的概念在墨索里尼尝试和诱使我们使用它之前很久就存在于人们头脑中。一项对于极权主义（作为在这个词发明之前很久就反映在政治思想史中的极权主义）概念的研究，是这个探索的必要部分"（Shapiro 1972；Shorten 2012）——是不会认同的。阿伦特写道："所有结晶为极权主义的运动形式和政府形式的其他因素，都可以追溯到西方世界中暗藏的潮流，只有在欧洲传统的社会和政治框架瓦解的时候和地方，这样的暗流才会出现。种族主义和帝国主义、泛运动的部落民族主义、反犹主义，与西方伟大的政治和哲学传统没有联系。"（阿伦特语，引自 Young-Bruehl 1982，276）阿伦特不大愿意把使自己流离失所、使欧洲屈服的大灾难，看作欧洲观念的产物。但她对霍布斯的看法却不同：霍布斯显然是新兴欧洲资产阶级的哲学家（Arendt 1968b，139—147），也是欧洲帝国主义的哲学家（Arendt 1946a）。"他为所有的种族教条提供了政治思想的前提，这就是：排除那个建构了独一无二的、规范性的国际法观念的人性"（Arendt 1968b，157）。

即使欧洲的观念史并未受到重视，《极权主义的起源》的第一、第二部分也感觉像是好几部著作，而且作为历史，其大部分并无太多新意。例如，我们有更好的对于19世纪反犹主义、帝国主义和公共行政的解释。然而，论述民族国家的衰落和人权的命运的第九章，却具有持久价值，而论述极权主义——从其更加直接的社会结构条件，到其内在特征和致命后果——的大部分也同样如此。这部分（第三部分）历史性不足（显然是故意为之）而反思性更突出。它也比阿伦特可能会承认的更为社会学化。比如，它开始于以孟德斯鸠的风格解释极权主义统治特有的那种伤害结构，然后转向极权主义运动、极权主义的机构组织、极权主义对于宣传的运用（对外）和对于教化的运用（对内），极权主义一旦攫取国家机构后寻求权力的努力以及实施权力的方法。第一版的结尾解释的是秘密警察和集中营、劳动营，以及极权主义的顶峰时期。在后来的版本中，"意识形态与恐怖"这章（十三章）反思的是使得极权主义政府变得"无所不包"而不仅仅是有罪的东西。

无阶级性

第三部分的第一章标题为"一个无阶级社会"。关于19世纪，一个经常说的故事是现代社会、阶级冲突以及能够表达阶级利益的机构组织——比如工会、现代政党——的出现。19世纪中期，马克思已经假设资本主义的发展将使其自身分解为两个敌对阶级的冲突；韦伯则认为，第一次世界大战之后，政治的任务将是通过更新了的议会政治去实现民主理想（这种理想从大约18世纪晚期就已经普遍流行了），并吸收原先被排除的工人阶级（在他们从前线回来的时候）。但是，1920年代向民主的转型是动荡的而不是有条不紊；至少在德国，在争取议会代表席位的时候，纳粹照例把它粉碎于街头。导致我们称之为极权主义政治的方式，部分地产生于此，部分则产生于阿伦特认为的从阶级到大众的转化。

在那些群众出于某些原因获得政治组织的地方，极权主义运动就可能产生，群众并非由于共同利益的意识而聚合起来，他们缺乏一种通过明确、有限、实际的目标表达的阶级意识的清晰性。群众这个术语只适用于这样的人：他们要么因为纯粹的数量，要么由于冷漠，要么由于这两种原因的结合，而不能被整合到任何以共同利益为基础的机构，整合到政治党派或地方政府、职业组织或工会中去。从潜在的意义上说他们存在于任何国家，并形成了中性的、政治冷漠的人民——这个人民中的大多数从来不参加党派，也难得去投票。（Arendt 1968b, 311）

那些仅仅关心其自身阶级利益与物质需要保障的群体，会发现很难产生能够关心整个国民或保障公共服务生计的领导者。这就是为什么这么长时间以来，政治一直受到有资源者的统治，用马克斯·韦伯的话说，就是"为政治而活着"的人，他们就是欧洲贵族。资产阶级的兴起并进入政治的前台，工人阶级组织和党派的生长壮大，导致了新政治领导核心，但是他们常常缺乏政治的成熟性，或只有在自己能够得益的情况下才参与政治。尽管如此，阿伦特在《极权主义的起源》中假设，只要社会结构保持清晰的阶级划分和等级制，那么，一个稳定的民族—国家内的党派和职业化政治家的非政治化特点，就是可以控制的——不是有益的或鼓舞人心的，而是可控制的阶级妥协形式。这是德国社会民主党的粗略纲领，被阿伦特认为是纳粹背景的一部分（至少是在1951年）。

纳粹既不是直截了当的"大众暴动"，也不是被动大众被肆无忌惮的领袖操纵。相反，阿伦特不看重"卡里斯玛式"领袖（比如希特勒）或那些能够聚拢民族共同体的强人的作用。当然，如果我们严格地运用韦伯的卡里斯玛定义，那么我们就会说这对所有政治领袖而言都是正确的。卡里斯玛描述的是领袖和追随者的一种关系，而不是领袖本人的品质。但是如果说阿伦特从来没有特别认真地思考过希特勒的所谓"迷人"性格，这不是因为她想要恰当地使用社会科学的概念。她确实认为希特勒代表了一种匪徒领袖（mobster leader）的类型。她最喜欢的区分之一是撒谎政治家（politicians who are liars）和伪君子政治家（politicians who are hypocrites）的区别（Arendt 1963h）。但是，阿伦特说，像希特勒这样的极权主义领袖既不是撒谎政治家也不是伪君子政治家，他们不仅不蒙上追随者的眼睛，而且公开炫耀自己以前的罪行。1920年代，在魏玛德国，这种对道德标准的蔑视发展为上一代人的新近经验，在德国，它最强有力地体现在恩斯特·荣格（Ernst Jünger）的著述中（Arendt 1968b, 328—330）。对于许多德国士兵而言，第一次世界大战是一种洗礼，通过这种洗礼，个体经历了超出道德之外的基本存在经验，传统的荣誉、勇气、刚毅等美德在面对战争技术的时候似乎不再有意义。他们还习得了新的、超越了阶级和民族的身份模式和同伴关系模式。在阶级分化为大众的过程中，前代人的经验是关键性的一步。他们感兴趣的是"纯粹行动的优先性和纯粹必然性的压倒一切的力量"，"不可抗拒的宿命结构中的永恒活力的经验"（Arendt 1968b, 331）。换言之，极权主义政治心理学的关键在于追随者的"无我"，而不是他们追随的那些人的说服力。这是阿伦特认为"专制""独裁"等概念不能把握极权主义统治之新颖性的部分原因。同样地，极权主义也不是德国路德教或俄国沙皇的服从权威传统的继续。在19世纪晚期和1920年代之间，某些东西发生了变化：在1920年代自愿加入大众运动的人，在1890年代（以及在"一战"发生前）可能就是那些自我膨胀而又遭受挫折的同一类人。相反，不再对自我保护感兴趣的人，也已经不再认同他们的特殊阶级或者在阶级结构中的位置，以及权威的存在模式，感到自己再也没有什么可以失去，感到自己不仅对被动地被统治"敞开大门"，也向新的归属模式和新的行动方式"敞开大门"。

　　阿伦特说，希特勒蛊惑人心的演讲，不是劝说行为或花言巧语，它们是组织化行为。的确，正是在这里，在组织化的领域——这是一个传统的社会学概念，而不是在其教条的内容方面——这是政治哲学关心的一个传统主题，使阿伦特发现了极权统治的原创性和新颖性："极权主义宣传的真正目的不是劝说而是组织。……对这个目的而言，意识形态内容方面的原创性只能被视作不必要的障碍。"（361）这是很有意思的，因为它意味着：太多的意识形态反而阻碍了而不是滋养了人的献身组织的能力。或者至少可以说，"依据意识形态对于生活的整个结构进行组织，只有在极权主义政体下才是充分可能的，宣传为苍白无力的争论增加了组织的力量"。注意，在这里，对于组织的这种强调与下面的命题无关，这个命题即，极权主义是"现代官僚制度"持续发展的终点。在极权主义形成的那些年头，其组织是为适应极权式集体的独特形式而建构的。这个极权式集体的形式就是运动。

运动是流动的、变化的，在一个重要的意义上说是极度政治化的，但不是政治党派意义上的政治。马克斯·韦伯和罗伯特·米歇尔斯（Robert Michels）把政治党派视为典型的现代集体政治的行动者，强调其官僚机构的或寡头政治的特点，将其领袖的特征概括为自我永动的王朝领袖或头目，而大众不过是选举炮灰；而纳粹的核心特征是：运动至少和党派一样重要，它动员其追随者（这些追随者不是来自一个核心选区），而不是定期地寻求投票者的支持，它还能够持续地激进化，而不能达到官僚制度的静止状态。

组织机构

极权主义组织的四样东西让阿伦特印象深刻（大多数让她产生印象的东西来自她对于纳粹的理解）。首先，在纳粹党拥有庞大成员的时候，它仍然充满猜疑地保持对于成员和同情者的区分，寻求保持正式成员的稳定性，同时增加同情者的数量。这样做不是因为非成员不能信任，而是相反，是为了成员可以到处发现潜在的支持者："对于党的成员而言，好像任何没有被运动特别列为敌人（犹太人，资本家）的人，都是站在自己一边的，世界充满了秘密的联盟，只是这些联盟还不能聚集起必要的心理能量和人格力量从其自己的信念中获得合乎逻辑的结论。"（Arendt 1968b，366）对于狂热者而言，这比简单的敌友区分更具有生产性。阿伦特暗示，极权主义的狂热者完全不同于基督教的传教士，后者总是教导人们说他们是有罪的人。

但是其次，成员—非成员的区分还可以进一步细分，以便党派成员的大多数仍然可以拥有未受影响的职业关系和社会关系。事实上，存在一种"仔细划分的战斗性等级"，它使得坚硬的核心从来不会面对"常规的"外面的世界。总是有一个等级/层级是比你自己的等级更为常规的、实际的或非政治化的,而新的、更激进的层级总是能够被补充进来。这创造了阿伦特所说的"反常规的等级"(Arendt 1968b,384),这种对于常规的蔑视指向更容易轻信、更接近常规社会的那些成员。简言之,运动和掌权的党派的坚硬内核构成了坚守幻觉的一部分人,这个幻觉受到教化和组织化结构的保护。

再次,阿伦特把极权主义的组织描述为"光天化日下的秘密社会",在这秘密社会里,每个人都寻求公开炫耀他们属于该秘密社会且不同于那些"外人"。但是与其他大多数秘密社会不同,极权主义组织的成员不为自己有异于大多数"大众"而感到自豪,而是为自己有异于少数人——犹太人或资产阶级——而感到自豪。它所强调的重点是证明自己不属于这个少数人:在纳粹德国,一个人通过追溯自己的血统而证明这点,而在早期苏联,则通过书写能够证明自己有无产阶级出身的自传来证明它。在这方面,极权主义代表了一种奇怪的扩展:把宗派原则扩展到社会大多数人。马克斯·韦伯依据其对成员的要求来界定教会和宗教教派的区别,认为教会要求得很少——定期参与遵守仪规等,但宗教教派成员则需要持久努力以便在他人面前证明自己(Turner 1999;Weber 1978a,1204)。在纳粹统治下,血统的证明可以是明确且确定的,发现犹太人血统的痕迹并不费劲。一旦德国人证明了自己,只要他追随纳粹下达的新仪式法规,他就可以继续自己的家庭生活或职业生涯。

最后,极权主义运动建立了自己反映或复制国家组织和市民社会的相似物或正面组织(front organizations),这个对于政府部门的复制在其掌权的时候还在继续。所以,尽管德意志帝国的行政结构和国家公职人员仍然在位或继续维持,纳粹却又增加了自己的机构和官员,后者才是真正掌权的。比如,在旧的"管辖区"之外,还有新的、和管辖区不完全一致的"省党部"(Gaue);官方外交部与党的外事局相比,没有外交事务方面的实权。事实上,所有政府部门在失去实权之后都得到保留。极权主义国家的每个人都明白的规则是:"越是公开的政府部门越没有权力,一个机构越没人知道,最终证明越拥有实权。"(Arendt 1968b,403)只有这样才能理解阿伦特下面这个短语(否则它就是神秘不可解的)——"所谓的极权主义国家"(Arendt 1968b,392—419):立法机构被悬置,或者其工作没有意义,法官总是退让,常规警察的作用退化到最小,为了内部的阴谋家小圈子而牺牲行政部门。最最重要的是,与自由民主国家相比,军队被更严格地置于文官的控制之下。在极权主义的统治体系中,秘密警察的作用是什么?毕竟,在很多以前的政体中也有秘密警察。阿伦特指出,在早期阶段,秘密警察的作用与现代政体中的秘密警察差别不大:抓捕嫌疑犯以及政体的敌对分子。当政体的对立者已经被击毙,新的"客观敌人"被发现并遭到不间断追捕的时候,秘密警察就变得极权化了。但是这些客观敌人是依据领袖的意志界定的,就此而言,今天的客观敌人可以由明天任何新的客观敌人替代。因此,存在这样一个秘密警察的悖论:"就权力而言,他们堕落到了死刑执行者的地步。"(Arendt 1968b,426)

意识形态

我们读到的新版《极权主义的起源》包含了著名的最后一章"意识形态与恐怖"。在这一章,意识形态的主题得到极大的扩展,以至于我们可能会把它误解为阿伦特关于极权主义统治本质的总结性观点。这样的理解是草率的。而且阿伦特可能从来没有真正解决这章说的内容与第十章、第十一章(都是强调组织的重要性与意识形态的空洞性)的张力。这样的空洞性不一定成为培育具有强烈坚定的极权主义组织成员的障碍,相反,"无论它们被怎样激进地表述,每个特定的、不仅仅是简单宣称要统治世界的政治目的,每个特定的、处理比'意识形态化的百年大计'更为特殊的那些问题的政治规划,都是极权主义的障碍"(Arendt 1968b,324)。我们或许还可以说,这还是一种信念形式,这种信念形式因为缺少细节内容而更强有力。大蓝图越是粗略,就越是不必去问特定的政策是否与之吻合。任何东西都被搞得与之相一致。乔治·奥威尔在1946年写道:"极权主义的新东西是:它的教条不仅仅是不可挑战的而且是变化不定的。它们必须被接受,违者必遭惩罚,另一方面,它们又是易于随时变化的。"(Orwell 2001,386)变化不定的还不仅是那些"客观的敌人"。

在说极权主义意识形态没有具体内容的时候,阿伦特可能受到了弗朗兹·纽曼(Franz Neumann)的影响。纽曼在《巨兽》(*Behemoth*)中称呼纳粹意识形态为取自不同传统的一知半解的观念混杂物(Herf 1984; Neumann 1942)。然而,如果极权体制下的意识形态不过是粗陋的观念或为可怜的实用理由而寻找到的观念,它是否能够"从内部"统治一个人并且"占有整个人"就是可疑的(Arendt 1968b,336)。因此,关于意识形态,到底是什么使得这种"占有"成为可能?

意识形态不是幻觉,也不是认识弱点、与正确的或科学的关于现实的观点相比是有瑕疵的。它也不是对观念的研究或关于观念的科学。相反,意识形态本身就是一套观念而不是单一观念,这套观念作为"主义"宣称可以解释一切。它这样做不是通过痛苦的探索和对于假设的验证,而是通过一种相当于一个单一基本前提之展开的"逻辑"。它正好代表了人类好奇心的反面:"在种族主义那里,'种族'一词并不指称任何真正的对于作为一个科学探索领域的人类种族的好奇,而是这样一种东西:历史的运动借助它可以解释为一个持续的过程。"(Arendt 1968b,469)在这里,历史是关键性的:"意识形态"对于存在的神秘性或永恒真理不感兴趣。但关键点是:它不把观念应用于历史,而是把历史视作观念的发展或展开。比如,一个人可以采用唯物主义的方法研究历史,仅仅从这一个角度研究历史,而仍然对于学术研究有所贡献。在这个意义上,马克思主义不是意识形态。但是如果当你说:历史就是阶级斗争的历史,当你不再把你用以理解历史的视角仅仅当作一个视角,而是进而把历史视作这个单一观念的展开,这个观念永远不能修正——因为你绝对不允许它受到其他视角或可能挑战它的证据的质疑,这个时候它就变成了意识形态。但即使在这个时候,这种意识形态也还不是极权主义的意识形态,它可能只是一种私人的教条主义形式或者狭隘性形式。在19世纪就有数个这样的例子。当这些意识形态所依赖的经验成为政治的核心时,它就变成了极权主义的意识形态。这意味着意识形态不是极权主义的"起源",而是极权主义领袖手中的致命工具,而且是强有力的工具,因为它们提供了全盘解释,为它的追随者——以数百万计——提供了"第六感",使他们能够忽视令人困扰的(意识形态无法解释的)经验和现实。意识形态的最终结果是培育一种伪逻辑的冷酷无情,这个逻辑是如此无所不包,以至于摧毁了原初观念或导致人们忘记了这个观念。意识形态陷于"逻辑"中不能自拔,这个"逻辑"的根本特点就是永不停息。这个逻辑的一个例子是这样的教条:党掌握了终极的历史知识,在这个或那个时期,特定的、必须加以惩罚的罪犯必然要产生,党将绝对准确地发现犯罪分子。而且,"极权主义统治者依赖于我们施加于自己的强制"(Arendt 1968b,473)。因此,如果你是一个被党判决为有罪的党员,"逻辑"就会要求你忏悔,因为如果你不忏悔,那你就会对抗那个赋予你的存在以意义的东西。换言之,大多数意识形态家在其生活中从不曾拥有一个"观念"。

阿伦特在这里提供的是关于一个现象的更加引人入胜的描述,而不是对它的解释。这个现象在今天仍像在1930年代底那样令人困惑。这个现象就是:人们乐意承认自己没犯过的罪。但是,它或许有助于我们理解为什么她还说到了极权主义的短暂性,通过战后西德和东德的纳粹迅速从政治舞台消失,这种短暂性给人以深刻印象。首先,它看上去像一个难解之谜:如果人们在内心被教化改变,如果意识形态的确起作用,你就必须接受这样的观点:意识形态可以免于外在的政体变化;而另一方面,如果说没有什么内在的变化,并认为这解释了为什么人们在战后的德意志联邦共和国能够使自己适应自由社会民主政体,则你又无法解释这样的事实:必须在西德和东德进行费力的去纳粹化努力,而且这些努力毫无疑问取得了成功(不只是一代人)。阿伦特写道:"运动,也就是那个虚构的世界,一刹那烟消云散了,大众又回到了旧的分裂个体的状态,这些个体要么快乐地在一个变化的世界接受一个新的功能,要么回到他们原来的令人绝望的多余性。"(Arendt 1968b,363)他们"静静地把运动当作坏赌注放弃了"。当然,如同迈克尔·曼说的,来自社会诸多部分的对于当权之纳粹的支持,也可以通过阶级术语得到分析:专业人士——这部分的人数超出比例——并不是只能活在虚构的世界以便成为纳粹党员。的确是这样。但是阿伦特所暗示的是:即使对于真正的纳粹来说,极权主义统治之下意识形态的力量也不是来自产生意识形态的那些观念,而是来自逻辑——分析到最后是政治的逻辑:带着这种逻辑,意识形态的力量被推进到遗忘观念的程度。因此,纳粹垮台后,有大量残余的纳粹成员,不管其信念多么强大,都被剥夺了纳粹"逻辑"得以展示的政治环境。

集中营

尽管阿伦特与自己有一场关于组织和意识形态的相对重要性的争论,她对于集中营和劳动营的重要性则是坚信不疑的。这些是极权主义统治的决定性的核心机构——或反机构(anti-institution)。在讨论它们的时候阿伦特将其置于一个完全不同的反思平台。当然,俄国已经有悠久的流放西伯利亚的刑事奴役历史,英国在波尔战争期间发明了"集中营";但这些是沙俄统治和英帝国主义的偶然而非必然的特征,它们有明确的——当然可能是令人厌恶的——目的。对阿伦特而言,劳动营和集中营之所以是极权主义统治的充足而关键的特征,恰恰是因为它们没有自身之外的目的——这点充满了悖论。如果她不是那么与韦伯作对,她或许会说它们不是目的理性的,也就是说,不是导向一个目的的手段。自从韦伯的时代以来,各类批判性理论家已经把目的——或者工具理性——统治的世界视作异化的世界。他们常常把它和具有自我正当性的、不是为了其他目的而从事的乌托邦活动或怀旧活动相对。对阿伦特而言，集中营代表了一个被滥用的此类自为活动的镜像：它们恰恰在击倒政体的政治反对派时发挥了最大能量；犯人被迫累死累活地工作，但其劳动产出的实际产品却少得可怜。极权统治者都把"劳动"抬高为最高级的、最高贵的人类活动形式，把"工人"（或者用海因里希·希姆莱［Heinrich Himmler］的纳粹党卫军超级种族的观点看，是工人—士兵。参见 Dwork and van Pelt 1996）标举为高贵人类的榜样。恰恰因为这个原因，他们把人类还原为某种对其对手而言无意义的东西。后来，在《人的境况》中，阿伦特从中得出结论：劳动本身的特点就是根本不能做极权统治者认为它能做的事情。阿伦特描绘了成为人的方式的等级，在其中，劳动处于最底层，低于制作活动（把材料制作为产品），也低于人类相互之间通过言说在公共领域进行的互动。阿伦特认为，高级的人类活动是政治活动，真正的政治行为——也是真正人的行为——的含义在《极权主义的起源》中已经存在（Taminaux 2002），尽管是以尚未充分发展的形式存在的。

对于在大量幸存者见证中长大的几代人而言，题为"全盘统治"的那部分可能显得单薄浅显。但它仍然是重要的，因为它直接把握住了集中营的核心含义。阿伦特认为集中营是史无前例的，因为它们是历史上第一次在身体上、法律上和道德上废黜人类的系统尝试。它们尝试把人还原为与动物反应没有明显差别的一系列反应。它们是根除自发性的实验，也是根除使得自发性变得可能的条件的实验。这些条件在一个非常重要的意义上就是政治条件。

今天我们可能会说，集中营是剥夺人权的最极端例子，但是早在第二部分的最后一章，在论述1920年代和1930年代的难民和无国家之人的命运时，阿伦特就写道：人权只有在组织化的政治内才能够得到捍卫，才有力量。对她而言，这里的意思是：最坏的人权状况就是处于政治共同体之外，是被抛出下面的状况——只有在这种状况下"人权"才有起码的意义（美国的《独立宣言》和法国的《人权宣言》是公正的宣言，但同时也是对于一个政治共同体中的成员身份标准的表述）。因为在《极权主义的起源》中，阿伦特还没有在集中营——它们对于人的摧毁——和充分人化的政治行动的理想之间进行直接的对比，因此，她把集中营描述为现代欧洲传统瓦解的结果。在这个传统中，政治生活是通过民族—国家组织的，而在民族—国家中，国家是人权的保卫者，同样在民族国家中，当人们政治地行动的时候，他们对自己的自我利益或阶级利益有相对稳定的理解。

在这样一个"正常的"政治世界，人们必须同时保持距离而又相互联系，我们可以在给成员提供的参与方式和独立方式的基础上对社会和政治系统做出区分。我们思考这个问题的方式之一，是把让人们相互独立的栅栏当作由成文法（positive laws）提供的，认为这些成文法是人类设计的产品，过去的许多政治共同体都了解这个成文法（它必然是不完美的）与某种被称为自然法或神圣法（natural or divine law）的更高理想之间的差异。在《意识形态与恐怖》这章，阿伦特说极权主义统治在这方面是特别的。但这不是因为它是无法无天的专制。相反，它的独特性在于这样的事实：它通过把更低的法还原为更高的法而寻求消除更高和更低、成文法和自然法之间的差别。极权统治不承认成文法是人类设计的产物，因此是一个可以修改的、偶然的东西，而是寻求把法律还原为更高目的，还原为"自然"法则或者历史法则。在大多数社会，人们可以把法律视作其日常行为的框架，某种他们在不同程度上必须遵循的东西，但是任何情况下都是外在于他们的。这样，他们可能不加思考地遵守法律。而依据阿伦特，在极权主义的状况下，人们被要求成为"法则"的一个"体现"，是长在他们身上的东西。极权主义的法则不是在为人们提供一个共同的集体行为框架的同时，又隔开人们以给予他们呼吸的空间，而是既把人们相互分离（其程度远超民主国家的法律所为），又通过"铁一般的纽带"把他们所有人更紧地捆绑在一起,成为一个单一、整齐划一的共同体的成员。它不是把人划分为守法者和不守法者,而是划分为超级集体规划需要的人和多余的、不需要的人,后者完全处于任何法律框架之外。

这就是集中营所要做的事情,也是集中营之所以可能的原因。它们既不是监狱也不是改正机构,因为被置于这样的机构,一个人就必须被承认为一个法律主体,即一个通过他的行动能够违法的人。相反,在那些法律之内和法律之外的人之间存在根本区分,这个区分是与劳动英雄和被迫劳动者——对于他们,劳动是惩罚之外的额外贬低——之间的区别平衡的。的确,终极的贬低不在于集中营要求那些集中营内的人做什么,而在于这样的事实:对于他们的要求除了至死方休的劳动之外,别无其他。或者说,这个死不是我们通常所说的死——有一个埋葬的地方和与世界的最终告别仪式(Herling 1951)。法律上、道德上、身体上被剥夺的人或非人,是终结于"湮没无闻的无尽黑洞"。

批评

大量对阿伦特著作的评论持续增加,这里我们只能选择一些批判性的观点并给今天研究政治和社会的学者们提示一些参照点。

阿伦特对阶级结构瓦解、对大众进入政治的解释,留下了某些值得期盼的东西:"维护阶级之墙壁的倒塌,将沉睡的和狂怒的大众转化为一个巨大的、无组织的、无结构的、由喧闹的个体组成的大众。这些人唯一的共同之处就是朦胧地知道政党成员们的希望注定落空。"(Arendt 1968b, 315)这段话其实既不是解释,也不是主张在欧洲大众人的心理中,存在"自我保护本能的衰弱"或者感到自我不再重要。无疑,1920年代的大众运动吸引了传统的非参与者。特奥多尔·阿贝尔（Theodor Abel）1936年对600名纳粹党成员的自传的杰出研究表明了这点。阿伦特在她的书目中引用了这个成果，但是当她说"大众人的主要特点不是粗野和落后，而是其孤独和缺少正规社会关系"时（Arendt 1968b，317），这只是一种推断。正如迈克尔·曼在对阿贝尔的解读基础上指出的，一旦纳粹政权确立了自己，那么纳粹党成员的阶级和职业维度就没有什么特别之处了。事实上，值得尊敬的中产阶级专业人士比例高得很（Mann 2004）。

当阿伦特尝试进行以比较社会学为基础的孟德斯鸠式的概括时，她的立论基础也是不可靠的。比如，她声称极权主义运动存在于第一次世界大战后的很多欧洲国家；但在1930年代，缺少大数量的人或原材料意味着像波兰或匈牙利这样的国家，成了党派或阶级专制的国家而不是极权主义的国家。然而，德国和俄国虽然面积庞大（这是不可否定的），但她却似乎想让这点成为历史经验的一般规则。因此，直到德国入侵波兰和苏联之前，纳粹德国的极权主义并不是那么极端。当入侵发生时，向东方的扩展"提供了大量人口，并使灭绝成为可能"（Arendt 1968b，311）。这样一来，她就试图把关于规模的观点应用于其他例子。极权主义统治的机会"在东方专制主义的传统土壤中容易得到发展。在这些地方，有几乎用之不竭的物质财富供养强化积累权力的、摧毁人的极权统治机器"（Arendt 1968b，311）。的确是这样——尽管也存在这样的事实：印度确实成了一个功能相当完善的民主国家。阿伦特或许要说的不过如此，但是这样的谦虚也让我们想起对于比较社会学和政治学研究最有用的概括常常更加复杂，它同时包括了几种因素：人口统计、阶级结构、经济发展规模、精英构成、技术等（Moore 1966a；Skocpol 1979）。

最后，我们或许应注意一个有益的省略，虽然极大地超出了阿伦特的控制。秘密警察和集中营可能误用了劳动和法律的意义，但是在很多方面，互动本身也被误用了。通过其最哲学化的语气，阿伦特把集中营视作对人的自发性的摧毁，但是我们可以补充说：这种摧毁植入了外面的统治系统。的确,她说因为秘密警察的存在及其对于客观敌人的追寻,"曾经是秘密警察的专长的挑衅(Provocation),成为一种处理其邻人的方法,每个人不管愿意不愿意,都被迫追随这些邻人。每个人在某种程度上都是另外每个人雇佣的奸细。……每个词都变得模棱两可,都可以被重新解释"(Arendt 1968b,430—431)。但是自发性的摧毁通过日常生活许多方面的形式化和仪式化,以不那么激烈的方式表现出来。在理性化方面运转良好的民主国家,这种形式化和仪式化留给了日常生活自己设计。我们都熟悉特定的五一节游行,以及纽伦堡九月欢庆,两者都是有特色的士兵和工人列队合唱;但是最近以来,学术研究揭示了即使像相互问候和整理报告之类的日常行为,也是从某些惯常化而又无意识、不费力的东西转化为高度风格化、仪式化的东西,并要求一个人清醒地意识到正确的做事方式(Allert 2006; Kharkhordin 1999; Yurchak 2006)。令人感兴趣的是,许多作者更为令人信服地阐明了纳粹的统治如何渗透到了人们的日常生活实践,但他们强烈抵制使用"极权主义"(Geyer and Fitzpatrick 2009)这个术语。

今天的极权主义

今天如何看待阿伦特的解释?随着"经典的"极权主义政体——以及集中营——的消失,她的作品激励我们思考那些通过一种能够吸引大量的追随者并危及文明社会的方式,结合了意识形态、恐怖、组织化、宣传以及教化的政治的或者反政治的运动。塔利班、ISIS以及其他"基地"组织是显著代表。所有这些都是以意识形态或一系列对于一切生命问题的不允许质疑的终极答案为标志;所有这些也都有效利用了对外部世界的宣传,同时寻求向内给自己的成员洗脑;它们还都使用了极端的恐怖形式威胁自己控制区的人们。另一方面，尽管都以冷酷的组织化效率为标志，但是极权主义对于运动的内在核心与大众追随者——他们都是主要的潜在同盟者——的区分在今天的恐怖主义中不是那么显著。在这方面，它们结合了极权主义运动的成分与黑手党类的行业实践，在他们掌权的时候则更娴熟地使用了传统专制政体的统治技术。

近年来，关于极权主义运动是否应该被描述为"政治宗教"有很多的讨论。考虑到伊斯兰主义运动常常比别的恐怖组织展现出更多极权主义的特征，这逐渐变为单独的一个关于伊斯兰教本身的极权主义特征的讨论。有两个讨论正在进行之中。首先，我们应该记住莱谢克·柯拉柯夫斯基（Leszek Kolakowski）的主张：宗教和总体化意识形态的区别是，宗教寻求规范个人生活的所有方面，极权主义的意识形态则寻求根本取消个人生活。用涂尔干的术语说，它们寻求对个人的全盘整合，而不仅仅是对其行为的规范（今天政治上的自杀式爆炸肯定是涂尔干意义上的利他主义者）；然而，无论其对个人的主张如何无所不包，宗教还是多少承认不同的活动模式可能有一个与宗教无关的逻辑。这样，宗教的支持者，以及其伦理和特别的可信结构，或许能够依据这些非宗教的逻辑——比如科学或艺术——引导自己的行为，而又不违背自己的信念。换言之，神圣和世俗之间的区分承担了对非宗教之世俗存在的处理。世界上大多数宗教不得不与这样一种妥协共存。极权意识形态的信奉者到处都看到了差别，却拒绝做这样的妥协。正如极权主义政体的牺牲者可能被无边的黑洞吞噬，这个体制下既不是作为党派成员也不是作为追随者生活的人们，常常发现自己没有如欧内斯特·格尔纳（Ernest Gellner）所说的"世俗螺栓孔"（profane bolt hole），也不能找到有什么地方——从工作到家庭再到下棋或集邮，可以卸下发现世界之意义的重负（Gellner 1994）。如果今天谈论关于自由主义、社会民主党、各种形式的极权主义之间的斗争还有任何意义的话，那么，站在自由主义一边或者站在社会民主党一边的方法，就是接受这样的观点：你的日常生活的某些方面是无关紧要的，许多重要的事物有其自身的规则和自身的逻辑，任何单一的世界观——无论它如何含糊不清、灵活多变——都不能解释它们。

（陶东风　译）

参考文献

Allert, Tilman. 2009. *The Hitler Salute: The Meaning of a Gesture*. London: St. Martin's Press.

Andreski, Stanislav. 1964. "Old and New Elements in Totalitarianism." In *The Uses of Comparative Sociology,* 311–322. Berkeley: University of California Press.

Applebaum, Anne. 2003. *Gulag*. London: Allen Lane.

Arendt, Hannah. 1946a. "Imperialism: Road to Suicide." *Commentary* 1 (February) : 27–35.

——. 1963h. *On Revolution*. Harmondsworth: Penguin.

——. 1968b. *The Origins of Totalitarianism*, 3rd edition. New York: Harcourt Brace.

Aron, Raymond. 1965a. *Democracy and Totalitarianism*. London: Weidenfeld and Nicolson.

Baehr, Peter. 2002. "Identifying the Unprecedented: Hannah Arendt and the Critique of Sociology." *American Sociological Review* 67 (6) : 804–831.

——. 2010c. *Hannah Arendt, Totalitarianism and the Social Sciences*. Stanford, CA: Stanford University Press.

Bruce, Gary. 2010. *The Firm. The Inside Story of the Stasi*. Oxford: Oxford University Press.

Buber-Neumann, Margerethe. 2009. *Under Two Dictators*. London: Pimlico.

Durkheim, Emile. 1960. *Montesquieu and Rousseau: Forerunners of Sociology*. Ann Arbor: Michigan University Press.

Dwork, Deborah and Jan van Pelt. 1996. *Auschwitz: 1270 to the Present*. New York: W. W. Norton and Company.

Herf, Jeffrey. 1984. *Reactionary Modernism*. Cambridge: Cambridge University Press.

Fitzpatrick, Sheila. 1999. *Everyday Stalinism*. Oxford: Oxford University Press.

——. 2005. *Tear off the Masks: Identity and Imposture in 20th Century Russia*. Princeton, NJ: Princeton University Press.

Friedrich, Carl ed. 1954. *Totalitarianism: Proceedings of a conference held at the American Academy of Arts and Sciences, March 1953*. Cambridge, MA: Harvard University Press.

Furet, Francois and Ernst Nolte. 2001. *Fascism and Communism*. Lincoln: University of Nebraska Press.
Gellately, Robert. 1990. *The Gestapo and German Society*. Oxford: Clarendon.
——. 1996. "Denunciation in 20th Century Germany: Aspects of Self-Policing in the Third Reich and the German Democratic Republic." *Journal of Modern History* 68 (4) : 931–967.
Gellner, Ernest. 1994. *Conditions of Liberty.* London: Hamish Hamilton.
Geyer, Michael and Sheila Fitzpatrick, eds. 2009. *Beyond Totalitarianism: Stalinism and Nazism Compared*. New York: Cambridge University Press.
Gleason, Abbot. 1995. *Totalitarianism: The Inner History of the Cold War.* Oxford: Oxford University Press.
Goldman, Wendy. 2011. "Family Secrets." In *Inventing the Enemy: Denunciation and Terror in Stalin's Russia*, 140–198. New York: Cambridge University Press.
Halfin, Igal. 2003. *Terror in My Soul: Communist Autobiographies on Trial.* Cambridge, MA: Harvard University Press.
Herling, Gustav. 1951. *A World Apart*. London: Heinemann.
Jünger, Ernst. 1929/1991. "Total Mobilisation." In *The Heidegger Controversy: A Critical Reader*, edited by Richard Wolin, 119–139. Cambridge, MA: MIT Press.
Kharkhordin, Oleg. 1995. "The Soviet Individual: Genealogy of a Dissimulating Animal." In *Global Modernities*, edited by Mike Featherstone, 209–226. London: Sage.
——. 1999. *The Individual and the Collective in Russia: A Study of Practices*. Cambridge: Cambridge University Press.
Kim, Michael, Michael Schoenhals and Yong-Woo Kim, eds. 2013. *Mass Dictatorship and Modernity*. Basingstoke: Palgrave Macmillan.
Klemperer, Victor. 1998. *I Shall Bear Witness*. London: Weidenfeld and Nicolson.
Koestler, Arthur. 1940. *Darkness at Noon*. London: Cape.
Lefort, Claude. 1988. "The Logic of Totalitarianism." In *The Political Forms of Modern Society*. Cambridge: Polity.
——. 2007. *Complications: Communism and the Dilemmas of Democracy*. New York: Columbia University Press.
Levi, Primo. 1987. *If This Is a Man*. London: Picador.
Mann, Michael. 1984. "The Autonomous Power of the State." *European*

Journal of Sociology 25: 185–213.

——. 2004. *Fascists*. Cambridge: Cambridge University Press.

Milosz, Czeslaw. 1953. *The Captive Mind*. London: Secker and Warburg.

Moore, Barrington. 1966a. *Social Origins of Dictatorship and Democracy*. London: Penguin.

Neumann, Franz. 1942. *Behemoth*. London: Victor Gollancz.

Orwell, George. 2001. "The Prevention of Literature." In *Orwell and Politics*. Harmondsworth: Penguin.

Plessner, Helmuth. 1928/1999. *The Limits of Community*. New York: Humanity Books.

Rabinach, Anson. 2006. "Moments of Totalitarianism." *History and Theory* 45 (1) : 72–100.

Schmitt, Carl. 1932/2004. *Legality and Legitimacy*. Durham, NC: Duke University Press.

Shapiro, Leonard. 1972. *Totalitarianism*. London: Macmillan.

Shorten, Richard. 2004. "Europe's 20th Century in Retrospect." *The European Legacy* 9 (3) : 285–304.

——. 2012. *Totalitarianism and Modernism*. London: Palgrave.

Simmel, Georg. 1958. "Secrecy." In *The Sociology of Georg Simmel*, edited by Kurt Wolff. New York: Free Press.

Skocpol, T. 1979. *States and Social Revolutions*. Cambridge: Cambridge University Press.

Talmon, Jakob. 1952. *The Origins of Totalitarian Democracy*. London: Secker and Warburg.

Taminiaux, Jacques. 2002 "The Philosophical Stakes in Arendt's Genealogy of Totalitarianism." *Social Research* 69 (2) : 423–446.

Turner, Charles. 1999. "Weber and Dostoyevsky on Church, Sect and Democracy." In *Max Weber and the Culture of Anarchy*, edited by Sam Whimster, 162–175. London: St. Martin's Press.

Weber, Max. 1978a. *Economy and Society*. Berkeley: University of California Press.

Young-Bruehl, Elisabeth. 1982. *Hannah Arendt: For the Love of the World*. New Haven, CT: Yale University Press.

Yurchak, Alexei. 2006. *Everything Was Forever until It Was No More*. Princeton, NJ: Princeton University Press.

第二章 《人的境况》与行动理论

约翰·李维·马丁（John Levi Martin）

行动与实践

社会学对于行动的研究

一个行动是：（1）由一个行动者实施；（2）指向特定的未来目标；（3）在特定的情境中实施，该情境规定了其目标如何达成；（4）一个规范化的环境，限定了上述三者的结合方式。这是塔尔科特·帕森斯对行动的界定（1949/1968）。这样的行动概念似乎是大多数社会学著作，乃至相当多美国理论采用的核心概念，尽管它也受到美国最重要的社会思想学派——实用主义——的有力批驳。

不过，对这个概念的质疑从1970年代开始愈演愈烈，虽然这种质疑肇始于政治哲学家迈克尔·欧克肖特（Michael Oakeshott 1962, 62），但大多数质疑还是来自人类学（参见 Ortner 1984）。在美国社会学中，是布迪厄（Bourdieu）最先带着一个不同的（行动）概念抵达，好像是一个外来的探险者（1972/1977）。但是随着布迪厄知名度的提高，传统行动理论的堡垒开始在他所涉及的领域全面抵制他。这就是他在美国的接受情况。在美国，布迪厄差不多成为关于多重人格失调的行动者的理性选择理论家。场域理论发展为一种未言明的主张：存在不同的奋斗舞台，每个舞台都带有潜在独立的偏好结构。[1]

由于这个原因，阿伦特的著作对于社会科学或许是重要的，后者极大地退回到了传统的行动理论，甚至不知道还有什么不同的选择。尽管有人可能尝试从约翰·杜威的著述出发重新创造一种实践理论，他的书写也常常缺少生动的展示性，而仅仅是讲述另一种行动理论可能是什么样的（比如，1922/1930）。《人的境况》是一部杰出的概念史和批评著作，它质疑了社会学认为不可质疑的各种假设，特别是它提供了对政治的更深刻的理解——比在我们的理论家中发现的理解更为深刻。为了能够欣赏阿伦特正在做的一切，我们首先必须摆脱如下假设：行动的正确界定是帕森斯提供的。为此，我们想简要地概括一下亚里士多德的行动理论，因为阿伦特所诉诸的正是这个理论。

亚里士多德的概念

我们可以回想一下亚里士多德（*Politics* [*Pol*] 1280b5[2]）。城邦国家是与对美德的追求联系在一起的。但是我们常常通过维多利亚时代的观念来阐释亚里士多德的这个说法。通过维多利亚时代的观念，我们已经学会把美德（源自拉丁语 manly）联系于道貌岸然的克制（其典范就是贞洁，特别是不与男人接触的妇女）。对于亚里士多德而言，美德 [*arête*] 是某种事物的性质，特别是它的卓越性（*Nicomachean*

---

[1] 而且，我认为，这个转化在某种程度上也可以在布迪厄本人那里发现。经常性地参照"身体"，使布迪厄在完成其整体性系统的时候，其不断强化的理性主义显得模糊不清。这个系统基本上不能与其研究的核心假设相匹配。

[2] 涉及亚里士多德的时候，我用的是芝加哥（Bartlett and Collins）的《尼各马可伦理学》的译本，哈克特（Hackett）的《政治学》译本，罗卜（Loeb）的《后分析篇》（*Posterior Analytics*）译本，其他著作，我用的是麦克奎安（Mckeon）的《基本著作》。柏拉图的著作《理想国》我用的是基本（Bloom）版本。参考文献中用的是 the Bekker system for Aristotle and the Stephanus for Plato.

Ethics〔*NE*〕1106a15)。他认为关键的问题是一个自由人如何能够实践高贵的行动，也就是那种与自由人相称的行动（*Pol* 1332a10）。

一个人应该做什么？什么应该是我们行动的目的？由于亚里士多德接受这样的观点：某些目的只是中间性的，指向另一个目的，因此，我们可以通过追索这样的目的链条去发现最终目的（*NE 1049a15*；1097a20）。这样做的时候，我们发现快乐和自足（它们被证明是一回事）就是最终目的。这样，"一个严肃的人"（即一个卓越的人）的快乐，就是最终目的。但是，出于阿伦特将会关心的原因，这种快乐被证明离不开城邦国家。回答伦理问题需要提出政治科学的问题。[1]

亚里士多德的政治科学开始于这样的假设：某些人生来就适合统治别人，另外的人则生来适合被统治（*Pol* 1254a20）。这种适合甚至是身体化的：从一个天生的主人身上我们能够看到与奴隶的卑躬屈膝完全不同的挺直姿势（*Pol* 1245b25）。但是，某些自由人（至少从法律上讲的自由人）也不适合处于统治者的地位；相反地，也有些人严格来说是被统治的，但似乎又天生具有统治者的所有卓越性（*Pol* 1255b20）。我们不能简单地从我们眼前看见的东西来区别统治者和被统治者。因此，给予一个人以他应得的政治地位的最基本方法是什么？

亚里士多德区分了制作与行动（另见于 *Metaphysics* 1064a10）。一个工匠就像奴隶一样，必须以制造东西为导向，他们为别人提供必需品，以便后者可以不必为生计发愁（*Pol* 1278a）。由于这个原因，工匠从来不具备美德，为什么？因为制作活动的目的内在地指向其他东西。在这个意义上，工作是内在地有损尊严的。这不是因为它是下等人做的（尽管的确如此，*Pol* 1337b1，b20；1338a1，b2），而是因为它使得行动隶属于别的目的。简言之，对于亚里士多德而言，要想理解建构政治共同体的技术，就必须理解构成政治共同体的人的本质；

---

[1] 从文字上看这是正确的。我们认为亚里士多德的《伦理学》和《政治学》原初是同一本书，后来才分开。

而在他心目中，人的本质在很大程度上是由阶级关系决定的。因为在他看来，自由人、粗俗的工匠以及奴隶这三个阶级表明了三种类型的政治地位。我们将会发现，阿伦特也是这么认为的。

亚里士多德的逻辑包含这样的意思：任何东西的卓越性都来自其自为目的，而不是某个目的的工具。尽管"艺术"以产品为导向，但它（这个产品）只是作为工具而被行动重视（因此，一个生产出美丽客体的丑陋行动，比什么也不生产的高贵行动［在艺术领域］更受欢迎）。有道德的行动之所以是有道德的，根源于它是如何被实施的。特别是，它必须是深思熟虑地实施的，而且带着来自实践的优雅沉稳（*NE* 1105b；1178a35）。亚里士多德认为，这种卓越只有通过习性（habit）才能获得（*NE* 1103a15；1103a25）。

行动与政治

这一切听起来非常有意思，但是它对政治行动问题有什么参照价值？亚里士多德总是关注任何形式化的推理系统不可避免的不完备性——考虑到他基本上也是逻辑学的发明者，这让人印象深刻（*Posterior Analytics* 100b12）。这对于政治生活有明显的重要性——我们不能说"法律"应该被置于高于人的位置，因为法律是普遍的，不能处理特殊性（*Pol* 1286a5）。决定法律如何应用于特殊性的是人，这就要求亚里士多德所说的"实践理性"。正是这种实践感使得我们能够知道我们面对的是何种情境，能够在不死抠字眼的情况下灵活应用法律的精神（*Pol* 1286a10；1289a11；*NE* 1140a25—31；1144a1，9；*Eudemian Ethics*［*EE*］1247a14）。

这类实践智慧只能通过经验获得（尽管一个自由人能够通过被统治而获得它，然后知道如何统治别人）（*Pol* 1277b）。那些认为法律可以在先验沉思的基础上教给别人的人（亚里士多德举的例子是不知姓名的"诡辩家"，但是柏拉图的苏格拉底符合这个要求）使自己陷于荒谬可笑。实际的政治行动者才是专家，他们通过其行动教会我们

（*NE* 1180b30；1181a1；1181a15）。

简言之，不是我们"为了"服务于集体的善而行动，因为一个城邦国家本身就为了使得高贵行动成为可能这个目的而存在（*Pol* 52 1281a5）。这样的行动要求一种自信的、实践的判断力，一种实践智慧，它是"通过特例获得的：它紧密联系于行动，而行动则涉及特例"（*NE* 1141b15）。这样，来自习性的那种实践智慧联系于来自身体化的优雅得体的实践；值得注意的是，尽管音乐才能是与服务联系在一起的，但亚里士多德依然把演奏视作基本上就是政治行动的隐喻。

这个概念在很大程度上已经失落；重要的是，到马基雅维利时代（比如，1532/1998，100），"谨慎"（prudence，该词为 *phronesis* 的拉丁语翻译）已经不是联系于习性，而是联系于习性的对立面，即在命运的风向转变时改变人生航向的能力。虽然这的确表示一种对于情境特殊性的反应能力，但它更多表示依赖既定情境的含义，而更少表示巧匠的自信。对于特定情境的这种接受，意味着社会学中关于政治行动的核心观念。最为著名的就是韦伯对政治行动的伦理方式进行的区分：一个人或者被引导趋向一个有价值的目标，而其行动只不过是这个目标的手段；或者以自己为目标而行动，到处漫游，做一个无拘无束的人，但是这样一来，这个人就必须放弃政治规划，因为他是不负责任的（1918/1946）。阿伦特认为，这种政治和行动概念，是非常糟糕地构想出来的，而且已经导致可怕的结果。

阿伦特的规划

回到古希腊，回到康德

正如阿伦特后来说的，马堡大学的一个年轻教授把这个流落街头的词¹重新与古代的传统联系起来："思考再次拥抱了生活；过去的文化珍宝，被认为已经死了的，再次开口说话。"（引自Young-Bruehl 1982, 49）这个人当然就是马丁·海德格尔。虽然阿伦特明显地受到其导师卡尔·雅斯贝尔斯的影响（她从他那里不仅获得如下信念，即在存在哲学和康德主义之间存在一个连接纽带，而且包括对于三分法的偏爱），但是她同样从海德格尔接触古代传统的新方法那里获得力量（尽管她的博士论文是关于奥古斯丁的，但是对于一个新出现的现象学思想家而言，这是一个并不奇怪的选择，因为奥古斯丁的《忏悔录》是一个矿藏，从中可以发现对于时间本质的洞察）。

而且，她认为需要对古希腊的一些概念——这些概念与那些成为丰富的政治哲学基调的东西是相关的——进行重新评价。她认为，判断的失落是20世纪思想的主要特征。这个指责的最明显证据就是纳粹的兴起。面对本来应该毫不含糊的选择，许多欧洲思想家（包括海德格尔）却令人费解地误入了歧途。有意思的是，阿伦特在这个问题上（即思考能力的失落问题）并没有转向亚里士多德，并尝试重新阐释其选择概念或实践理性概念。相反，她着迷于与康德相关的对于能力（faculties）的基本划分，而她最终的主要学术规划《心智生活》计划要写成三部著作，分别对应于康德提出的三大能力（思考、意志和判断）。不幸的是，阿伦特在开始第三部写作之前就去世了（打字机上只留下了此书的标题页；尽管阿伦特自信地预测了明确的计划，但是我相信她将会发现这个任务比她原先想象的要更为棘手）。

尽管有对康德的判断力——这种判断力常常被现象学家当成代表了形式推理对于原先未受损害的经验完整性的强加而将之悬置起来²——的这种关注，阿伦特的处理却是基于她对于古希腊人的行动的

---

1 即"行动"。——译注

2 德国人普遍强调：判断代表的是初次分离（Ur-Teilung），这是荷尔德林提出的一个著名观点。

第二章 《人的境况》与行动理论

理解。一个叫安顿·施密特（Anton Schmidt）的德国军士，大屠杀期间曾经在自己被处死前数个月里帮助过犹太游击队员（不是为了钱）。在讨论这个个案时，阿伦特强烈地反对那些从效果论角度否定这种抵抗、认为其毫无意义的人（1964a，232f）。相反，她强调"总是会有一个人留下来讲述故事"。因此，行动的目的不是其结果——因为任何行动的结果都是不可预测的，所有事物都是纠缠在一起的——行动的目的是历史（另见于1951a，59f）。[1]

主题

上面提供了《人的境况》的某些语境（此后的引文均出自《人的境况》，除非特别说明），也就是阿伦特重新思考我们借以思考自己、特别是政治行动的基本范畴的一般尝试。在更为特殊的意义上说，本书实际上开始于尝试性地介入马克思的思想，这种尝试本身又来自先前考察苏联政体的意愿（这个意愿在她的《极权主义的起源》中未能充分实现）（Pitkin 1998，98）。阿伦特最后以处理她认为是马克思和其他人所使用的潜在观念结束，而不是集中研究马克思的思想。

请注意：阿伦特的方法是对核心概念进行历史分析。专家们并不总是同意她的阐释。在这里，当我复述阿伦特的主张时，我是依据其原创性贡献来处理阿伦特的思考，而不是尝试评价这些主张的准确性。此外，像很多有创见的历史学家一样（但不同于大多数社会科学家），阿伦特利用对思想发展的分析，对社会历史模式的更广泛的、平行的变化做出了强烈的暗示，我在这里不怀疑这个假设。

到底何谓人的境况？在某种意义上，人的境况在远古曾经得到很好的理解，这就是必死性（mortality）。这意味着当我们问"你的行

---

[1] 阿伦特用历史概念指的是有意味的故事的这种讲述，这是人类处理行动的不可预测之结果和不可逆性的方法；这样的故事是一种重新塑造过去的尝试。我相信重要的是：当历史所澄明的正好是故事所讲述的内容的时候，阿伦特使用的是"人的境况"这个短语——并加上"特别是政治愿望"。

动的结果是什么？"并且尝试像亚里士多德那样追问这个链条直至最后的结论时，唯一真实的答案就是：死亡（参见她对奥古斯丁的原创性阐释［Arendt 1929/1996，13］）。但阿伦特大约是在1958年思考人的境况的，这是一个技术理性不断增长、科学成就辉煌、核威胁增长、政治动荡不安的世界。她希望，通过辨析我们用以理解人的存在的基本范畴——必要的时候回到亚里士多德——我们能够更好地理解未来，理解我们控制自己结局的能力。"我的计划很简单，它所说的不过是：想想我们正在做什么"（5）。但最重要的是，阿伦特说的"人的境况"（9）的意思是人类使自己适应自己所改造的世界的能力。我们在世界——如果我们真的想要拥有一个世界的话——上的存在不能独立于我们活动的本质。

这里我对于《人的境况》的概括是选择性的，并不是遵循其自身的论述（这个论述的组织结构虽然有效但也有些奇特），而是强调阿伦特关于行动的本质、关于社会的（领域）、政治的（领域）以及科学，都有哪些可能是最值得关注的观点。

行动、劳动和工作

什么是行动？

《人的境况》的核心是阿伦特特有的三分法，理解人类活动——阿伦特称之为积极生活（*the vita activa*，中世纪哲学中这个词被用作对亚里士多德"政治动物"的标准翻译）——的三种不同方法。这三种理解活动的方法分别被称为：行动，制作或工作以及劳动。阿伦特把它们视作按照时间顺序排列的。行动和制作的历史切割点是以柏拉图为标志的，制作与劳动之间的切割点则是以马克思为标志的（12）。

由于阿伦特对于行动的理解非常不同于当代大多数社会思想家，因此我首先关注的是阿伦特说的行动是什么意思，然后探究它们的三元组合结构。[1]

尽管存在这样的事实，即阿伦特追寻了更早时期的行动概念，但她这个概念基本上是亚里士多德阐释的行动概念。这是因为亚里士多德的政治概念在下列意义上是前苏格拉底的，即亚里士多德避开了苏格拉底／柏拉图关于城邦国家和善之间关系的某些更突出的方面。对柏拉图而言，善不仅是通过城邦界定的，也是通过理性本身界定的，因此，他挖掘出了与政治行动相对的"共同体"的新的建构基地。问题是：一个人最内在的东西是什么？自由还是理性？更有甚者，正如我们将会看到的，阿伦特认为柏拉图把制作而不是行动的模式当作了核心隐喻。

什么是行动？依据阿伦特的理解，从范例的角度说是言说，以及关于言说的言说——意在影响他人的公开宣称。尽管阿伦特经常成对地使用言说和行动，但前者显然是更为基本的，因为没有行动的言说依然是行动，但是没有言说的行动就不成其为行动。这是因为行动，不管是不是言词形式的行动，都是一种陈述——特别是，它是对"你是谁"的回答（178）。[2]

再回到亚里士多德。亚里士多德思考了自由人可以获得的三种生活方式：自我满足、政治行动和哲学（*EE* 1215a35；I. 5；*NE* 1095b17；

---

[1] 有意思的是：阿伦特在这里尝试处理的是对于活动的理解的变化，而几乎没有关注对意志的理解的变化，后者成为她的《心智生活》第二卷的内容。在那里，阿伦特（1978a; also 1951a, 157）强烈指出：对于意志能力的理解在奥古斯丁那里发生了根本变化，以前似乎与我们的后奥古斯丁理解相吻合的观念，事实上是根本不同的。

[2] 古希腊语中原初的英雄概念所意指的不过是这样的人：他回答了这个问题并愿意承受下列后果——"勇于离开自己的私人空间、表明自己是谁、展示自己的自我"（186）。或许是海德格尔的影响使得阿伦特假设这种回答的形式只能通过这种（自我）展示来表达，尽管她没有意识到马克思把工作的概念理解为另一种回答的方式。我将在本文的结尾回到这个问题。

I. 5; cf. Arendt *THC* 12f）。与明白无误地只把沉思生活视作真正杰出生活的柏拉图（比如 *Republic*，500c）不同，亚里士多德似乎难以舍弃较早时期的观念：行动生活对于人而言才是最高级的——尽管他最终的确又改变了看法。阿伦特无疑赞成对于行动本质的前苏格拉底理解，认为行动是最为卓越的（生活方式）（尽管这种观点是通过亚里士多德的术语表达的）。特别是，阿伦特把行动与亚里士多德使用的现实性联系起来，因为行动不仅仅是导向另一种东西的工具；真正的行动实际上都没有留下完成的作品（206）。这当然是一种极端的看法（或许可以说是理想类型）。但是对于它的理解对再现阿伦特的思想是至关重要的。

行动与结果

阿伦特强烈支持亚里士多德的观点，认为行动不是关于目的的，而是关于自身的。事实上，阿伦特相信手段—目的的思考中存在某种根本性的谬误；首先，她相信手段—目的的思考合乎逻辑地意味着：不但"这个"目的证明着手段的正当性，而且反过来意味着任何事物都是可以接受的（229）。[1]这样的思考不但倾向于不负责任的极端主义，而且考虑到结果的实际复杂性，它也是可笑的。"按照字面理解，一个单一行动的过程能够一直持续到人类自身成为目的"（233）。

阿伦特不否认行动指向一个事物的完成。但她一定程度上将此视作不同于能够预测的结果观念，因为行动不同于工作，缺少使这种结果至上主义显得貌似有理的可预测的结果；我们也依赖于他人的反应（144）。这样，行动的卓越是与其结果分离的。想想伯里克利对雅典人发表的葬礼上的演说吧，它意在强化听众投身于与斯巴达的战争的决心（以及给予死者的荣耀）。设想一下吧，伯里克利预测，如果他

---

[1] 阿伦特假定只存在值得考虑的单一目的，这似乎有点类似于韦伯所讨论的不负责任的狂热疯子（1918/1946）。

不善辞令，或更进一步，如果他展示自己的懦弱，促使听众愤怒地决定让他看看何为真正的勇气，实际上将会更好地激励听众。这样的思考将会与古希腊的美德和卓越观念彻底隔阂。[1]

行动不仅超越了目的的决定，而且不同于规则化行为，它超越了传统的道德标准（这不意味着它可以免于任何标准）。这是因为，阿伦特坚持，对古希腊人而言，政治行动依据定义就是非凡的、超常的（205）；因为每个行动都是独特的，类似于后来的美学中说的艺术品，必须自己带有自己的评价标准。[2]

对于阿伦特而言，行动的独特性是一个关键，行动是一个开始，是某些新东西的肇始。"如果不是具有打断它的能力并开启某种新东西的能力"，我们向死亡的趋近将使得人性化的万事万物都走向毁灭和坏死。这是"一种内在于行动的能力，它像一个永远的提醒，告诉我们：人，虽然必死无疑，但不是为了死而生，而是为了开始而生"（246）。

实际上，阿伦特（189）强调，不管是在古希腊语还是在拉丁语中，原先都有两个词对应于我们现在所说的行动，一个是开创（initiating），一个是完成（completing），而且前者被吸收到政治规则中，后者则成为更一般的表示行动的术语。尽管阿伦特追随后者（完成）的思想并用实践指称行动的这个含义（完成），但她的核心观念

---

[1] 这并不意味着这样的算计行为从来都不被视作表明了一种卓越性。当（在《一世之雄》[Angels with Dirty Face]中）吉米·卡格尼（Jimmy Cagney）扮演的不要命的歹徒让自己确信"go yellow to the chair"，放弃其对财富的最后要求，以便巩固其对于年轻人——这些年轻人把他当作偶像并追随其足迹——的控制，这个时候他肯定拥有某种美德。但是正如阿伦特会强调的，这种特别卡里斯玛化的美德是来自自我超越（self-transcendence），而不是自我实现（self-actualization）。

[2] 这个行动概念再次出现在马基雅维利的直言中（1531/1998，63）：假如吉安·保罗·巴廖尼（Gian Paolo Baglioni）在教皇出人意外地空手进入他的城堡时杀了教皇，这将是一个使人震惊的行动（因为它是前所未有的）——没有背叛的理由。当然，行动的稳定再次出现在20世纪早期的意大利，伴随着法西斯主义运动。

还是对这个较早的开创概念感兴趣,因为她的概念基本上是指一群政治上平等的人在一个聚会上相互面对。

区分

与这个行动概念不同,阿伦特(7)勾勒了另外两个常常相互混淆的活动模式,即劳动和工作。哪怕只是因为她对这两个概念的清晰区分,《人的境况》对于社会学家也是重要的;尽管之前的少数作者已经关注过这个问题,但都没有用充分的历史证据证明这点。阿伦特指出了这样的事实,"每一种欧洲的语言,古代的和现代的,都包含两个从词源学角度看互不相关的词汇,并用它们来指称在我们看来同样的活动,并一直把它们保留在表面上同义的用法中"(80)。

我们如何能够区分两者?"劳动从来不指完成了的产品,而始终是一个被归入动名词的动词化名词,而产品本身则一成不变地派生于指称工作的词",即使在工作的动词形式已经变得过时时也是这样(80)。换言之,劳动强调的是身体化的活动本身,工作则指向一个与过程相对的结果,视活动为达到目的(结果)的手段,把工作视作人类活动的样板,导致手段——目的思考随之也占据了统治地位(143)。

对阿伦特而言,这三种活动形式常常对应于三种不同的产品:劳动对应于易朽物,比如面粉;工作对应于耐久品(特别是生产工具);[1] 而行动则对应于言说。而且,三者在时间上也有类似的区分:劳动包含在生命的持续再生产中,一旦完成,立刻要求再来一次,导向一种普遍的徒劳无益感,因为让日渐衰败的身体返老还童,就像清扫沙滩上的沙子(100)。劳动在时间维度上是循环的,因为它指向无休止地满足身体需要。而工作则是线性的,是通过生产去完成一个目的。因此之故,工作有一个计划与实施之间的分离(当然也是两者的统一)。

---

[1] 她对劳动和工作的区分(94)因此还常常类似于马克思对部类Ⅰ(Department Ⅰ)和部类Ⅱ(Department Ⅱ)的区分(Marx 1885/1909)。

重要的是，没有什么工作之歌，只有劳动之歌：匠人是工作之后唱歌，而不是在工作期间（145n8）。劳动者则更喜欢重复性劳动，因为它不要求心理的关注，允许心理自由的补偿；而心不在焉的工人却是一个坏工人。在另外一极，伟大的行动或伟大的言说是"不朽的"。阿伦特借此意指两件东西：首先，她诉诸古希腊人的含义，即他们的行动能够不死。但更为重要的是，这种不死联系于人拥有一个世界的能力。

阿伦特开始于这样的假设：我们每个人作为身体，不是在作为一个主体的意义上，而是在对于经验的唯我论倾向的意义上，是"主观的"。这类似于那种关于婴儿的唯我主义理论。正是与我们之外的稳定事物——不管是物还是人——的联系，把我们引向客观性。公共领域的重要特点之一，是它是一个客观性的领域，它把参与者的生命从畜群式的合群转化为真正的客观性。在公共世界，一个人被暴露于多元视角；只有在那里，一个人才能获得"现实性"（57）。

当然，公共领域不是世界的唯一来源。我们还可能借助物而不是人。人的生命"参与到一个持久的具体化/物化过程"，但是在这些事物拥有真正的世界性的意义上，在这些事物能够被置于一个共享的连续性和客观性经验的培育基地的意义上，它们必然超越我们的时间视野（96）。只有一个稳定的持久客体，才能作为一个客体让我们"有所依凭"。只有这样，把世界作为我们的条件而创造出来的我们，才能让那个世界成为客观的世界（在西美尔也会支持的意义上）（137）。

这样，行动和工作都有助于产生世界。但是劳动是内在地主观的，因为它基本上是关于身体的——人用双手工作，用身体劳动（用言说行动）（118）。一个劳动的集合体满足每日的需求，它将是一系列无差异的主体性，缺少稳定的参照点来固定心智的相遇（136）。只是通过行动，我们才把自己嵌入到人的世界，恰如通过制作，我们进入了与自然世界的关系（而在劳动中，我们只是进入与我们自己身体的关系)(176)。[1]

这个框架的梗概见表2.1。我相信,这样一种对于概念的澄清本身就是令人感兴趣的,也是有意义的。但是阿伦特相信,首先,这个框架对应于时间秩序;重要性的变化在表中逐次下降。我将回避对于这个主张的评价,尽管我后面还会回到关于指向劳动的社会(the society oriented to labor)——阿伦特将之视作20世纪的特征——的关键问题。阿伦特还相信,这个轮廓的勾勒对于我们理解社会的领域和政治的领域的本质有重要含义:这些领域是否可以这么理解,它们是否被想象为几乎是一致的,是否一个优于另一个,等等。我希望先从这个较小的、但也是更加富有成效的问题开始。

表 2.1 阿伦特的框架

活动	完成手段	产品	时间性	客观性	结构	与……有关
行动	言说	行动和言说	不死的	客观的	自为目的	他者(你)
工作	双手	工具	持久的(柏拉图)		达到目的的手段	物质世界(它)
劳动	身体	必需品,消费品	即刻的,循环的(马克思)	主观的,孤独的	循环	陷于自己的身体(我)

---

[1] 这样,和西美尔(以及阿伦特的钦慕者哈贝马斯)一样,阿伦特把她的三元结构联系于语法人称的三元划分法。尽管有些人将此视作内在于德国唯心主义的总体框架的,但是事实并非全然如此,虽然有理由认为其起源于谢林(Schelling);皮尔斯(C. S. Peirce)在谢林的影响下发展出类似的框架。

社会的（领域）和政治的（领域）

社会的（领域）对政治的（领域）

对社会学家最有挑战性的，是接受阿伦特对于"社会的领域"——作为人类生命固有维度——的坚决拒绝。[1]实际上，她发现它是一个令人厌恶的、不光彩的维度。重要的是，她认为，"社会的领域"这个词起源于古罗马，没有古希腊语的对应词（23）。对于柏拉图和亚里士多德来说，人必须生活在他人之中，这个事实没有特属于人的意义；动物也是如此（24）。对于古希腊人而言，特属于人的是作为一个公民而活着，也就是作为政治动物活着的能力。而且，正如亚里士多德强调的，作为公民而活着特指行动和言说（25）。虽然城邦当然就是城邦国家，但是对于阿伦特而言，它意指公民在其中进行辩论的公共领域；她常常把它和公开的场所相联系，在这个公开场所，所有人都能看见彼此（就像一个市场；尽管这带给阿伦特一些麻烦[此处参见 Walsh 2015，24]）。对于古希腊人而言，正是在这里，一个人才能是一个个体，因为只有在公共领域，一个人才会是他真正的自己——尤其是通过其对他人的超越（41）。最后，政治动物是某种发生于家庭之外的东西，而家庭则是生产必需品的地方（33）。

社会学家在讨论阿伦特时遇到的困难是：我们将持续地使用"社会的"这个词来描述行动，因为它指向人际关系。这是因为，我们在两个意义上使用"社会的"这个词，而这两个意义又分别联系于——

---

[1] 皮特金指出：这个对于社会的全面拒绝是阿伦特更普遍的偏执思想的表现（1998，203）。在有些年间，阿伦特似乎重新思考了这个问题。的确，在《人的境况》（1959a，55）出版不久，阿伦特给出的政治的（领域）、社会的（领域）与私人的（领域）的区分有些不同。这个区分并非完全吻合于《人的境况》给出的结构。

至少是有这种可能——两种矛盾的理解。一个理解是:"社会的"领域是从属于社会(society)的,(在法国的语境中)这是一种涂尔干式的阐释。依据这个阐释,好像存在一个包含了个体的整体。在这个意义上,"政治的"就毫不含糊地与"社会的"相对立,其原因拉图尔(Latour)说得非常清楚(特别是 1999)。[1] 从柏拉图开始,"整体"这个概念就被用于否定政治行动者的自由的合法性,并坚持认为政治问题总是存在"正确的"答案。一个新型的思想家通过进入不可见的、超出了"行动的人"——他现在已经降级为大众——的客观知识的新领域,就可以获得这个答案。

另一个对于"社会的(领域)"的理解是:该词意味着"人际的",这是(也是在法国语境中)塔尔德式(Tardean)的解释。在这个解释中,不存在社会的(领域)和政治的(领域)之间的矛盾;两者是一回事。因为塔尔德强调,"人际的"是一个影响的领域,是在一个交织纠缠的网络中由诸多力量的轨迹组成的领域。在这里,不存在被理所当然地认为是独一无二的附加领域。相反,超个人的核心是一种个体创造,而且它实际上是理解政治行动的关键。我将追随阿伦特,使用"社会的(领域)"指称第一种理解,而使用"人际的"指称第二种理解。

这个区分使我们能够免于一个普遍的假设:"政治"与"经济"一样,是"社会的(领域)"的子集(subset,或译"子概念"),只是因为它是人际的。历史地看,政治的领域和经济的领域都是在"社会的(领域)"之前很久就被承认;只是到了 19 世纪末,对于合法的研究对象的这种更为无所不包的理解才出现,而且它日益与大众的观念、与统计学的规则性观念和决定论观念联系在一起。

套用一句俗话,我们可以说,对于阿伦特而言,政治的(领域)是某种可以这样加以想象的领域:当我们形成一个互动圈子时,那个在我们前面的和在我们之间的领域;而社会的(领域)则是在我们后

---

[1] 拉图尔(2005,250)将此表述为:"如果存在一个社会,那么,政治就是不可能的。"

面的和淹没了我们的领域，是围绕我们移动的领域。阿伦特的著述中最为有趣的歧义之一，就是我们并不清楚什么时候她把这个"社会的"（领域）当作一种既存的、拥有因果力量的组织化结构，什么时候它是一个人借以理解其生命各个方面的透镜，这个透镜不能合理地对待人的行动能力。但是，阿伦特相信社会的（领域）在两个意义上都得到了普及，这点是无疑的（另见于1959a，53）。而且，社会的（领域）的发展壮大已经逐渐牺牲了政治的领域。

政治行动

鉴于我们的社会学学科的确已几乎全部丧失了关于政治的看法，阿伦特的政治行动理论将把我们带到她的著作对于当代社会学家而言或许是最有意思的层面（我们的姊妹学科政治科学本身也笨拙得可以，它已经差不多完全用选择理论取代政治学，这种情况更糟）。阿伦特给予我们丰富的关于政治行动的关系性本质的意识。她不是在韦伯的意义上简单地认为"政治行动是人际的"（政治指向他人的可能行为）。相反，政治行动创造了关系。这就是为什么"政治的"（领域）是卓越行动的领域；因为我们称之为"政治"的（领域）东西，是行动者让自己向他者呈现的时候发生的。在韦伯的定义中，政治"意味着努力分享权力"或"努力影响权力的分配"（1918/1946，78）；相反，阿伦特隐含的观点是：典型的政治是说服他人结为同盟。韦伯研究政治的方法从来没有动摇那个深刻塑造了他们那一代人的俾斯麦主义；你将会注意到，他的定义认同克劳塞维茨的观点，认为战争是政治的一个子集。相反，对阿伦特而言，政治本质上是关于公共空间的存在的，在公共领域瓦解的地方，就根本不可能有政治（58）。[1]

---

[1] 阿伦特（202f）称赞孟德斯鸠是"我所知道的唯一一个"知道专制的根本问题是它建立在隔绝（isolation）的基础上——（专制政府）与人民隔绝，人民彼此隔绝——的人。专制因此不是其他政府形式的一种，而是对于政府本身的否定，以暴力取代权力。但是，亚里士多德就明确地持这种主张！（*Pol* 1314a20）。

而且，阿伦特有一个比韦伯典型的野蛮主义权力观念更为精致的权力概念。韦伯认为权力就是把自己的方式强加于他人。权力，在阿伦特的眼中是一种潜在的东西。她写道（200）：权力是这样一种东西，"当人们共同行动、不再各自为阵的那一刻，它就从人们中涌出。"[1] 她实际上是强调我们必须认真思考"可能"与"可能"（"might" and "might"）之间的语源学关系——正是可能性的开放性生产出了权力。权力存在于整个关系中，它不是个体的力量（这是一个被帕森斯和卢克曼这样的系统论者再次强调的观点）。

这样，政治行动与其说是行动这个种之下的一个类，不如说是行动的典范。它是内在于政治的，因为它包含了新颖关系的创造，所有行动都发生在公共领域。在公共领域存在的地方，这类行动就不仅仅在原先意义上是"新"的；在它与社会的（领域）其他部分的关系中，它必然是创造性和批判性的。行动不是社会化身体各部分的运动，每个部分整齐地按照自己在群中的固定位置排列（或许类似于社会机构）；行动有一个内在的跨越边界、连接差异以及一般来说使事物复杂化的倾向。政治体或许是由边界和藩篱设立的，但是行动反复地跨越这些边界，并给它带来不可预测性（190f）。引用阿兰·西尔弗（Allan Silver）的智慧之语："政治是陌生的伙伴。"[2]

自由与影响

正如巴里·巴恩斯（Barry Barnes）说的，尽管好像充满悖论，我们决定一个行动是不是自由的方法之一，是看看我们能不能想象行动者接受劝说按照别的方式行动（2000，34，71）。阿伦特也相信，政治的本质（至少就古希腊人的政治概念而言）是自由；反过来，自由

---

[1] 有趣的是，这类似于电势（electrical potential），在那些具有不同电量的表面被并置的地方，就会产生这种电势。阿伦特自己没有使用这样的比喻。

[2] 参见 Kopelowitz and Diamond（1998，671）。

本质上是政治概念而不是科学概念（1951a，146ff）。政治是关于说服其他人、其他自由人的事务。[1]因此，它是家庭之间（家庭的主人之间）的一整套关系。

想想柏拉图关于城邦如何统治的观点与此的差异是何等巨大。柏拉图把家庭内的主奴关系视作城邦统治的榜样，他实际上宣称行动应该和公共事务无关（224）。柏拉图对形式概念的强调告诉我们，他尝试用制作替代行动，因为正是匠人对于自己制作的形式有一种心理领悟（参见柏拉图 *Rep* 601c–d 注释）。（因此阿伦特把柏拉图视作开创了与行动对立的、类似制作的政体，这种政体终结于马克思，终结于劳动获得核心地位的时候。）正是内在于制作的、将计划和实施加以分离的可能性（225），让柏拉图止步于家庭的大门，从那里，他尝试彻底分割计划和实施，把计划交给一拨人，而把实施交给另一拨人。[2]相反，阿伦特（220）认为，政治本质上是复数性的，任何尝试清除复数性的行为——无论以什么名义实施，都等于是清除公共领域并摧毁政治。这几乎就是即将发生的事情。

尽管阿伦特不尝试精准阐释一种支配性的影响或者转折点，但非常清楚的是，到早期基督教教会时期，用以理解行动的观念结构发生了倒转，经过这个倒转，一直以来被视作外在的东西变成了内在的，而一直以来被视作内在的东西则变成了外在的。关于后者，即关于"社会"——稍早一点被称为"共同财富"——的观点是这样的：它现在把原先被界定为完全私人的东西——那些家庭必须满足的东西——变成了公共的；对于那些最初阐释城邦观念的人而言，关于"政治经济学"学科的观点本身就是自相矛盾的。另一方面，基督教的善的观

---

1 由于这样的原因，它与审美判断具有形式上的相似性（1951a，221ff）；尽管适当的讨论超出了这本书的限度，但是我发现阿伦特一再暗示说：人类行动的科学应该与美学具有形式上的相似性，这是她的著作中最有意思的部分。

2 但是公平地说，柏拉图认为，发出命令并使用产品的主人，比制作者本人能更好地把握形式。

念与公共性不匹配；如果一个人的行动是在他人看见的情况下做的，那就不是真正善的（74）。当然，基督教还承诺了另外一些东西。但是为了理解这个承诺的本质，我们必须由原路返回，去探究阿伦特有些悲观主义的对于人的境况的理解。

历史与生命

生命的徒劳性

理解阿伦特对传统新康德主义关于手段和目的的理解的抵制是多么强烈是非常重要的。她将之还原为实用主义（可能不太合理）。（154）和亚里士多德一样，阿伦特承认可能存在手段和目的的链条，但是她发现，认为存在正当的最终目的这样的观点是荒谬的。快乐的目的是什么？有用的用处是什么？对她而言，这些问题明显地意味着任何以"为了……"（in order to）的回溯为基础的解决方法的弱点所在（相反，她在她的行动概念中发现与"为了什么［目的］"的表述形式不同的"为……的缘故"[for the sake of]；这有点像韦伯[1978]对于价值理性行动和工具理性行动的区分）。把一个事物仅仅当成另一个的手段，其中包含的（对于前者的）贬低像传染病那样扩散到整个制约性的链条，导致世界从根本上被贬低为无意义。（156f）（请注意，因为工作就非常典型地联系于这样的手段——目的指向，所以阿伦特不认为通过回到工作伦理能够拯救人性。）

生命哲学内含的替代方案——在叔本华那里表现得最清楚——则是：对于生命，不存在"为什么"问题。生命活着（Life lives），仅此而已。这个永恒生命循环——它被阿伦特联系于劳动——似乎不能让她满足，因为我们是会带着理智思考的造物，能通过言说相互争论，偶然还能做出伟大的行动。但是要做这些，我们需要对于空间和时间中的人际生活进行特别的组织，否则，尽管我们能够活着（alive），但我们并不拥有"一个"生命（"a" life）。

阿伦特（97）在生物生命和传记生命之间进行了区别，用古希腊语表达就是 zoē 和 bios。后者（传记生命）是出生和死亡之间的线性距离，对应于行动，而与单纯的循环劳动的生命对立。阿伦特没有忽视生命哲学的诉求，她发现，在没办法的情况下，生命哲学只是面对一个糟糕境遇时不得已的选择，这个境遇就是我们的有死性：所有我们是谁，以及我们做过的一切，全部烟消云散，归于尘土。但是她认为也存在另一种选择。

城邦和历史

阿伦特写到，城邦对于古希腊人的意义是：它是人际的形式建构，这个形式建构使我们的行动和言说能够被记住（197f; cf. Aristotle *Pol* 1281a5）。这是一个众人相互呈现自己的地方，是表象和现实——依据定义——相一致的地方，因为我们就是我们的公共行动。[1]但是，这并不是简单地意味着古希腊人想要受到同侪的尊重。他们想要超越有死性。

对于古希腊人，公共生活是抵御个体生命之徒劳无益的保障。个体生命不存在什么持久性（或者说不存在阿伦特意义上的"客观性"）（56）。当然，持久性只能来自记忆，因此，保存我们生命中最重要东西的是历史（即使只是在被重新讲述的故事这个非常规意义上的历史）。古希腊人的幸福观，有时被翻译为"天赐的幸福"，是一种既不同于幸福，也不同于天赐的东西。相反，它意味着"活得好"。说只有死者才有幸福，不同于诅咒生命，而是说，因为行动的结果和本质

---

1 对阿伦特而言，美学是关于对象的可见的，甚至是表面的性质的，她坦然回归到了柏拉图的形式观念，以解释为什么一张桌子比另一张功能一样的桌子更美。在这里，我们又一次看到了她的审美观和她的行动观的一致性。

的不可预测性，我们只能通过回顾来理解它。这样，我们需要历史学家来讲述故事以便让我们知道自己做了什么。(192)[1] 但是知道将会有这样的一种历史，使行动者得以一瞥不死性。

或者说，直到柏拉图——他主张他所说的理式是不变的，这赋予它一种优于行动者的优越性——之前，情形都是如此。如同阿伦特说的（20），这是西方哲学开始把永恒（eternal）提高到不死（immortal）之上的开始。[2] 但是对于阿伦特而言，在现代世界，她更为关注的趋势是：与任何意义上的时间延续性均毫无关系的劳动竟然得到了空前关注。

劳动动物的兴起

对阿伦特而言，本书的落脚点是对当下社会的批判，她批判劳动在现代取得了彻底胜利，而她所说的"劳动动物"——与制作者不同的另一类人——则正在崛起并成为现代社会原型式的活动者。阿伦特的这部分思想与其对"今日社会"的批判一样，并不成熟。她所做的联系，有些精彩绝伦，有些牵强附会。似乎她是在抛出一大堆并没有相互联系的乱七八糟的东西。出于这个原因，我将简要地概述她的观点。她对于社会主义对劳动的赞美的批评只是她论证的开始；而且，这种批评并非意在粗暴否定阿伦特认为重要且吸引人的马克思的著

---

[1] 我相信这和阿伦特关于行动本质的更核心的观点是矛盾的，因为它意味着一个更效果论的"推理"（consequentialist "reckoning"），它也不符合对于古希腊观念的最直率的解释（straightforward interpretation）。但是，这个问题最好留给专家。阿伦特（173）还建议：需要有特定类型的作品，即艺术作品，以便支持行动者的不死性。物质的艺术品对她而言就是生产的极致，因为它们是最为持久的；它们不是为了使用而制作，也不会像别的商品一样贬值。它们因此是所有的持久物中最为持久的。

[2] 从这里足以看出，eternal 和 immortal 的含义有微妙却又重要的区别：前者是指理念世界、灵魂世界（后来扩展到宗教所说的彼岸世界）的不朽，而后者则是指通过世俗公共世界的伟大行动被历史记住并超越个体的死亡。——译注

作。¹ 但是，正如我回到结论时将要表明的，她似乎并不同意说马克思有完全不同的对于人类活动的研究路径——这种路径来自黑格尔的外化辩证法而不适合阿伦特的框架。

那么，劳动定向的社会的问题到底是什么？阿伦特有时候给人的感觉好像是——这只是机械化的问题，机械化向我们承诺一个只信仰劳动而又不必劳动的社会。但这只是触及了问题的表面。首先，她提出了一个并不引人注意的观点：机械化破坏了工作，不只是通过实际地以劳动者取代了工作者，而且更重要的是，让思想的关注点从产品转向过程；² 科学理解中的这个变化，伴随着或暗示着社会和经济组织中的一个相应变化。尽管这个过程与行动存在联系——考虑到今天把活动抬高到产品之上³——但她还是把它视作更接近劳动的即刻性。而且，这个机械化过程的产物，即使在技术上是可持续的，也仍然逐渐被理解为是可消费的（124）。⁴ 这导致工作者的世界的价值——持久性、稳定性——的普遍失落，以及劳动者价值——富足——的兴起。富足当然是一种值得追求的目标，但这种目标对生命过程的根本徒劳性没有做出任何改变（126，131）。因此，工作的产品承诺给予有死者"一个比他们自己更加持久、更加稳定的居所"，而我们的机械化生产则不能达到这点（152）。

在劳动动物的兴起中最让人忧虑的是这样的事实：它意味着

1　考虑到她那个时代见证了那么多变节者——曾经的马克思主义者为了自己的一点蝇头小利而贬低一个伟大的思想家，阿伦特（79）对参与对马克思的批评而表达了一些歉意。

2　对于阿伦特而言，这是与沉思的稳定性的降低及其被指向生产目的的"思考"所取代联系在一起的（291f, 301, 307）。"我们发现过程的概念取代了存在概念"（296）。

3　作者这里的意思是：行动的特点就是活动本身高于其结果或产品。——译注

4　这是更为巧妙的"消费社会"主题——认为"现在"正是产品的持久性成为流动不拘之过程的障碍，因此也成为财富的障碍（253）。由于持久性（依据定义）总是流动过程的障碍，因此阿伦特似乎（像其他人一样）面对这样的一个事实：这个过程只能被理论化为对19世纪的财富至关重要，并使得20世纪的生产目的指示了财富的本质方面的某种更合乎逻辑的变化——我所不理解的变化。

（在阿伦特看来）可以没有公共空间；单纯的劳动并不能引出客观性。一个劳动者社会拥有的"只是在公开展示的私人活动"，而不是真正的客观性（134）。而且，伴随着关于生命就是最高善的假设（312ff）——这本质上是一个基督教的观念，但是现在已经与个人不死的信念分离——我们发现自己接受了一半基督教对古代人的价值等级的颠倒。对古希腊人而言，人有死而世界是不死的，因此，获得不死性的方法是在世界上的行动。而对基督徒而言，世界是有死的，个体灵魂是不死的，因此必然贬低政治行动。但是转向劳动动物之后，我们甚至完全不能把自己理解为是行动的。或许阿伦特的批判中最有意思的部分，是她对于社会科学的毫不含糊的批评，以及她自己的、更为恰当地理解的科学观。

科学与行为

人和他自己

阿伦特绝不质疑科学做出的杰出成就。但她仍然不为所动，因为她认为这些成就不是意味着"我们现在知道了"世界到底如何；相反，我们只是学会了把我们自己的主观本质强加给世界本身（287）。对于阿伦特来说，科学史上关键的一步是以哥伦布的发现为标志的，这个发现给予一个我们理解地球以及我们在地球中的位置的新方法。非常奇怪，视觉观察对这个曾经是神圣领域的征服，与听从我们自己的感官并借此直接理解世界的希望，是一致的（262）。

这里面包含的意思是：我们已经放弃任何通过普遍和绝对的术语进行思考的能力，即使在我们获得普遍行动的能力时也是这样（270）。这个普遍的怀疑态度有两个必然结果。第一个是进一步提高了制作的作用，并让思考臣服于这个目的。"理论成为假设，成功的假设成为真理。"推理（reasoning）发展为"推算"（reckoning），即关于结果的计算（278，284）。当然，这种类型的思不能处理行动留下的东西，因为在这种无望决定其结果的情境中，它将变得无助、不知所措。而这样的情境是内在于行动及其结果的，"在这里，经常发生的都是一些无法预期的事情"（300）。

第二个结果是，我们的工具的胜利可能会在一定程度上把我们和世界更严重地分割开来。借助新的物理学我们发现：我们不是获得了自然的客观性质；"用海森堡（Heisenberg）的话说，人只是与自己相遇"（261）。我们的数学化能力没有阐明上帝是一个数学家，而是我们把整个世界变成了"与人的心理结构相同的"诸多模式。我们用这些同样的模式去设计我们的工具，去设定实验条件并让自然服从这个实验条件（266，286）。[1] 我们最后发现——用她从笛卡尔那里借来的话来说——我们的心智虽然不是真理的标准，却无疑是"我们肯定或否定的事物的标准"（279）。出于这个原因，阿伦特相信，我们不能摆脱这样的恐惧：我们生活在一个梦幻世界，在这个世界，我们通过我们的科学所梦见的一切，都呈现出现实的特征——只要这个梦能够长久做下去。

这样，阿伦特关于这种认识论状况的理论，或许比韦伯的祛魅观更为有理（1915/1946；1919/1946）；科学是与一种不断增长的无意义联系在一起的，这不仅仅因为科学忽视了意义，也因为科学是工具定向的极致，在工具定向中，一切都是其他东西的手段（而且，阿伦特的看法与她的法兰克福学派对手相比，或许不那么宏大，不那么似是而非且一本正经）。这个（目的变为手段的）倒退过程不能通过任意

---

[1] 当阿伦特强调新的关于宇宙的观念是我们所不能想象的一种观念时（288），她似乎与这个观点矛盾。但是我理解的她的观点是：尽管我们不能把这些观点整合进一个向我们的直觉注视开放的整体，而只能对它进行认知操作，这些操作是和我们的心智所擅长的东西的本质相一致的那种操作。

设置一个目的来解决，甚至设置人本身为目的——像康德的"目的王国"那样（1785/1938）——也不行。我们创造自己的世界，这是内在于人的境况的，但是当我们把自己创造为所有事物的尺度时，我们缺乏任何发展、超越和不凡的能力（159）。社会科学只是进一步深化了人的境况的这个局限。

社会学

阿伦特对一般的社会科学，特别是社会学的敌视是众所周知的（参见 Baehr 2010b，19，45，52，56；Walsh 2015，43）。或许这里的核心问题是：她相信社会学不仅是一门普遍化的学科，因此不能把握行动，而且常常挫败人的行动能力和判断能力。考虑到我们是那样彻底地相信"个体"是欧洲资产阶级新近发现的东西，社会学家或许无法发现他们如何把一种普遍性赋予了人的本质。知道一个人归属什么阶级、角色、类型，几乎等于给了我们所有应该知道的关于他或她的知识，这一点好像是显而易见的。这个普遍性或许和个体性一样具有历史的特殊性。[1]但是我们仍然说服自己相信古希腊的个人主义——真正的行动的前提——是不可能的。

阿伦特写道："科学家进入了一个言说失去其力量的世界"（4）；继续这种局面并将这同一个科学理解应用于我们自己，其毁灭性将是致命的。为社会科学奠定基础的那个教条似乎意味着我们的行动能力的继续退化。在把行动向简单的生命过程进行的还原中，行为主义是最惊人、最臭名昭著的形式。但是"现代行为主义理论的麻烦不是它们错了，而是它们可能是正确的，是它们实际上可能是对于现代社会

---

[1] 例如，霍尔皮克（Hallpike 1977，81）争论说，新几内亚的托德（the Taude of New Guinea）对于与适当角色相适应的那些陈规没有清晰的意识，相反，倾向于每个个体特有的特性。

特定的显著趋势的最好理论化"（322，45）[1]。

同样有害的是在研究行动时对于统计学的使用不断加速蔓延。我们都知道，这些统计学"依赖于大数据法则"，"但是日常生活的关系的意义不是通过日常生活得到展示的，而是通过不寻常的行动……把大数据和长时段法则应用于政治或历史，只是表明了对于其研究对象本身的任意涂改"（42）。阿伦特并不否定集体机构规模的不断增长意味着政治的（领域）被淹没于社会的（领域），意味着行动"遏制行为之潮流"——这个潮流就是可以通过科学加以预测的大规模运动——的能力不断衰退（43）。但是当社会科学家建议平均值等于正规性、等于伦理的时候（比如像凯特勒[2]与涂尔干认为的那样）——这是德国学者对于法国学者的普遍批评，阿伦特的观点中也暗含这种批评——社会科学家当然无济于事。

在所有社会学方法中，我们都是把人的活动当作由外部现象引发的东西，行动者变成了一个病人，一切都是被决定的，别的我们什么也做不了。正是对人的自由信念的放弃，被阿伦特视作与判断的失败相关，这种失败是阿伦特对 20 世纪的指控。我们怎么才能判断一个由必然性法则驱动的人？（另见于 Arendt 1964c/2003，18f，27）。如果我们不能判断其他人过去的失误，"大难临头之际"，我们怎么能够自己做出正确的判断？

任何进一步贬低这些已经削弱了的能力的研究领域，都是一种知识和伦理的恶行。确切无疑的是，在社会科学中（正如在自然科学中），我们的确能够选择一个外在于我们经验的阿基米德点。但是这把我们带向对我们自己能力的更深误解。我们简单地把我们的行动视

---

1 皮特金（1998，198ff）注意到，阿伦特聪明地回避了下面这个问题——这些带有预测和隐含制约的社会科学方法基本上是错误的，还是只是不完美而已？如果是后者，那么，她的批评就大大地失去了力量。

2 阿道夫·凯特勒（Adolphe Quetelee，1796—1874），比利时统计学家、数学家、天文学家。——译注

作好像它们都是"过程",并通过我们用来描述自然有机体的盲目变异的术语来看待我们最伟大的成就(322)。在我们自己看来,我们似乎是蚂蚁。我们思考的时间跨度让古希腊人相形见绌,但我们从来也没有接受我们的行动会永垂不朽这一奇怪的信念。因此,我们认为自己是蚂蚁,并像蚂蚁一样行动。[1]

结论

阿伦特对于许多研究领域都是非常重要的。她对社会学的伟大贡献在于,她能重新打开我们的概念,当我们陷入理解人类生命的单行道时,她能看到哪些其他的(理解)路径被我们错过了。而且,尽管不是她的所有历史主张都经得起检验,但是她具有帮助非专业人士理解某些早已过去的观察方法的杰出能力。在她最熟悉的领域——政治判断以及我们理解政治判断的方法——她是出类拔萃的,这意味着她可以教会我们很多关于政治的本质的东西。

同时,阿伦特相信政治是或应该是人类活动的全部,也是人类活动的目的(至少在《人的境况》以及1950年代的其他一些作品中她表达了这样的信念)。她有意识地、故意地从奴隶社会——在这样的社会,几乎所有实际的活动都是强迫委派给他人,主人不再操心——获取自己的理论装备。对此,我们感到有些奇怪和令人遗憾。她的三个

---

[1] 或许这个研究法的最好例子是卢曼(Luhmann)提供的,他拒绝尝试把对于行动的人化的和英雄式的理解整合到自己的系统理论中。有意思的是:虽然阿伦特认为我们已经失去了古希腊式的对于政治的理解,但是卢曼(1990, 32)却相信我们根本没有充分消除古希腊政治观的残余!他严肃地写道:"我们常常忘记了:自那以后,时代发生了巨变"(2000, 7)。这就如同说,提出了一种被剥夺了政治的政治系统(2000, 94)。

范畴：行动、工作、劳动，对应于古希腊的三个大的阶级（亚里士多德就这样认为）：自由人、庸俗的匠人和奴隶。阿伦特不是傻瓜，也不是护教论者，但是她并不担心她的概念与这些阶级关系过分混合，以至于无法适用于人人拥有选举权的世界。[1]

这是因为阿伦特还停留在康德（1785/1938）强有力地建构的二元对立中，即我们是把自己视作"实践人类学意义"上的一个行动者，还是把自己看作隶属于普通物理学方法的物（things）？在《人的境况》中，阿伦特把两者分别归入"政治的"（领域）和"社会的"（领域）。尽管受到存在主义哲学——它在很大程度上来自叔本华、尼采和西美尔的生命哲学——的巨大影响，阿伦特仍然无法在属类的、动物性的生命中找到激发她灵感的东西，只有那些个体的生命故事，才能让她感到鼓舞人心（并且相信她是和古希腊人心心相印的）。

部分由于这个原因，我们对于劳动的理解中的活力论方面——对于认真对待马克思的人而言这是关键性的——就被阿伦特极大地忽视了。这样，尽管《人的境况》是一个与马克思商榷的尝试，但它显得好像没有抓住马克思。把马克思对于劳动的理解还原为无言的、动物性的单调活动的重复，是对马克思的歪曲。不管马克思是正确的还是错误的，他在可能性上都把劳动看成是社会性（sociality，阿伦特认为它仅为行动所有）和外在化（externalization，阿伦特在制作中发现了

---

[1] 阿伦特（208）分析了这三类活动所能达到的最伟大的成就：对行动者而言，它是一个人的自我实现。对制作者而言，它是这样的观点："人的产品可以比他自己之所是意味着更多东西。"劳动动物的信念则当然是："生命是所有一切美德中最高的美德。"她似乎非常赞同行动者的观念——所有高贵的人都是如此——只有粗俗的世界才会为他们所做的东西（what they have done）而不是为他们自己之所是（what they are）感到骄傲。尽管像欧克肖特这样的保守主义者或许承认：值得欣赏和维护的身体化的方面可能会被社会批评者忽视（Bourdieu 1979/1984），但是反过来说也是对的，阿伦特似乎忽视了内在相关的概念的一半。

它)的综合。[1]而且,她坚持认为制作必然把制成品抬高到制作活动之上。这个观点不是来自任何匠人的一手经验,而是来自亚里士多德。亚里士多德作为一个主人,可能没有具体的对于生产的感受,而只是对于其结果,即供其使用的产品感兴趣(Plato[Rep 601c-d])。

有意思的是,阿伦特(242)不经意地回到了她在分析爱时的一个古典的活力论意象,在这里,她发现,爱的唯一幸福的结果,就是一个孩子的诞生。这是否正确并不十分令人感兴趣,更令人感兴趣的是她把这种劳动形式毫无新意地联系于生命和爱。[2]这个关于创造性生产的观点,尽管不是西方传统中唯一的(观点)(Joas 1996),但并不符合她的分类。这个创造性生产的概念把下面三个东西连接起来:她的"劳动"概念所意指的生命、循环和身体痛苦,她的"工作"概念意指的生产力,以及她的"行动"概念意指的社会性(sociality)和不死性(immortality)。但仍然不同于她的行动概念,这个创造性生产的概念不是基于排除了欲望满足——认为它是附属的、只适合被隐藏起来——的竞争性社会关系,它甚至也不具有内在竞争的方面。尽管阿伦特的"工作"概念总是有与自然的暴力关系(140),包含把制作者的意志强加于材料,但是在(女人生孩子)这类生产中,产品——用乔尔丹诺·布鲁诺(Giordano Bruno 1584/1998,80)的话说——"并不接受来自外面的维度,而是像从子宫中生产孩子那样生产出这些维度"。我相信,如果这是黑格尔和马克思说的劳动概念的根本含义所在,那么,它给予我们的建议就是:应该对《人的境况》提供的反思进行反思。

(陶东风 译)

---

1 马克思保留了对于社会劳动和个体劳动的分析性区分,并且只是从前者中看到了真正的创造性和自我实现的潜力。

2 皮特金(Pitkin 1998,166—169):我相信认为阿伦特一定将劳动动物视作女性是一个错误。皮特金此处的推理是:由于阿伦特的某些作品关于劳动动物的断言被别人视作女性的,这或许被用来应用于阿伦特自己的思想。我认为这个推理不可靠。

参考文献

Arendt, Hannah. 1929/1996. *Love and Saint Augustine*, edited by Joanna Vercchiarelli Scott and Judith Chelius Stark. Chicago: University of Chicago Press.

——. 1951a. *Between Past and Future: Six Exercises in Political Thought.* Cleveland, OH: Meridian Books.

——. 1951e/2004. *The Origins of Totalitarianism.* New York: Schocken Books.

——. 1958a. *The Human Condition.* Chicago: University of Chicago Press.

——. 1959a. "Reflections on Little Rock." *Dissent* 6: 45–56.

——. 1964a. *Eichmann in Jerusalem*, revised and enlarged. Harmondsworth, Middlesex: Penguin Books.

——. 1964c/2003. "Personal Responsibility Under Dictatorship." In *Responsibility and Judgment*, edited by Jerome Kohn, 17–48. New York: Schocken Books.

——. 1977. *The Life of the Mind. Volume I: Thinking.* New York: Harcourt Brace Jovanovich.

——. 1978a. *The Life of the Mind. Volume II: Willing.* New York: Harcourt Brace Jovanovich.

——. 1982. *Lectures on Kant's Political Philosophy*, edited by Ronald Beiner. Chicago: University of Chicago Press.

Aristotle. 1941. *The Basic Works of Aristotle*, edited by Richard McKeon. New York: Random House.

——. 1960. *Posterior Analytics*, translated by Hugh Tredennick. Loeb Aristotle, Volume II. Cambridge, MA: Harvard University Press.

——. 1998. *Politics*, translated by C. D. C. Reeve. Indianapolis, IN: Hackett.

——. 2011. *Nicomachean Ethics*, translated by Robert C. Bartlett and Susan D. Collins. Chicago: University of Chicago Press.

Baehr, Peter. 2010b. *Hannah Arendt, Totalitarianism, and the Social Sciences.* Stanford, CA: Stanford University Press.

Barnes, Barry. 2000. *Understanding Agency: Social Theory and Responsible Action.* London: Sage Publications.

Bourdieu, Pierre. 1972/1977. *Outline of a Theory of Practice*, translated by Richard Nice. Cambridge: Cambridge University Press.

——. 1979/1984. *Distinction: A Social Critique of the Judgment of Taste*. Translated by Richard Nice. Cambridge, MA: Harvard University Press.

Bruno, Giordano. 1584/1998. *Cause, Principle and Unity*, translated by Robert D. Lucca. Cambridge: Cambridge University Press.

Dewey, John. 1922/1930. *Human Nature and Conduct: An Introduction to Social Psychology*. New York: Modern Library.

Hallpike, C. R. 1977. *Bloodshed and Vengeance in the Papuan Mountains*. Oxford: Oxford University Press.

Joas, Hans. 1996. *The Creativity of Action*, translated by Jeremy Gaines and Paul Keast. Chicago: University of Chicago Press.

Kant, Immanuel. 1938/1975. *The Fundamental Principles of the Metaphysic of Ethics*, translated by Otto Mathey-Zorn. New York: D. Appleton-Century Company.

Kopelowitz, Ezra and Matthew Diamond. 1998. "Religion That Strengthens Democracy: An Analysis of Religious Political Strategies in Israel." *Theory and Society* 27: 671–708.

Latour, Bruno. 1999. *Pandora's Hope*. Cambridge, MA: Harvard University Press.

——. 2005. *Reassembling the Social*. New York: Oxford University Press.

Luhmann, Niklas. 1990. *Political Theory in the Welfare State*, translated and introduced by John Bednarz Jr. New York: Walter de Gruyter.

——. 2000. *Die Politik der Gesellschaft*. Frankfurt: Suhrkamp.

Machiavelli, Niccolo. (1531/1998. *Discourses on Livy*, translated by Harvey C. Mansfield and Nathan Tarcov. Chicago: University of Chicago Press.

——. (1532/1998. *The Prince*, Second Edition, translated by Harvey C. Mansfield. Chicago: University of Chicago Press.

Marx, Karl. 1885/1909. *Capital, Volume II*. Edited by Frederick Engels. Translated by Ernest Untermann. Chicago: Charles H. Kerr and Company.

Oakeshott, Michael. 1962. *Rationalism and Other Essays*. New York: Basic Books.

Ortner, Sherry B. 1984. "Theory in Anthropology since the Sixties." *Comparative Studies in Society and History* 26: 126–166.

Parsons, Talcott. 1949/1968. *The Structure of Social Action* (two volumes). Glencoe, IL: The Free Press.

Pitkin, Hanna Fenichel. 1998. *The Attack of the Blob: Hannah Arendt's Concept of the Social*. Chicago: University of Chicago Press.

Plato. 1991. *The Republic of Plato*: Second Edition, translated by Allan

Bloom. New York: Basic Books.

Walsh, Philip. 2015. *Arendt Contra Sociology*. Farnham: Ashgate.

Weber, Max. 1915/1946. "Religious Rejections of the World and Their Directions." In *From Max Weber: Essays in Sociology*, translated and edited by H. H. Gerth and C. Wright Mills, 323–359. New York: Oxford University Press.

——. 1918/1946. "Politics as a Vocation." In *From Max Weber: Essays in Sociology*, translated and edited by H. H. Gerth and C. Wright Mills, 77–128. New York: Oxford University Press.

——. 1919/1946. "Science as a Vocation." In *From Max Weber: Essays in Sociology*, translated and edited by H. H. Gerth and C. Wright Mills, 129–156. New York: Oxford University Press.

——. 1978a. *Economy and Society* (two volumes), edited by Guenther Roth and Claus Wittich. Berkeley: University of California Press.

Young-Bruehl, Elisabeth. 1982. *Hannah Arendt: For Love of the World*. New Haven, CT: Yale University Press.

第三章 《艾希曼在耶路撒冷》：启发式神话与社会科学

朱迪丝·阿德勒（Judith Adler）

据说，当有人向毕加索提出他给格特鲁德·斯泰因（Gertrude Stein）作的画像与她本人一点都不像时，他反驳说："它将来会的。"经过半个世纪的争论，汉娜·阿伦特的《艾希曼在耶路撒冷：一份关于平庸的恶的报告》也向各种批评和贬损做出了类似的反击。尽管今天必须承认阿伦特的一些观点是错误的，但不可否认的是，艾希曼晚年留给公众的印象主要是借由阿伦特的描述形成的。自从这本书在1963年出版以来，所有关于艾希曼的重要讨论，以及大量关于大屠杀的学术研究，还包括一些最重要的关于种族灭绝的研究成果，都在与阿伦特对话。事实上，公众对阿伦特关于阿道夫·艾希曼（盖世太保中校、纳粹种族灭绝政策的行政长官）在耶路撒冷受审的报告的关注，已经远远超过了对艾希曼本人和这次审判的关注。由于对阿伦特的这本书可以做出各种解读，所以它的影响还遍及大众文化——在电影、小说和报刊杂志中，我们到处都能看到对这本书副标题的引用。不仅如此，它还在持续给不同学科带来启迪，包括阿伦特本人持保留态度的社会科学（Baehr 2010b）。

那么，我们该如何解释这本书持久的生命力呢？在我看来，《艾希曼在耶路撒冷》的生命力不仅来自它的优点，也来自它的缺点——当然，不是作为一部叙事作品的缺点，而是作为一部社会科学著作的缺点。阿伦特的哲学训练使她想要在一个特定事件中发现具有普遍意义甚至形而上学意义的故事。她的《一份关于平庸的恶的报告》具有优秀的虚构作品的特点：饱含感情的语气；将一个个体描述成一种社会"类型"的代表，甚至是一种抽象原则的人格化身；一出恶人得逞的道德剧——这既是指个人职业生涯的高升，也是指在更广阔的背景中展开的集体性历史行动的胜利。最后，这本书的副标题也很"引人注目"，它引发了超乎寻常的普遍的憎恶。尽管阿伦特最初写给《纽约客》的文章并没有脚注和专业术语，但它还是迅速成为专业学者讨论的话题（历史学、法学、精神分析、政治学、犯罪学、心理学、社会学等）。但是，讲好一个故事与严谨的社会科学研究的要求可能完全不同，这让一个讲故事的高手走进了理论的死胡同。《艾希曼在耶路撒冷》在叙事上的优点使它在社会科学话语中获得了永久地位，但这也正是它作为一部社会科学著作的不足之处。只有认识到这一点，我们才能既从这部现代经典中获得启迪，又避免为它所误导。

机遇与来源

1960年，以色列特工在阿根廷抓获艾希曼，并把他押解到耶路撒冷接受反人类罪和屠杀犹太人的审判。艾希曼的被捕与受审是一个具有转折意义的历史事件，它一下子让全世界关注的焦点从"战争罪"转向刚刚被概念化的"种族灭绝"（genocide）罪。

艾希曼被捕的消息传出后，阿伦特向《纽约客》杂志提出申请——资助她到耶路撒冷报道这次审判。她在1961年4月11日开庭时准时到达耶路撒冷，并在被告接受质询的三天前，即1961年6月29日离开。审判一直持续到1961年8月14日，并在12月举行了量刑听证会，1962年3月还有一次上诉。阿伦特采访最高检察官（他准许阿伦特获得所有审判文件）的申请遭到拒绝，也没能采访到其他检察官，在旁听了不到一半的庭审后，她写出了报告。她与最高法官有所接触，很喜欢他的"讽刺与挖苦"方式，同时，还与艾希曼辩护律师的年轻德国助手有所接触，在给丈夫的信中，她经常提到这个年轻人，她写道："他真的帮不了我。"（Arendt and Blücher 2000，355，357，360—361，364，367）因此，阿伦特写作这些报告的来源包括：在庭审现场的直接经验——这场审判持续四个多月，阿伦特旁听了两个多月；由个人偏好决定的社会联系和屏蔽；仔细阅读了庭审记录、警方初步审讯记录、艾希曼被捕之前在阿根廷生活期间的一些可以得到的文件[1]，包括法西斯记者发表在《生活》（Life）杂志上的采访片段；更重要的是，她在此之前花了十多年的时间研究犹太复国主义、反犹主义和欧洲犹太人的毁灭。最重要的是，阿伦特对这场审判和这一史无前例的严重罪行的报道来自一些历史学家的开创性贡献，如波利亚科夫（Poliakov，1951）、赖特林格（Reitlinger，1953）、阿德勒（Adler，1955），尤其是希尔贝格（Hilberg，1961）。

《艾希曼在耶路撒冷》于1963年结集出版，两年后出版了增订本。它很快就从关于这场审判的众多报告中脱颖而出，此后，关于艾希曼和这场审判的研究都不可避免地要与阿伦特进行对话。

---

[1] 关于艾希曼被捕之前的所有文献，参见 Stangneth（2014）。

黑色幽默：语气问题

> 让这样一本书面世是一种冒犯行为。
> ——雅斯贝尔斯1963年11月16日致阿伦特的信
> （Arendt and Jaspers 1993，531）
>
> 可怕的事既可以很荒唐，也可以很好笑。
> （Arendt 1963d/2006，48，50。也可参见 Arendt and McCarthy 1995，119）

《艾希曼在耶路撒冷》将海量的信息编织进生动的散文文体，把一个人的堕落描述成一种前所未有的犯罪，在全知全能的叙事传统中进行道德评判，借助于此，它获得了扣人心弦的戏剧效果和震撼人心的力量。阿伦特嘲弄了相关各方，挑战了以下几个领域的研究：这场审判、纳粹占领下的欧洲、战后德国、新以色列国。她攻击的目标包括：公开批评以色列犹太复国主义领导人、公开批评现任总理，公开批评这场审判背后的法律（与纳粹纽伦堡法案做了一些比较）和动机——像这一时期德国右翼杂志所做的那样，阿伦特也挑衅似的给这场审判贴上了"庭审秀"的标签。接下来，她又抨击了德国的民族性格，评估了犹太领袖在大屠杀期间的所作所为，她提醒人们，在纳粹占领下的欧洲，很多人全心全意地参与了对自己同胞的抢劫和杀戮。

尽管阿伦特支持以色列审判艾希曼的权利，也支持对他做出死刑判决，但她还是既嘲弄了检方又嘲弄了辩护律师。她不赞成（依据先例）让大屠杀幸存者出庭作证，她提出，如果聚焦于犹太人受苦受难的"广阔图景"，就会妨碍我们去辨认一种针对全人类的新型犯罪。她还批评最终判决书，并提供了自己的替代品。最关键的是，她将艾希曼描述成一个"小丑"，这激起了犹太人的愤怒，因为在他们眼中艾希曼就是一个恶魔；此外，在讲述一个民族的悲剧时，悲伤的语气也是唯一能让人接受的选择。

出于个人历史的原因，阿伦特倾向于站在"自觉的贱民"（conscious pariah）的立场上，这就扰乱了让各方陷入激辩的既有战线。正如她年轻时写的诗歌一样，阿伦特习惯于用讽刺来逃避痛苦的情感。《艾希曼在耶路撒冷》是极具讽刺意味的黑色幽默。在批评者看来，阿伦特的这种语气是傲慢的、冷血的、讥讽的、恶毒的、轻佻的，考虑到她的主题，这种语气"不合时宜到了难以想象的地步"（Laqueur 2001，61；Michaelis-Stern 1968，152—160；Scholem 1978，240—245）；但在她的支持者那里，这只是细枝末节问题，无伤大雅。如今，即使新出的证据已经推翻了阿伦特这本书中的一些观点，但它依然具有强大的生命力，而这正要归功于它的语气。《艾希曼在耶路撒冷》是一种持续的、令人毛骨悚然的哀号，只不过它所借助的是冷静的描述和不加评论的引用，在这场道德丑闻中，没有哪一方是无辜的，受害者也不例外。

孤独的放逐，尤其是对自己人的放逐，是一个古老的预言类型。阿伦特的导师和朋友雅斯贝尔斯劝告她说，要有一种"伟大的古代先知的精神"，于是，她使用了刻薄的讽刺口吻来表达她对许多欧洲国家道德崩溃的判断（Arendt and Jaspers 1993，411）。她描述的小丑和怪异之人还受到了其他一些艺术家的启发，这些艺术家在她的圈子里很受尊敬，比如乔治·格罗兹（Georg Grosz）（她将艾希曼的辩护律师与格罗茨的漫画人物相比较），以及贝托尔特·布莱希特（Bertolt Brecht）。面对指责，阿伦特引用布莱希特来为自己辩护，布莱希特曾说："在处理人类苦难时，悲剧不如喜剧更严肃。"（Arendt and Blücher 2000，360；Young-Bruehl 1982，331）

黑色幽默造成一种荒诞感，让人在濒于毁灭时放声大笑，同时也是一种抵御恐怖或怜悯的方式。[1] 阿伦特很警惕公开表达情感，在动身前往耶路撒冷之前，她说："我害怕在耶路撒冷遇到歇斯底里的气氛。"（Arendt and Jaspers 1993，430）一到那里，她就写信对丈夫说："有个记者一把抱住我，大声哭泣，……你会以为自己置身于戏院中……唯一让人安慰的是：这件事并没有那么重要。"（Arendt and Blücher 2000，355）这本书告诉我们：在所有出庭证人中，只有一个人达到了阿伦特所赞成的"纯粹"标准，这个人的证词不仅"没有悲伤"，"甚至还很好笑"（Arendt 1963d/2006，230；Arendt and Blücher 2000，359）。

在危险来临的时刻，一个德国犹太难民被她的德国朋友和知识界抛弃，这其中就包括她的导师和情人（海德格尔）——他曾信誓旦旦地说，她永远是自己生命的一部分。在经历了刻骨铭心的背叛之后，阿伦特饱受怀疑和轻蔑之苦。"我经常感到苦恼，因为我对许多东西充满鄙视，"她曾经承认，"最糟糕的不是一个人的敌人做了什么，而是他的朋友做了什么。这就像置身于一个空荡荡的房间中。在知识分子中间，（与纳粹）合作占据主流。我永远不会忘记这些。我不想再与知识分子有任何关系"（Arendt 1964b）。在完成《艾希曼在耶路撒冷》后，阿伦特承认，她是在一种"奇怪的快感中"完成这本书的，"从那以后"，她"对整件事感到释然了"。"不要告诉任何人，"她对玛丽·麦卡锡开玩笑说，"这不是证明了我'没心没肺'吗？"（Arendt and McCarthy 1995，168）这种快感表明，写作对于阿伦特来说是一种修复性治疗。面对批评者对阿伦特语气的指责，她年长的导师卡尔·雅斯贝尔斯很难过，并表达了对她的理解。他说："你要传达一些不堪回首的经验，这些经验不能被直接传达出来……而是隐藏在行文风格中，人们指责你喜欢嘲讽、冷酷无情、没心没肺、自以为是、厌弃人类，针对的就是这种风格。"（Arendt and Jaspers 1993，541）

《艾希曼在耶路撒冷》的封面上引用了布莱希特的一段话："哦，

---

[1] "我向来讨厌，也害怕怜悯的感觉"，阿伦特 1970 年 11 月 22 日致麦卡锡的信（Arendt and McCarthy 1995，270）。

德国——听到从你家里传来的演讲,人们笑了。但见到你的人都伸手去拿刀。"黑色幽默不是一种被承认的社会科学类型,也不是一种建构"黑色"社会科学文本的理论与方法。如果这一切都改变了,那阿伦特的这本书可能就是一面镜子,通过它,我们可以间接地看到戈耳工[1]——如果有人直接与她照面,就会难逃一死。阿伦特的语气并不是这部作品的缺点,恰恰相反,正是她的语气使她的"冒犯行为"保持了顽强的生命力。

双重焦点

从司法角度看,艾希曼审判关注的是确定被告的罪责,但与此同时,它也旨在展示纳粹对欧洲犹太人的迫害。阿伦特的叙述有两个焦点——既详细描述了一个个体如何一步步成了一种前所未有的犯罪的实施者,又详细记录了种族灭绝政策从临时提出到不断实验,以至最终完善的过程。阿伦特关注个体成为犯罪工具的过程(在关于道德沦丧的小说中,这是一个经典修辞),关注在针对数百万人的屠杀中,成千上万的人成为共谋的过程,她的这种关注具有永恒的价值。她提醒人们关注最初的行动,正是这些行动为人类灭绝奠定了必要的基础。那些受害者首先被依法确定,然后在社会中对他们进行污名化,进而剥夺他们的财产,开除他们的工作,取消他们的国籍。杀戮的方法也不断实验和升级,直至最后以工业化的规模组织屠杀。

关于纳粹如何使大众成了大屠杀的共谋,阿伦特的描述主要借鉴了劳尔·希尔贝格(Raul Hilberg 1961)的研究成果。希尔贝格详细描

---

[1] 戈耳工(Gorgon),即美杜莎,古希腊神话中的蛇发女怪之一,据说看到她眼睛的人都会变成石头。——译注

述了大屠杀的法律/官僚机器一步步装配完成的过程,在这部机器中,德国的每个机构、每种职业都各司其职;他还分析了欺骗受害者的策略;他提出,使这部机器得以运转的官僚并不狂热地仇恨犹太人。希尔贝格聚焦于"迫害机制",并分析了它的结构,他还注意到,纳粹国家将多元制度文化和法律先例创造性地融为一体,以实施一种前所未有的犯罪。希尔贝格的研究才华横溢,但并不构成一个引人入胜的故事。在大量文献考证的基础上,他对迫害机器进行了详尽描述,这种描述缺少一个完美的道德故事的特征。阿伦特则不然,她为公众创造了一个饶有趣味的故事,吸引了公众的注意力,而希尔贝格长达800页的皇皇巨著是不可能做到这一点的。与希尔贝格不同,阿伦特不再关注制度先例和文化,也不再关注情境对行为的塑造,而是强调个体的道德沦丧——即使涉及由个体组成的群体时也是如此,她为这种社会类型勾勒出一幅画像,以解释这场人类灾难。为此,她制作出一个既受大众欢迎,又不乏学术想象力的道德故事。但如此一来,在她所关注的这一问题上,她也就不可能给出社会科学能够给出的解答——社会科学聚焦于制度、网络、亚文化、社会形势,而非个体的道德沦丧。从社会科学角度看,个体的道德沦丧正是从前面这些因素中提炼出来的,或是与现代性、技术理性、科层制、大众社会等更宏大的抽象概念联系在一起的。

  阿伦特没有毫无保留地肯定希尔贝格,过去人们认为这是由于她不够大度。但是,她曾经轻蔑地向雅斯贝尔斯说起,希尔贝格是"有用的",这"仅仅因为他只报告事实"(Arendt and Jaspers 1993,550),这表明,她并不了解体现在就事论事的描述中的非解释性理论。阿伦特认为希尔贝格只报告事实,缺少哲学深度,但其实希尔贝格为大屠杀研究提供了一个不可或缺的分析视角。阿伦特提出的问题是:如何理解这种新型犯罪,它不仅涉及为数众多的犯罪者,而且犯罪者不是在违抗国家的权威,而是在遵从国家的命令,由于阿伦特没有认识到希尔贝格文献研究背后的理论,所以她自己对这一问题的叙述也受到了影响。

　　与希尔贝格一样，阿伦特也描述了有关各方是如何各司其职的，在搜捕和遣送欧洲犹太难民时，德国军队、法国警察、乌克兰志愿者、波兰间谍、希腊和荷兰地方当局、律师、医生、大学教授、天主教和新教牧师、犹太拉比和名流、银行、保险公司、铁路公司都发挥了至关重要的作用。她提出，抢劫机会在社会各个层面激发了犯罪，并使一部分人从种族灭绝中获益。[1] 她还注意到，欧洲不同地区犹太人的存活率是不同的，她将此归因于所在国的道德差异（在这里，循环论证取代了解释，比如，意大利人作为"一个古老而文明的民族"，普遍拥有"几乎自发的人性"，而丹麦人则拥有"与生俱来的""独立性"和"政治责任"，在这里，这些品质恰恰是从需要解释的行动中得出来的）。

矛盾的描绘和叙述

　　加入党卫军不久，艾希曼就试图以犹太人问题专家自居，他阅读犹太复国主义著作，监视犹太复国主义聚会，并声称自己能够阅读希伯来语文献。他像其他纳粹党员一样，一再声称自己是一个"理想主义者"（阿伦特冷冰冰地写道："现在，魔鬼就站在审判席上，可到头来他竟是一个理想主义者。"）（1963d/2006，42）。随着时间的推移，艾希曼考虑过几种将犹太人从帝国中清除出去的计划——从强迫他们移居巴勒斯坦，到"重新安置"以及把他们送往马达加斯加饿死，最后是将他们送到屠杀中心。到1938年，他已经研制出一套程序，以确保在没有"磨擦"的情况下将犹太人驱离他们的故土。用他自己的话

---

[1] 对伴随着大屠杀的抢劫的研究，参见 Aly（2007）；Gensburger（2013）；Gross and Gross（2012）；Safrian（2010，212）。

说，他在维也纳建立了一种"传送带"，警察、政府各部门、犹太名流都不得不在同一个屋檐下工作。"它就像一个工厂"，阿伦特引用一名出庭证人的话说，"从一端走进去一个犹太人，这时他还拥有一些财产……他穿过这栋大楼，从一个柜台走到另一个柜台，从一个办公室走到另一个办公室，当他从另一端走出来的时候，他就身无分文了，也失去了所有权利，他只有一本护照，上面写着：'你必须在两周内离开这个国家。否则就会被送到集中营'"（1963d/2006，46，48）。

随着帝国的扩张，它控制了更多犹太人，艾希曼的部门也越来越重要。现在，艾希曼认为自己掌握着生杀大权，并派遣他的下属到外地去推广他在维也纳发明的强制驱逐方法。当劳动营和隔离区不再能够接收更多的犹太人，苏联战线的开启又使向帝国东部边界之外驱逐犹太人的做法难以为继时，强制遣送与大规模屠杀就结合了起来——开始是通过机枪扫射和瓦斯车，然后是借助每天能消灭多达12000人的屠杀设施。1941年，艾希曼得到通知，元首已经下令消灭所有犹太人。这时，他正式晋升为一个"携带秘密的人"，他必须宣誓严格遵守语言规则，在提起这件事时，用"特殊处理""最终解决""重新安置""东部劳动力"等来代替。

阿伦特认为，"弄清楚一个普通人克服自己与生俱来的对犯罪的厌恶需要多长时间"（1963d/2006，93）是非常有意义的。人类对迅猛的、根本性的道德翻转的态度是阿伦特关注的主题之一。艾希曼有良知吗？阿伦特的回答是：他曾经有，他的良知大约起了四个星期的作用，但即使在良知犹在的这段时间里，"它也是在一个相当奇怪的范围内发挥作用的"。艾希曼承认，最初，屠杀德国犹太人（不同于外国犹太人）的想法让他感到困扰。但他后来认识到，用毒气杀人是"最仁慈的解决方案"。万湖会议的目的是协调各方力量执行最终解决方案，艾希曼被安排做会议记录。他后来说，在这次会议上，他感到释然多了——"就像彼拉多[1]。"其他人已经做了决定,他是谁啊?能对这件事有自己的想法?(1963d/2006,93,95,108—109,114)。阿伦特得出的结论是:他完全不会思考,在这方面,他是其他8000万德国人的代表。

尽管阿伦特的报告与这次审判一样,都聚焦于被告的罪责和种族灭绝的组织方法,但她并没有照搬审判话语,而是提供了自己的叙述(Bilsky 2001)。以色列检察官认为,大屠杀是反犹主义迫害史上最新的也是最悲惨的一页,而阿伦特则重新拾起了早期著作中的立场,将它看成对全人类的攻击,因为它的目标是否定人类的多样性(Arendt 1945a/1994;1946b/1994;1952/2007,453—461;Arendt and Jaspers 1993,420,424—425)。她指出,犹太人全神贯注于反犹主义,体现出一种她瞧不起的"隔都心态"(ghetto mentality),如此一来,阿伦特就通过她的讲述,弱化了反犹主义在大屠杀和艾希曼犯罪动机中的重要性。值得注意的是,虽然她在给雅斯贝尔斯的信中说希尔贝格的《欧洲犹太人的毁灭》有可取之处,但她仍然认为,这本书的第一章"没什么过人之处"(Arendt and Jaspers 1993,550)——这一章的内容是通过回顾反犹主义历史,为研究大屠杀奠定基础。

《艾希曼在耶路撒冷》出版三年以后,阿伦特倒是的确承认反犹主义为大屠杀铺平了道路(1966b/1978)。而她早期的著作,包括她关于极权主义的著作,也追随其第一任丈夫,把极权主义的特征概括为一个以使人变得"多余"为基础的制度(Anders 2002)。她甚至在1950年提出,纳粹犯罪的史无前例之处,并不在于它的受害者或犯罪者数量,而在于"引起杀戮的意识形态十分荒谬"(1950b/1994,243)。但在《艾希曼在耶路撒冷》中,她不仅淡化了反犹主义的作

---

[1] 本丢·彼拉多(Pontius Pilate,?—41年),罗马帝国犹太行省总督(26—36年)。根据新约圣经所述,他曾多次审问耶稣,原本不认为耶稣犯了什么罪,却在仇视耶稣的犹太教领袖的压力下,判处把耶稣钉死在十字架上。——译注

用，而且从总体上淡化了意识形态的影响。"这篇报告中的一些观点……与关于极权主义的书是矛盾的，"她在给麦卡锡的信中说，"艾希曼受意识形态的影响并不像我在关于极权主义的那本书中认为的那样严重……灭绝本身比反犹主义更重要"（Arendt and McCarthy 1995, 147—148）。

每一次种族灭绝都会发展出自己的动力，使屠杀本身成为目的。但是，如果不考虑意识形态因素，所有种族灭绝都将变得无法理解——意识形态决定了对受害者的选择，并为大屠杀所需要的群众动员提供了合理化的理由。通过弱化反犹主义的作用，将大屠杀视为对全人类的犯罪，阿伦特开创了一种具有普遍性的叙事方式，它能够成为讨论不断变化的各种邪恶的试金石。要理解这一泛化的框架是如何影响众多犹太人的，只需要想一想绝口不提犹太人的禁忌就可以了——为数寥寥的德国牧师无力地抗议杀人行为，他们不提犹太人；同盟国政府担心激起民众对战争的抵制，也不提犹太人；战后东欧各地的纪念碑同样不提犹太人，它们将纳粹受害者普遍化，只字不提当地人在抢劫和杀戮犹太人过程中的同谋作用。更有挑衅性的是，阿伦特忽略了通过及时移居巴勒斯坦而获救的生命，她提出，这场审判所唤起的"犹太意识"，恰恰就是艾希曼第一次驱逐犹太人时使犹太复国主义者成为同谋的意识（1963d/2006, 40—42, 59—62）。

阿伦特对艾希曼的描述直接挑战了由控方描述并得到法官确认的形象。她写道："豪斯纳先生（检察官）在措辞上越是大肆渲染，那个玻璃间里的人就越显得苍白，越像个魔鬼。豪斯纳指着他说：'那个魔鬼应该对这一切负责。'但这也不能让他恢复生气。"（1963d/2006, 8）虽然阿伦特认为艾希曼罪恶滔天，是不能饶恕的，本质上也是无法惩罚的，但她还是将他描述成"正常的""普通的"、满嘴陈词滥调而"没有思想"。他不是一个魔鬼，而是一个"小丑"（Young-Bruehl 1982, 331）——后来她把希特勒也刻画为一个小丑。

阿伦特从来没有说过每个人都可能成为艾希曼，关于艾希曼这类人出现的概率，阿伦特的看法也前后不一。在为第二版所写的附言中，她提醒人们注意，"无思（thoughtlessness）与邪恶之间奇特的相互依存关系"。她提出，"无思绝不等于愚蠢，正因为无思，他才成了罪大恶极的罪犯……如果这很'平庸'，甚至滑稽，如果费尽全力也无法找出艾希曼身上的恶魔性，我们也不能认为这很平常"（1963d/2006，288）。但在阿伦特的描述中，这个罪犯是如此缺少激情和才智，以至于看起来像个幽灵。"艾希曼不是一只鹰隼，而是一个幽灵……一分一秒地失去实在性"，她在给雅斯贝尔斯的回信中如是说。而在此前的通信中，雅斯贝尔斯对她说："我觉得'敌人'这个词太积极了。敌人仍然是某一个人。"（Arendt and Jaspers 1993，411，419，434）在这期间，她的丈夫也写信对她说："艾希曼看起来好像根本不曾存在过。"（Arendt and Blücher 2000，354）带着不顾一切的决心，阿伦特、布吕歇尔和雅斯贝尔斯将艾希曼塑造成一个无足轻重的人，因此，即使剥夺他的生命，也无法平衡正义的天平，也无关紧要。"我很高兴他们绞死了艾希曼，"她在给玛丽·麦卡锡的信中说，"并不是说这很重要，而是他们如果不这么做……就会让自己显得无比荒谬。"（Arendt and McCarthy 1995，136）

阿伦特的描述与艾希曼在法庭上的自我呈现相一致，也与律师的辩护策略相一致，在此前的纽伦堡审判中，这位律师就曾使用同样的策略为战争犯辩护。艾希曼信誓旦旦地称，"我从来没有杀过人"，他把自己装扮成一个"极权主义的受害者"，对犹太人毫无恶意。他小心翼翼地避免提及他曾经效忠的战败国的意识形态，将自己塑造成一个尽职尽责的官员，他认为自己不得不服从，也"不容易"，只能身不由己地"卷入暴行中"。他的律师甚至诉诸"现代群体心理学的发现"，辩称（就像阿伦特的误读一样）在艾希曼身上发生的事情"以后也能发生在任何人身上"，在德国发生的事情也能在其他地方发生（State of Israel 1994，vol. V，2216）。

艾希曼和他的律师之所以如此呈现艾希曼的形象，其意图是非常明显的；但阿伦特之所以描绘出一个"愚蠢的"小人物形象，却有不同的考虑。卡尔·雅斯贝尔斯曾是一名精神病医生，战后不久，他就提醒阿伦特注意将罪大恶极的罪犯进行浪漫化粉饰的倾向，强调将"撒旦式的伟大"进行神话化的危险。1946年，雅斯贝尔斯写信给阿伦特说："在我看来，我们必须看到这些事情平淡无奇、琐碎无聊的一面，因为这才是其真正的特征。"（Arendt and Jaspers 1993，62）阿伦特和她的导师意识到纳粹对"超越善恶"的超人行为得意扬扬，所以决心避免将罪犯恶魔化（这在审判记录中大量存在）。正如人们所见，阿伦特最初对艾希曼的描述并没有让雅斯贝尔斯信服，他仍然坚持认为，艾希曼有他的"残忍性"。"归根结底，这样一个执行杀人命令的官员自己不可能没有残忍的本性，即使在'正常'的环境中他不会成为一个罪犯，但一旦遇到合适的环境，他的残忍性就会显现出来。"他在信中说，"对你来说，要如实为这个人画一幅像并非易事"（Arendt and Jaspers 1993，439）。

阿伦特激起众怒的另一个原因，是她指责犹太领袖在迫害自己同胞时的"合作"，这让人不安地想到在纽伦堡审判中为战争犯进行辩护的策略。根据艾希曼本人的供述，犹太工作人员和隔离区的警察是得力的助手，他们受命列出财产清单、负责收缴罚款、拟定遣送到死亡集中营的名单，并负责维持秩序。但阿伦特走得更远，她声称，如果没有犹太名流的合作，就不会有那么多犹太人遇害。她写道："对一个犹太人来说，犹太领袖在毁灭自己同胞的过程中扮演的这种角色，无疑是整个黑暗历史中最为黑暗的一页。""我已经详细描述了历史中的这一页——而耶路撒冷审判却没有将它呈现在世人眼前，通过这一页，我们能够清楚地看到纳粹造成的全面道德崩溃……这种道德崩溃不仅发生在迫害者中，也发生在受害者中。"（1963d/2006，117，124，125—126）后来的历史研究质疑阿伦特的总体判断（Friedlander 2007，xxiv，87—88，154—157，181—182，304—305，435，488，555—557）。集中营幸存者的证词也加深了人们对这一道德"灰色地带"的认识——为了活下去,身处其中的人别无选择(Améry 1980;Langbein 2004; Lanzmann 1975, 21—36; Levi 1958/1996; 1988, 36—69)。但是,阿伦特提出的问题无疑在幸存者的伤口上撒了一把盐;被告为了避免触怒一个犹太法庭,有意不提这件事;检方想要借助这场审判来促进犹太人的团结,也避而不谈这件事。黑色幽默反对悲伤情感的流露,排除了移情想象,而阿伦特的哲学训练又使她倾向于仓促地做出判断。

通过这场审判,阿伦特得出了两个令人鼓舞的道德"启迪":一是,重大的犯罪不可能永远被掩盖;二是,在恐怖环境中,尽管大多数人都会选择顺从,但"有一些人不会"。在纳粹占领下的欧洲,最终解决方案得到了广泛的默许,但"并不是各地都如此"(1963d/2006,232—233)。尽管阿伦特支持法院最后做出的死刑判决,但她还是坚持认为,法官们没能理解这种新型犯罪和新型罪犯的性质。她提出,"除了对个人升迁孜孜以求外",艾希曼"毫无目的……他只是……从来意识不到自己在做什么"(1963d/2006,276)。如果法律以意图为中心,那么,一个"完全不能分辨对错"(1963d/2006,26)的大屠杀凶手就不可能被起诉,阿伦特认为艾希曼就是这样一个人。阿伦特提出的这种不知情的、没有动机的犯罪已经引起很多人的关注,在她的引领下,已经生发出各种各样的话题。

阿伦特认为,法官应该"敢于对被告做出类似于下面的判决……我们在此只关心你做了什么,而不关心你的内心和动机是不是无意于犯罪"。"正如你支持并执行了不愿与犹太民族和其他诸多民族共同生活在地球上的政策一样……我们也发现没有人,也就是说,没有哪个人类成员,愿意与你共同生活在一个地球上。这就是必须判处你绞刑的原因,也是唯一的原因。"(1963d/2006,277,279)正像这份充满自信的判决书所说的那样,宣称对被告的内心和动机不感兴趣是说,没有人愿意与他共同生活在地球上。在接受德国记者采访时,阿伦特被问道:你有没有想过,成千上万的人可能并不介意与艾希曼共同生活在地球上,她回答说:"我的意思是……从理性上讲,不会有人愿意。许多人不明白这是一个不合理的期待,但这并不能推翻这句话。"(Young-Bruehl 1982,372,526,n. 136)

耶路撒冷之前的阿伦特

> 这一切是如此陈腐平庸,低级、可恶到令人难以置信。
> ——阿伦特抵达耶路撒冷后写给丈夫的信
> (Arendt and Blücher 2000,357)

在阿伦特的这本书中,副标题中的"平庸的恶"只出现过一次,它是结语和附言之前的最后一个词,用斜体标出。为了说明艾希曼"奇怪的愚蠢",阿伦特引用了他的最后陈词:"'德国万岁,阿根廷万岁,奥地利万岁。我永远也不会忘记它们。'面对死亡,他满嘴陈词滥调……他'志得意满',忘了这是他自己的葬礼。就好像……他在总结这一漫长的人类恶行带给我们的教训——那就是可怕的、漠视语言与思考的平庸的恶。"(1963/2006,252)

与"极权主义"和"种族灭绝"不同,恶(evil)不能成为社会科学研究的对象,同时,学者也很难找到一个适用于大屠杀的概念词汇。在1948年的一次公开演讲中,埃弗里特·休斯(Everett Hughes)提出了"好人与脏活"(Good People and Dirty Work),它指的就是阿伦特所分析的问题(Hughes 1962/1971,87—97),但早期的其他相关研究都在"社会学的超脱"精神的影响之下,给人以不真实之感(Adler 1958)。阿伦特的黑色幽默拒绝悲情,她坚持认为,不偏不倚地书写恐怖不是为了追求"客观",而是为了宽恕(1953c/1994,403)。并不是只有她一个人感觉到,没有比"恶"更适合的术语了,借助这个术语，她让自己的文本以及与这个文本相关的学术研究，向着数百年来这个词（恶）在神学和日常使用中的内涵打开。

"恶"和"平庸"的结合定义了一种存在于祛魅的、非人的人类世界中的不可思议的恐怖——在阿伦特那里，"恶"的同义词还有低级、卑劣、琐碎、可耻等。这个短语表面上看是矛盾的，它的内涵引发了数十年的争论，"学科化"的社会科学完全没有参与其中。一方面是形而上学、神学、哲学和民间传统；另一方面是盛行于社会科学中的概念词汇，阿伦特拆除了两者之间的壁垒，使不同学科（其中最重要的是社会学和社会心理学）都开始关注恶的问题。而她自己则偏离了她的"初恋"，即海德格尔式的哲学，最终走上了一条不归路。

结论必须来自未受先入之见影响的经验，这是新闻报道和社会科学的共同要求，阿伦特尊重这种惯例，反复表示她在这本书中得出的结论都来自对审判的观察。但其实，早在她接受这一任务之前，她就得出了这本书中的主要观点。她提出，没有退位的犹太人领袖背叛了自己的人民，这和她1938—1952年出版的著作一脉相承，其中说道："（犹太人）解放道路上的真正障碍不是反犹主义"，而是来自犹太人内部的社会精英的压迫。阿伦特描述了两类犹太人："新贵"（parvenus）和"贱民"（pariahs），她把"名流"归为第一类，她自己则支持"贱民"，这些贱民通过"严格的隔离"仍然保持着他们的纯洁性，依然是"人民中的一员"（1938/2007；1940/2007；1942/2007；1952/2007，53—56，121 n. 22，127，340，457—460；1944/1978，67—90）。这种对"纯洁性"的强调，以及在道德上认为妥协谈判的努力就等于合作，使阿伦特对卡斯特纳（Kasztner）之类的营救犹太人的人持一种谴责态度，他营救了1600多个（经过挑选的）生命（1963d/2006，118，143）。

阿伦特1929年完成了她关于奥古斯丁的博士论文，奥古斯丁对神义论（调和善的造物主与恶的存在之间的矛盾）的解决之道是否认恶有自己的本质或积极性质。在《艾希曼在耶路撒冷》中，尽管阿伦特完全抛弃了奥古斯丁对情感取向("灵魂的运动":博爱或贪婪)的关注,但是,奥古斯丁将恶视为一种缺席、缺乏和匮乏[1]的观念还是为阿伦特铺平了道路,她将艾希曼视为愚蠢的、没有思想的、没有"认识"能力的。在启程去耶路撒冷之前,她就认定她要亲眼去看的这个人是愚蠢的。她写信给雅斯贝尔斯说,"如果我不去亲眼看看这场灾难是多么愚蠢,我就永远不能原谅自己"(Arendt and Jaspers 1993,409—410)。

早在1945年,在写到艾希曼的上级希姆莱时,阿伦特就提到了"恐怖"的"喜剧元素",并描述了一种新的人类"类型"的特征,它不同于特定的民族性:

> 这类人随时准备去做任何事情……他提出的唯一条件是,他完全不用为他的行为负责。因此……普通德国人……现在都为毁灭机器服务……希姆莱的全面组织并不依赖狂热分子……杀人狂魔……[或]施虐狂,而完全依靠普普通通的职员和老百姓。我们不必特别提到关于拉脱维亚人、立陶宛人甚至犹太人参与希姆莱的谋杀组织的让人遗憾的报道,就可以表明它不需要特定的民族性来提供这种新型的工作人员。(1945a/1994,128—129)

1950年,她用同样的语气描述了灭绝营的党卫军警卫:

> 我们必须……抛弃一种观念,认为他们是罪犯中的败类、施虐狂,……所有证据都表明:党卫军负责人完全是正常人。(1950b/1994,239)

阿伦特对艾希曼的刻画就建立在这些早期的基础之上。就连为她带来持久名声的《艾希曼在耶路撒冷》的副标题,可能也来自她早年

---

[1] 奥古斯丁:《忏悔录》,VII[V]7;《上帝之城》,XI,chap.9。

的阅读（约瑟夫·康拉德）¹，可以确定的是，在审判之前与雅斯贝尔斯的通信中，这个词就萌芽了。这本书出版以后，雅斯贝尔斯写信给阿伦特：

> 埃尔克普利（Alcopley）告诉我说，是海因里希（Heinrich，阿伦特的丈夫）建议使用"平庸的恶"这个短语的，并为此而自责，因为你因为他的这个想法而成为众矢之的。也许这篇报道不真实，或者我的记忆有误，……关键是，这种恶是平庸的，而不是恶本身是平庸的。（Arendt and Jaspers 1993, 542）

雅斯贝尔斯也许一直在精心试探，看阿伦特是否还记得他自己对这个短语的贡献。因为在1946年，在批评阿伦特否认纳粹分子有犯罪动机的倾向时，他写道：

> 我不能完全赞同你的观点，因为一种超越了所有其他刑事犯罪的犯罪必然会有一种"伟大性"——"撒旦式的伟大"。对我来说，这并不适合于纳粹，就像人们都在强调希特勒身上的"恶魔"元素……在我看来，我们必须看到这些事情完全是平庸的。（Arendt and Jaspers 1993, 62）

在这一时期，雅斯贝尔斯奉劝阿伦特寻找一种解决他所说的语气问题的方法，他提醒说，"美学意识"有歪曲纳粹犯罪的风险，他认为，社会科学比哲学更适合处理这类材料，哲学只会确认纳粹自身的理想。"莎士比亚不能提供处理这类材料的合适方法……他本能的美学意识将导致歪曲，……这里没有理念和本质。纳粹犯罪适合于做心理学、社会学、精神病理学和法理学的研究。"（Arendt and Jaspers 1993, 62）

---

1 "在与他（恐怖分子）打交道时，最困扰我的不是他的畸形，而是他的平庸。""最可怕的想法是……所有这些人都不是例外的产物，而是……处于他们的时空中的正常人。"（Conrad 1926, ix—x）

此时，阿伦特已经形成一种观念，即这种新型犯罪没有邪恶动机，其动机甚至是合乎人之常情常理的。她回应说：

> 我已经清楚地意识到，我在此之前的表达方式已经危险地接近了"邪恶的伟大"，我像你一样，也完全不同意这种说法。但是，一个谋杀自己老姑妈的人与一个不考虑其行为的经济效益的人……建杀人工厂，仍是有区别的。[1]……或许，这背后不过是，个体的人不会为了人类去杀害其他个体，而有组织的杀人则旨在消除人类的概念。（Arendt and Jaspers 1993, 69）

20年后，阿伦特做了一些调和，将"恶"与雅斯贝尔斯坚持的"平庸"概念结合起来。尽管在《极权主义的起源》中她就写道：在集中营里，"虚无主义的平庸这一人类的狼疮不断显现"（951b, 433），在那本书中，她接下来援引了康德的"根本恶"（1951b, 385, 430-433; 1952/2007, 460—461; Arendt and Jaspers 1993, 166）概念，用以指称断言人类"过剩"的破坏性，它不同于有可理解动机的、植根于全能妄想症的恶，也不同于她后来强调的"平庸的恶"。此时，她提出只有善才具有根本性。（平庸的恶）这一新提法舍弃了"根本的"一词，也不再提"全能妄想症"，而是把重心转移到了"平庸"上。为了理解这种转变，我们需要注意的是，对阿伦特[2]和她的同代人来说，"根本"一词具有积极的内涵，那些执行纳粹最终解决方案的人，都互相激励着以一种"根本方法"来解决犹太人问题（Hilberg 2001, 104）。不过，这种转变也与几个世纪以来的宗教教义相一致，即邪恶

---

[1] 阿伦特、海德格尔、雅斯贝尔斯经常互相呼应。阿伦特1945年第一次写到"尸体制造"（1945a/1994; 1948a/1994, 215; 1951b, 433）。海德格尔1949年使用了这个短语（Faye 2009, 304）。

[2] 大卫·理斯曼（David Riesman）问阿伦特，她是否认为自己是一个自由主义者。她回答说："不是，是一个激进主义者。"（Young-Bruehl 1982, 256）也可参见 Arendt（1996, 178; Arendt and Heidigger 2004, 15）。

的力量是可鄙的。

阿伦特将艾希曼塑造成一个普通的工作人员，代表了"成千上万和他一样的人"，这开启了一个从随从者角度研究大屠杀及其后几十年中变本加厉的种族灭绝的方法。此类研究已经汗牛充栋，其标题中通常会出现"普通的"一词（Browning 1992；Fulbrook 2013；Goldhagen 1996；Jensen and Szejnmann 2008；Lozowick 2000；Osiel 2002；Waller 2007）。最近的一本书批评阿伦特的"理想类型"，认为其性别偏见使学者忽略了参与杀人的普通妇女（Lower 2013）。尽管这种关于普通加害者的神话具有启发意义，但是阿伦特将历史上的艾希曼描述成一个普通的办事人员，已经被证明是站不住脚的，特别是艾希曼生活在阿根廷期间的抄本和写作被发现以后（Stangneth 2014）——这些材料在审判期间还是不可得的。同情阿伦特的评论者认为，即使她的描述和艾希曼不怎么像，但它却适用于无数其他人（"正确的类型，错误的例子"）。将作恶之人与抵制恶行的人区分为两种截然不同的社会类型并没有失去它的吸引力，基于他们所谓的"思考"能力（独立地思考或从他人的立场上来思考）的差异所做的区分也没有失去吸引力。虽然这种努力在道德故事中很有用，但对社会科学却没什么用处。

模棱两可与声誉

> 所有批评的声音最后只会增加你的声望。
> ——1964年3月24日雅斯贝尔斯给阿伦特的信
> （Arendt and Jaspers 1993，549）

阿伦特的这本书引起了关于大屠杀的激烈争论，促使人们探究一系列问题：从艾希曼的本性（Cesarani 2004；Lipstadt 2011；Safrian 2010，3）到犹太领袖的行为（Bender 2008，103—154，213—215，290—304；Hilberg 1992，105—117；Hilberg and Staron 1979；Lawson 2010，255—260；Trunk 1972），从种族灭绝的动机（Browning 1992；Friedlander 1969；Langbein 2004；Mikhman 2003，338ff；Osiel 2002）到"平庸"一词的合法性或适用对象。"不存在'平庸的恶'，"让·埃默里（Jean Améry）愤怒地说，"汉娜·阿伦特在她关于艾希曼的书中提出'平庸的恶'，她对这个人类公敌的了解仅仅来自道听途说……当一个事件对我们提出了最极端的要求，一个人不应该提到平庸"（1980，25）。"她没有认识到，身为一个小角色，（艾希曼）所作所为的重要性，"希尔贝格写道，"这个'恶'绝不'平庸'"（1996，150）。唯一幸存的犹太隔离区管理人员强调，艾希曼"腐败""残暴"，精明地利用各种机会进行敲诈勒索。"他们把他写成一个平庸的小人物，"他嘲讽地说，"他是一个恶魔！"（Lanzmann 1975）

在每一个道德故事的核心问题上都存在争议。在一场"整体性的道德崩溃"中，犹太领袖要为降临到他们同胞头上的灾难负责吗？艾希曼是一个听话的工作人员或没有思想的"参与者"吗？如果他不是，那阿伦特将案头杀手（desk-murderer）作为一种社会类型的描述还成立吗？模棱两可不是科学的美德，却能为艺术作品增色。在阿伦特自己的使用中，"平庸"一词的所指并不明确，这显然为她的作品增色不少。关于"平庸"一词到底意指什么，阿伦特并没有给出解释——它不是指恶本身，不是指纳粹实施的特殊的恶，也不是指艾希曼或他的所谓"愚蠢"，[1] 而是指种族灭绝嵌入日常生活的原因和手段。因为正是通过这些手段，大众变成了罪犯，并使这种犯罪呈现出"必然性"的"自然"外观。通过例行公事般地完成微不足道的任务和道德判断，复

---

[1] "正是愚蠢才如此可怕。这就是我在说平庸的时候心里所想的。"（1964年与约阿希姆·费斯特的访谈［Arendt 2013，7］）

杂的劳动分工也成为一种道德切割（Hughes 1971; Osiel 2002）。

从社会科学的角度看，"平庸的恶"这一短语促使人们注意，邪恶的事业一旦成为一种制度并得到道德权威的鼓励，就会成功绕过很多犯罪者的道德自审。[1] 平庸指的不是邮差，而是他们投递的包含遣送命令的信件；平庸指的不是邻居，而是他们尴尬地看到对方袖子上的黄星时，就不再和他们打招呼；平庸指的也不是别动队的警察，而是他们感到不能逃避集体的脏活（射杀老人、妇女和儿童），以免让同伴失望；平庸指的也不是火车站的警卫，而是他每天的"敲击"，在这一过程中，他守护了被牢牢钉死的运人"货车"；平庸指的不是护士，而是她的例行程序，其中就包括注射死刑（"安乐死"已经"成为医学领域的问题"）。[2] 这就是大规模屠杀呈现给很多参与者的方式。它不是一种邪恶的诱惑，也不是一种引起内心冲突的道德问题，而是为了避免麻烦而不得不做的工作。种族灭绝的顺利进行，不仅需要数以千计的执行者，需要他们各自完成一份不会产生太多刺激的小任务，而且需要其他人的默许，需要他们对无声的呼告置若罔闻，对正在发生的事情听之任之，即使身为受害者，也不大吵大闹。

欧洲犹太人大量被杀以后，以色列和美国成为新的犹太人生活中心，美国现在是世界上最强大的国家，以色列是它的附庸国。因此，《艾希曼在耶路撒冷》在一个颇有影响的美国杂志上发表以后，世界各地的犹太人都不会漠然视之。德国犹太人委员会的一名成员急切地向她和希尔贝格"宣战"（《艾希曼在耶路撒冷》让他们注意到，希尔贝格把重点放在了犹太人领袖的失职上），阿伦特回应说，希尔贝格只有"有限的学者听众"，她建议这个委员会不要开辟过多的战线，以

---

[1] 一位注射致命毒剂的护士说："我从来不认为安乐死是杀人……我的人生是奉献的、自我牺牲的。"（Lower 2013, 153）

[2] 艾希曼的辩护律师说："毒气杀人……是医学领域的问题，因为它是由医学界的人士准备的。"（State of Israel, *The Trial of Adolf Eichmann: Record of Proceedings* 1994, vol. V Session 114, 2051.）

免分散火力（Young-Bruehl 1982，347—348，523，n. 62）。她后来声称"犹太人圈子里的争吵"源于一个针对她的阴谋，并嘲讽地说这是她自己"与犹太人的战争"（Arendt and Jaspers 1993，510，516，632）。但正如雅斯贝尔斯预测的那样，这场"战争"只会让她的书声名远播。

反犹分子？施虐狂？无助的齿轮？

> 没有迹象表明他（艾希曼）有坚定的思想信念或特定的邪恶动机……这不是愚蠢，而是无思……当例行程序不起作用时，他就很无助。（Arendt 1978，4）

战争刚结束的时候，阿伦特指控反犹主义为种族灭绝奠定了基础（1945a/1994；1950b/1994，140—150，232—247）。《艾希曼在耶路撒冷》回避了这一主题，也无法解释不同地区在参与种族灭绝的主动性方面的差异。这是一个重要的软肋，因为，正如杨·格罗斯（Jan Gross）提醒的那样，在死亡来临前，很多犹太人看到的不是陌生的敌人，而是熟悉的面孔，"他们的邻居，选择杀人……自愿成为刽子手"（Gross 2001，121）。

态度不能完全决定行动，一些明确宣称反犹主义的人，也会冒着生命危险去营救犹太人。但是，要解释成千上万的人为何成了大屠杀的积极参与者和坐收渔利的旁观者，仍然需要关注一种信念——这种信念认为存在一个需要借助暴力来"解决"的"问题"，仍然需要关注对目标人群进行公开羞辱、抢劫和杀戮的禁忌的消除。阿伦特避开了反犹主义话题，以使她的故事更具有普遍性。但是，反犹主义不只与犹太人有关。如果不关注这个漫长的文化传统（Nirenberg 2013），就不能理解在种族灭绝计划中，为何会出现广泛的合作。

《艾希曼在耶路撒冷》出版两年后，阿伦特又写了一篇文章，这篇文章关注的是对奥斯维辛底层工作人员的法兰克福审判，她认为这场审判可以视为"耶路撒冷审判的补充"（1966a/2003）。这些被告（大部分是工人）出于一时兴起当面折磨和屠杀犹太人，表现出"愚蠢又邪恶的才能"。尽管阿伦特认为他们不是"临床意义上的"施虐狂，在"正常"环境中，他们不会表现出施虐狂症状；但在这篇文章中，她像集中营幸存者埃默里（Améry 1980）和阿德勒（Adler 1958）一样，将施虐狂视为集中营的统治法则。她对这些人"狡猾、原始、野蛮"的行为的描述明显不同于艾希曼。在艾希曼身上，她既没有发现施虐狂，又没有发现狂热的反犹主义或其他犯罪动机。她注意到这些被告在法庭上"无礼的微笑和傻笑"，并解释说，这是因为他们知道德国的"舆论环境"是站在他们这边的，她想知道"普通公民"是不是只是没有机会参与施虐。但在这篇作为《艾希曼在耶路撒冷》"补充"的文章中，阿伦特决意要传达一种有益的道德教训，她在结尾处讲述了一个"好的"党卫军医生的故事，以表明即使在奥斯维辛，"每个人也能决定自己成为一个好人还是坏人"（1966a/2003，252）。（关于这类故事的不可靠性，以及这些故事所依赖的记忆的不可靠性，参见 Langbein 2004，294—301。）

在审判纳粹战犯时，出于个人动机的行动与听从命令的行动之间的区分是重要的司法考量（Browning 2010）。在战后被捕的艾希曼的同僚中，没有一个人公开承认对犹太人怀有敌意，也没有人承认对迫害感到心安理得（Fulbrook 2013，67—68，365，n. 6; Safrian 2010，219—220）。有人指责阿伦特被艾希曼欺骗了。更有可能的是，虽然她认识到了在底层工作人员身上表现出来的、以残酷的身体迫害为特征的施虐狂，却没有看到它在白领中的表现形式。最重要的是，她对历史上的艾希曼毫无兴趣。她坚持认为艾希曼是个愚蠢的小人物，他的"内心生活"是不存在的或没有意义的，这其实是一种主观臆断。

要想理解他人的动机和乐趣,就要在一定程度上将自己想象成他人,阿伦特不愿意(或许也不能够)将自己想象成艾希曼。贝蒂娜·斯坦尼斯(Bettina Stangneth)批评阿伦特的描述,她说:"要理解一个像艾希曼这样的人,就要坐下来和他一起思考。"(Schluessler 2014)不过,也有研究检验了通过他者视角进行阐释性理解的局限性。像所有讲故事的大师一样,阿伦特的想象力被她自己创造的人物强烈地吸引住了,这个人物使她的叙述能够顺利推进,即恶行可以没有任何邪恶动机,愚蠢产生于邪恶的心灵这一康德的名言应该被颠倒过来。

艾希曼并不像阿伦特说的那样不会"从他人的角度思考"(1963d/2006,49),也不是真的忠于职守,一味服从。艾希曼是一个欺骗高手,为了操纵他人,就要想象他人的想法和感受。"从他人的角度思考"不等于同情或怜悯,也不是对他人的遭遇感同身受,将伤害他人当成一种折磨。在阿伦特写作这本书的时候,就有证据揭露了艾希曼的以下行为:他打破官僚规则,拒绝释放被豁免的人;殴打请愿的人;当上级的命令危及他自己对犹太人的战争时,他就阳奉阴违;他利用机会进行敲诈勒索。其实,我们现在已经知道艾希曼和其他中层官员可以在多大程度上主动采取行动,这在学界已经成为一种共识,即种族灭绝的细节并不是由最高当局精密设计的,下属也不是只能执行命令(Browning 2004,213ff,243,252,284;Safrian 2010,12)。

纳粹官员赞许那些"不是出于个人仇恨,而是出于成熟的政治观和历史观"(Browning 2004,404)而杀人的人,艾希曼与他们一样,也声称自己不赞成无序的暴力。当被问起他对运输人体"货物"下达的指示时,他回答说,"一直都一样:尽量避免虐待"(Lang 1983,146)。但是,管理规定是一回事,实际操作又是另一回事。回顾"最终解决"获得通过的那次会议,艾希曼想起了喝酒,想起自己站在椅子上与其他高官一起唱歌。不管在哪个层级,策划和执行种族灭绝的过程都伴随着集体亢奋。与今天发生的种族灭绝一样,我们在每一个纳粹屠杀现场都能看到以下场面:对无助者的虐待,伴随着玩笑的恐怖猎杀，以展示自己的铁石心肠和战利品为荣，并拍照留念。在所有聚会照片中，我们通常都能看到笑脸。

阿伦特没有认识到的白领施虐狂也有很多类型。艾希曼提出，奥斯维辛集中营长官为了表现自己的"铁石心肠"，得意地向参观者展示令人不安的残忍行为。[1]虽然希姆莱强调应该按命令杀人，以免行刑者"变成施虐狂"（在射杀"行动"后安排关于德国人"心智生活"的演讲［Hilberg 2001, 115］），但施虐狂在党卫军中仍然非常普遍。在有些情况下，残忍行为只是一种手段，但在另一些情况下，人们会公开以残忍行为为乐。这些公开的取乐从未被起诉过。根据艾希曼属下对驱逐行为的描述，有人遭到指节套环的敲打，有人被打断了鼻梁，有人被打出了眼球（Safrian 2010, 119-120）。这都是艾希曼一手设计的。艾希曼在法庭上是一个面无表情、西装革履的俘虏，这与权力巅峰时期的他判若两人，那些曾经想要和他谈判的人还记得，那时的他穿着制服，经常大吼大叫。艾希曼在1956年写了一份申辩书，想为自己返回德国铺平道路，其中写道："我们都是……帝国保安部这架机器上的小齿轮。"但在上诉失败后，他就脱去伪装，对他的律师抱怨说，"我再也不想听到'齿轮'这个词了，因为这不是真的"（Gerlach 2001, 451, n. 120; Stangneth 2014, 216）。

一部引人入胜的虚构作品

将现代性批判、官僚主义批判、技术理性批判与大屠杀联系起来以获得一种戏剧效果，已经变得司空见惯——就像海德格尔含糊其辞地做的那样。鉴于这种状况，我们需要特别注意的是，大部分纳粹受

---

[1] 艾希曼："一个党卫军人必须对自己和他人狠一点……总会有新词流行起来。在很长一段时间是'Härte! Härte!'（冷酷，残忍）。"（Lang 1983, 157）

害者并不是死于毒气室，而是像后来的种族灭绝一样，死于有计划的饥饿、强制行军、射击队和农民的镰刀。技术理性和官僚主义助长了大屠杀这种说法无法解释这一点，而那个不会思考的官僚形象也是一种虚构。纳粹蔑视官僚规则、法规和法律，党卫军渴望成为谨小慎微的官僚的对立面；相反，对大屠杀的抵抗则常常利用官僚主义形式：一些官员利用迷宫一样的规则避免交出犹太人，他们还伪造证件并在出境签证上盖章，直到被迫停止（Lozowick 2001）。

然而，有吸引力的虚构作品并不会因为与现实不符就变得没有意义。阿伦特自己在谈到伪造的《锡安长老议定书》时指出，从某种意义上说，追问人们为什么相信它们比继续搜集证据以证明它们是伪作更加重要。如今，我们需要解释的是，阿伦特的这部虚构作品为什么能够抵御各种攻击。她的故事有什么吸引力？阿伦特采用了西方文学中最古老的修辞之一，将一场世界灾难与一个人的堕落联系起来，并将这种堕落归咎于他不会思考。[1] 然而，如果从她的书转向审判文件，我们就会为她没有呈现给读者的细节所扰乱。阿伦特笔下的"小丑"为他对现实的无动于衷而洋洋自得。审判证词中的艾希曼让人感到极度厌恶和不安。（看过那些文件的读者会发现，要完全记住恐怖——不只是大屠杀的恐怖，还包括欺骗和背叛的恐怖——几乎是不可能的。）

否定恶是一种与人对抗的力量，而把它看成个体认知能力的缺失，这是一种令人心安的看待恶的观点——它说明恶是可以抵抗的，至少个体可以通过"思考"使自己"免于"作恶。一些关于阿伦特的解读强调普通人不能独立思考，这其实是糅合了简化版的"大众心理学"，同时也糅合了神学中的心理化趋势，即把魔鬼当成每个人内在心理力

---

[1] "总之，我开始了思考，思考真的能让人从地狱升入天堂；所有糟糕的处境和心灵的怒火……都是因为丧失了思考；一个人一旦恢复了思考的能力，他也就恢复了自我。" 丹尼尔·笛福：《摩尔·弗兰德斯》（1722/1971, 281）。

量的"象征"。实际上,一个最常见的对阿伦特的学术误解(就她明确否认这个误解而言)是,认为她展示了"我们每个人……参与种族灭绝的可能性"(Waller 2007,98—127)。其实,大屠杀给我们带来的恶是一种社会性的恶,它外在于个体和他们的认知能力。

阿伦特对一个"正常的"公职人员的描述,引导读者将她的故事与自己在日常生活中对行政官员的失望联系起来,仿佛只要有合适的环境,这些官员潜在的恶就会暴露出来。这种联想为亲身经验提供了一个虚幻的背景;反过来,似乎也印证了她的描述。阿伦特坚持将恶与"邪恶"动机——甚或"合乎人之常情常理的"动机——分离开来,这激发一些学者将社会措施的意外后果当成一种"平庸的恶",如全球贫困或"肥胖症流行"。但在当前这个赤裸裸地呼唤种族灭绝、公然宣扬暴行的时代,我们在援引阿伦特时,最好还是要尊重她所论述的问题的特殊性,并保持高度警惕。为了编织一个引人入胜的道德故事,阿伦特背弃了社会科学中的两条公理:为了理解人类行动,就必须探究行动者的"思想"(因此,不能认定他们"没有思想");同时,思想本身也是在社会关系和集体结构的情境中发生的。一旦彻底接受了思想的社会性,将作恶之人与抵制恶行的人区分为截然不同的两类人,就失去了说服力。

关于思考的思考

"思考"是阿伦特反思艾希曼时关注的主要问题。她自己对思考的思考与她年轻时的导师海德格尔和雅斯贝尔斯保持着一致性、连贯性和对话性。像她那个时代的其他德国人一样,阿伦特信仰纯粹和大师,并以忠诚为荣。1950年,她主动与海德格尔恢复联系(中断于1933年),当她还是一个年轻学生时,曾跟随海德格尔"学习思考",如今,她再次向他表达了忠诚,以寻求作为一个流亡者的生命的连续性(Arendt and Heidegger 2004,3—42,149,151)。从开始写作《艾希曼在耶路撒冷》的十多年前,到她去世(此时她还在阐释海德格尔的思考观念),阿伦特一直在重读海德格尔的作品,监督它们的翻译,努力修复他的名声,并寻求他对自己思想的回应(Arendt and Blücher 2000,369; Arendt and Heidegger 2004,115—117,12—124; Young-Bruehl 1982,443)。在1951年、1952年和1960年,海德格尔曾经就他的系列讲座"什么是思考"与阿伦特通信(Arendt and Heidegger 2004,104,108,112,123—124,137)。阿伦特生前出版的最后一本书(1978)反复引用海德格尔,在这本书里,海德格尔不仅被当成研究思考的权威,而且被看成思考的典范。

在战后不久的一段时间里,阿伦特曾坚决反对海德格尔的德国浪漫主义,指责他"竭尽全力地为纳粹提供思想",此时,她对所有思考都具有社会性表现出清晰的洞察力(1946b/1994;1946c/1994,186—187,201),[1]但在此之后,她又被这个人拉了回来,也被受他影响的思考观念拉了回来。1930年的时候,这种观念曾引导她将"绝对孤独"理想化,拒绝对意识形态进行社会学考察,声称"精神超越了每一种特定的现实"(1930a/1990,198,202,204)。这种精神的另一个名字就是精神错乱。纳粹时期的集体性精神错乱给阿伦特造成了极大的震撼,使她变得清醒起来,在战后不久的几年中,她的文章抛弃了这种不切实际的浪漫主义。但是,这种震撼逐渐消失了,虽然她不承认自己患了怀乡病(Arendt and Jaspers 1993,66),但还是无法抗拒回归的"冲动力量"(Arendt and Heidegger 2004,56,61—62)。到1958年,阿伦特已经将思考描述为"与自己在一起"了,与之相

---

[1] 1946年,阿伦特批评海德格尔的"自我中心"和"狂妄自大",并希望他将成为"最后的浪漫派"。阿伦特写道:"就其本质而言,存在自身从来都不是孤独的。它只能存在于交往中。""人……不仅仅只有自己。"(1946c/1994,186—187)

反,行动是与他人在一起(Young-Bruehl 1982,326)。[1]

阿伦特对"思考"的正式论述在她关于艾希曼的故事中淡化了。她自己声称的因审判而产生的想法(1971/1978,3—4)实际上早于审判。她始终坚持"自我反思"的理想,这是一种退出"世界"后的孤独的自我对话,能让思考者"免于"作恶,这一切都来自她的哲学导师。但这一理想来源于思考这个概念以及思考与阿伦特想要理解的问题的相关性,而这些观念是社会学家一定会反对的。如果宣称策划者没有能力"认识到"自己在做什么,那我们就不可能理解大屠杀。这样的判断也回避了人类多样性的最令人不安的含义。因为这一宣称假定,面对极端的邪恶,真正的思考能够产生一种道德共识。阿伦特的这一立场可能源于她长期浸淫于苏格拉底和奥古斯丁的哲学,在他们看来,只有善才能成为思考的对象,但这种深奥的思考观念对于具有特定传统的哲学家可能十分有趣,但与严谨的社会科学却是不相容的。

阿伦特与海德格尔刚恢复联系,海德格尔就写信对她说:"我一直不明白你说的'根本恶'是什么意思。"(Arendt and Heidegger 2004, 74—76)海德格尔拒绝就自己的纳粹历史进行"对话",这让阿伦特和其他人大感意外,他们震惊于"理性"(Logos)在重建道德共识时的无能,即使在毒气室问题上也是如此,这应该动摇了她的信念(Arendt and Blücher 2000, 154; Arendt and Jaspers 1993, 48, 141, 161—162, 167—168, 630; Heidegger and Jaspers 2003, 197, 200—201; Wolin 1993, 160—164)。在清醒的时候,阿伦特的确说过海德格尔和其他知识分子被他们自己创造的"理念"欺骗了(1946b)。但是,即使在她对知识分子心存警惕的时候,她仍然没有接受一个事实,

---

[1] 在给洛克菲勒基金会递交的申请和《人的境况》中,阿伦特也用这种方式描述思考(Young-Bruehl 1982, 326)。同一年,尽管雅斯贝尔斯将思考看成人与人之间的活动,并坚持认为他的婚姻对他的哲学思考具有决定性的影响(Heidegger and Jaspers 2003, 162),阿伦特还是称赞雅斯贝尔斯"不可侵犯的"孤独,并说:"他总是坚持自我,独立于所有群体。"(1958b/1968, 76)

即思考产生于不同的社会圈层,它能使一个群体的"善"成为另一个群体的"恶"。正如贝尔指出的那样,阿伦特不愿意接受社会科学中的一个基本的自明之理(Baehr 2013,13,22)。

阿伦特和雅斯贝尔斯曾经一致认为,海德格尔是"为国家社会主义上台做出贡献"的"几个教授之一"(Arendt 1946b/1994,201—202;Heidegger and Jaspers 2003,210;Wolin 1993,160)。早在1929年,他就给德国教育部长写信,呼吁"消除"犹太人对德国精神的影响,1933至1934年,海德格尔还在他的大学执行反犹法令,倡导"种族科学",告诫学生和教师抵制"人性观念"和"没完没了的理性分析"。在计划于1950年出版的著作中,他还在重弹反犹主义的老调——就在这一年,阿伦特与他恢复了联系,并着手准备将他的作品介绍到英语世界(Wolin 1993,29—60)。1940年代,在与海德格尔恢复联系前,阿伦特曾经认为海德格尔的"不诚实"已经"潜入到他的哲学思考中"(Arendt 1946b/1994,201;Arendt and Jaspers 1993,142)。后来,她公开表示他的思想未被纳粹主义污染,除了在一段短暂的"逃逸"(escapade)期,这个时期他在"世界"中"迷失"了,并从中学到了更好的东西(Arendt and Heidegger 2004,160),这表明阿伦特的评价容易发生变化,就像她对艾希曼的描述一样。

《艾希曼在耶路撒冷》描述的没有思想的"小丑",可能倾注了她对一个充满矛盾情感的(备受爱戴、让人蒙羞、逃避责任、充满魅力、死不悔改)老师的蔑视。在阿伦特笔下,这是一个"没有幽默感的""无助的""理想主义者",喜欢"说一些陈词滥调",缺少犯罪动机,只是可笑地希望"与自己保持一致"[1],显然,她的这些描述用在一个教授身上比用在一个党卫军中校身上更加可信。1949年,她在雅斯贝尔斯那里替海德格尔无力地辩解道:"你说的污点,在我看来是没有

---

[1] 作为弗莱堡大学的校长,海德格尔要对"一体化",即与德国警察进行"命令式合作"负责。

个性——因为他确实没有个性，所以也没有坏品质。"两年以后，她又写道："他确实不知道……自己在魔鬼的驱使下做了什么。"（Arendt and Jaspers 1993，142，167—168）[1] 阿伦特的讽刺肖像是一种合成吗？这是她在完成这部作品后产生一种如释重负般的喜悦感的原因之一吗？不过，这些都是社会科学的研究主题了，即一个人年轻时的依恋对象如何变得与自我难解难分，它住在人的心里，通过裂变与替代寻求在思想中的隐秘表达。

好故事喜欢采用比喻的表达方式。但有时候，保持语言的字面用法和普通用法也是至关重要的。阿伦特认为艾希曼"没有思想"，这其实是对这个词的滥用，因为这个词恰恰有助于我们理解艾希曼施加于受害者身上的恶。因此，莱维（Levi）说："如果能把我们时代的恶都集中到一个形象身上，那我会选择我熟悉的一个形象：一个瘦弱的人，他低着头，佝偻着肩膀，从他的脸上和眼里看不到一丝想法。"（1958/1996，90）埃默里（Améry）也说："在集中营里，一切智识都是无用的……它抛弃了我们。"（1980，15，19，20）从"没有思想"这个词的字面意义上讲，不是艾希曼和他的同僚，而是那些受他们迫害的人才变得"没有思想"了。

没有时间思考：相同的过程，不同的结果

传统的道德故事区分心性，认为不同的心性造成了作恶者和抵制恶行的人之间的差异。因此，它贬低无条件的服从和卑劣的动机，将作恶者描述成不会思考的人，鄙视那些将道德判断交给权威或群体的

---

[1] 参见雅斯贝尔斯试图与海德格尔和解的通信："你看起来……像一个小男孩一样走向了国家社会主义……他并不知道自己在做什么……他被卷入一项事业中，在他眼中，这件事是与其本来面目完全不同的另一件事。"（Heidegger and Jaspers 1950/2003，186）

人,以及那些假装看不到发生在自己眼皮子底下的事情的人。但是,如果我们留意一些人的证词,所有这些主题就变得疑窦丛生了,这些人常常不顾自己和家人的生命危险去营救陌生人,并通过这样做有效破坏了纳粹的企图。他们经常说的一句话是:"没有时间思考!"他们不记得自己什么时候做出了参与营救的决定,当被问到他们的"思考"时,他们显得很不耐烦,甚至不理解在问什么。这些营救行动不是孤独的"内心对话"(良知是其副产品)的结果。对权威的无条件服从、不想让别人失望、不想知道太多,甚至对金钱回报的算计,都在破坏大屠杀的过程中扮演了不可或缺的角色,就像在实施大屠杀中一样。当被问起为什么要押上全家人的性命去营救陌生人时,这些营救者强调,他们事先什么也没有想,因为这很"正常",也是"必须的",他们还随即提到了"亲密"关系。

> 曾经有人问我,我和母亲为什么要做这些事情。我从来没问过自己这个问题……我们从来没想过为什么,这似乎是我们家的传统。(Land-Weber 2000, 37)

> 有一个地下组织把人带到我们这里;我不了解它是怎么运作的,也从不关心。毕竟……我知道的越少越好。(Land-Weber 2000, 70)

> 这是韦斯特维尔(Westerweel)的特殊力量。当他去一所房子问他们是否愿意收留一个男孩或女孩时,他从不会空手而归[1]。我们是一个关系紧密的团队。(Land-Weber 2000, 117)

> 我像是与恶狗待在一个笼子里。我从来没有时间考虑为什么要做这些事情……我知道应该有更多的人帮忙,但我意识到其他人可能不能像我一样提供那么多的帮助。(Land-Weber 2000, 227)

在纳粹占领下的欧洲,法国的勒尚邦一度是最能给难民提供安全

---

[1] 意为从来不会遇见拒绝收留的人。——译注

的地方,在菲利普·哈利(Philip Hallie)对勒尚邦村民的采访中,他们提供了相同的说法。

> "我们没有时间深入讨论。我们必须帮助他们。"……当我问她为什么觉得必须让那些难民进入她的房子时……她一直不太明白我在说什么。(Hallie 1979,127)

> 有一次,我让她谈一谈对拘捕和放逐的危险是怎么想的,她说,"特罗姆一家(牧师和他的妻子)……想尽一切办法帮助那些需要帮助的人……他们只听从自己良心的声音。为什么——我别的什么都不知道。"(Hallie 1979,180)

> 我曾问他为什么……要将自己置于非常危险的境地。……他的回答很有代表性……"这不合理。但你知道,我无论如何都要这么做。"他们非常不愿意使用道德判断的语言,如"对"与"错"、"善"与"恶"这样的词汇。(Hallie 1979,233)

正如哈利认识到的那样,勒尚邦出现的"善行"不仅仅源于当地居民内在的精神状况。存在一种善与恶的社会生态学,在这方面,当代学术研究正在取得进展。在事后被人问起时,那些抵制种族灭绝的人与那些实施种族灭绝的人的回答是一样的,他们都说自己只是在完成工作,或者在完成道德权威或其他人要求他们做的事。他们没有强调他们的"自主性"。他们也几乎从不单独行动。据估计,要营救一个犹太人,至少需要14到15人相互协作。有时候,一对夫妻或者父母与他们的成年子女就可以完成营救;但一般情况下都需要一个大型网络的紧密配合。在营救中,积极参与者之间的团结和信任固然非常重要,旁观者的被动支持也同样重要,他们会假装没有看到正在发生的事情。

对大屠杀的破坏可以追溯到"合乎人之常情常理的动机",就像参与大屠杀一样,不管就哪一方面来说,这些动机通常都很复杂。不是所有的杀人者都是出于施虐、狂热的反犹主义或贪婪的动机;同样,也不是所有的营救者都完全出于利他动机。有些人（包括修道院院长）会要求一大笔钱作为交换，以藏匿一个孩子；或者在战后继续把孩子藏匿起来，不让他的家人找到。为了理解邪恶时代的英勇行为，阿伦特将"独立思考的人"理想化了，这并非全无道理。但是，经过仔细考察会发现，即使那些貌似孤立的行动——因为他们的行动以"思考"为支撑，所以他们感到是"自然的"和"必须的"——也植根于习惯、传统（哪怕只是家庭的传统）和社会关系（哪怕只是与上帝的关系）。

结论

在初版半个多世纪以后，我们再来读《艾希曼在耶路撒冷》时，会有一些新的发现。阿伦特对艾希曼的描述并不可信，这部分是因为在写作这本书时可以得到的证据有限。艾希曼的表现如同一个施虐狂，他残忍而奸诈，是狂热的反犹分子。无助的官僚只是他善于扮演的角色之一，当他觉得对自己有利时，就会选择这个角色。而且他对"思考"很感兴趣。为了一个种族国家的"更大上帝"，他拒绝接受《圣经》的上帝——因为这个上帝"太小"而且是"犹太人"，在这之后，他费尽心机地将自己与一些哲学家联系起来，这些哲学家正是被阿伦特尊为导师的那些人，如苏格拉底、康德、海德格尔（Stangneth 2014，167，221，265）。艾希曼丝毫没有表现出"道德悔过"的意思，在他的法庭证词中，他小心翼翼地避免提及任何一位仍然活着的同僚，也从不否定他曾经狂热地（对他来说，这个词是一种赞誉）效忠的理想。

社会科学研究也在发展。阿伦特的这本书以及她那个时代的其他社会科学研究像在实验室里进行研究一样，致力于推导出顺从性或其他一些概念，如权威人格、民族性格、大众社会等；与之相比，在研究大屠杀和其他种族灭绝时，当前学术研究的概念更加复杂了。当代学者重点关注的是动机的多样性、大屠杀的情境规范、反人类罪、集体性地不把意识形态当回事，他们强调地方历史、制度与亚文化的重要性，审视杀人"职业"的社会化，并特别关注道德权威的作用（Brannigan 2013；Mann 2005；Osiel 2002；2009）。但让人吃惊的是，很多新近的研究还在与阿伦特对话。

阿伦特的《一份关于平庸的恶的报告》呈现出顽强的生命力，这提醒我们注意，在社会科学史上，虚构作品有时也能发挥积极作用。一个故事通过鲜活的人物形象、引人入胜的情节和巧妙的措辞，成为公众记忆中的神话，为思想的进一步发挥提供了一幅图画。阿伦特想要解构一个神话（撒旦式的伟人），却创造了另一个神话。几十年来，即使是那些急于反驳她的学者，也不得不围绕她所提出的问题而展开。这本书的"语气"是一种"冒犯行为"，它没有假装超脱，事实证明，这也是这本书持久的力量源泉。

扣人心弦的文学是为了解开生命的戈耳迪之结（Gordian knots），而非砍断它。阿伦特的这部杰作及其"思考"主题，是她对刻骨铭心的背叛的激烈反应。凭借叙事上的优势（有时候这也是它作为一部社会科学著作的缺陷），它还在启发已经取得进步的社会科学研究。如果衡量好故事的标准之一是它引发了更多的故事，那么，在20世纪后期的社会科学中，她的这个故事就是最好的故事之一。但是，社会科学家继续从她的著作中获得灵感，必须与另一件事区分开来，即为了急于向我们证明这个问题具有普遍意义，阿伦特描绘了一种以认知能力丧失为特征的"社会类型"——无论如何理解这种丧失。这不是未来的发展方向。在阿伦特所界定的这个问题上，当我们试图构建新的叙事时，《艾希曼在耶路撒冷》提醒我们，出于诸多原因（其中一些在本章中已有探讨），叙事艺术在把握现实时是必要的，但也与现实相对抗。

（陈国战　译）

参考文献

Adler, Hans G. 1955. *Theresienstadt. 1941–1945. Das Antlitzeiner Zwangsgemeinschaft: Geschichte, Soziologie, Psychologie*. Tübingen: Mohr.

——. 1958. "Ideas toward a Sociology of the Concentration Camp." *American Journal of Sociology* 63 (5) : 513–522.

Aly, Götz. 2007. *Hitler's Beneficiaries: Plunder, Racial War, and the Nazi Welfare State*. New York: Henry Holt.

Améry, Jean. 1947/1984. "In the Waiting Room of Death: Reflections on the Warsaw Ghetto." In *Radical Humanism: Selected Essays*, edited by Sidney Rosenfeld and Stella Rosenfeld, 21–36. Bloomington: Indiana University Press.

——. 1980. *At the Mind's Limits: Contemplations by a Survivor of Auschwitz and Its Realities*. Bloomington: Indiana University Press.

Anders, Günther. 1956/2002. *Die Antiquiertheit des Menschen*. Munich: C. H. BeckVerlag.

Arendt, Hannah. 1930a/1990. "Philosophy and Sociology." In *Knowledge and Politics: The Sociology of Knowledge Dispute,* edited by Volker Meja and Nico Stehr, 196–208. London: Routledge.

——. 1938/2007. "Anti-Semitism." In *The Jewish Writings*, edited by Jerome Kohn and Ron Feldman, 46–121. New York: Schocken.

——. 1940/2007. "The Minority Question." In *The Jewish Writings*, edited by Jerome Kohn and Ron Feldman, 125–133. New York: Schocken.

——. 1942/2007. "Herzl and Lazare." In *The Jewish Writings*, edited by Jerome Kohn and Ron Feldman, 338–342. New York: Schocken.

——. 1944/1978. "The Jew as Pariah: A Hidden Tradition." In *The Jew as Pariah: Jewish Identity and Politics in the Modern Age*, edited by Ron Feldman, 67–90. New York: Grove Press.

——. 1945a/1994. "Organized Guilt and Universal Responsibility." In *Essays in Understanding 1930–1954*, edited by Jerome Kohn. 121–132. New York: Harcourt Brace.

——. 1945b/1994. "Nightmare and Flight."In *Essays in Understanding*, edited by Jerome Kohn. 133–135. New York: Harcourt Brace.

——. 1946b/1994. "The Image of Hell."In *Essays in Understanding*, edited by Jerome Kohn. 197–206. New York: Harcourt Brace.

———. 1946c/1994. "What Is Existential Philosophy?" In *Essays in Understanding*, edited by Jerome Kohn. 163–187. New York: Harcourt Brace.

———. 1948a/1994. "Dedication to Karl Jaspers." In *Essays in Understanding*, edited by Jerome Kohn. 212–216. New York: Harcourt Brace.

———. 1950b/1994. "Social Science Techniques and the Study of Concentration Camps." In *Essays in Understanding: 1930—1954*, edited by Jerome Kohn, 232–247. New York: Schocken Books. Originally published in Jewish Social Studies 12 (1), 1950.

———. 1951b. *The Burden of Our Time* [*Origins of Totalitarianism*]. London: Secker and Warburg.

———. 1952/2007. "The History of the Great Crime." In *The Jewish Writings*, edited by Jerome Kohn and Ron Feldman, 453–461. New York: Schocken.

———. 1953c/1994. "A Reply to Eric Voegelin." In *Essays in Understanding*, edited by Jerome Kohn. 401–408. New York: Harcourt Brace.

———. 1958b/1968. "Karl Jaspers: A Laudatio." In *Men in Dark Times*, 71–80. New York: Harcourt Brace.

———. 1963d/2006. *Eichmann in Jerusalem*. London: Penguin.

———. 1964b. "Interview with Günter Gaus, 28. 10. 1964." Online: http://www.youtube.com/watch?v=Ts4IQ2gQ4TQ (accessed 3 October 2014).

———. 1966a/2003. "Auschwitz on Trial." In *Responsibility and Judgment*, edited by Jerome Kohn, 227–256. New York: Schocken.

———. 1966b/1978. "The Formidable Dr. Robinson: A Reply." In *The Jew as Pariah: Jewish Identity and Politics in the Modern Age*, edited by Ron Feldman, 260–276. New York: Grove Press.

———. 1969/1978. "Martin Heidegger at Eighty." In *Heidegger and Modern Philosophy: Critical Essays*, edited by Michael Murray, 293–330. New Haven, CT: Yale University Press.

———. 1971/1978. *The Life of the Mind* (2 vols.) *Volume I: Thinking*. New York: Harcourt Brace.

———. 1996. *Love and Saint Augustine*, edited by Joanna Scott and Judith C. Stark. Chicago: University of Chicago Press.

———. 2013. "Eichmann war von empörender Dummheit" (1964 interview with Joachim Fest). *Gespräche und Briefe*. Munich: Piper.

Arendt, Hannah and Heinrich Blücher. 2000. *Within Four Walls: The Correspondence between Hannah Arendt and Heinrich Blücher 1936–*

1968. New York: Harcourt Brace.

Arendt, Hannah and Martin Heidegger. 2004. *Letters 1925–1975*, edited by Ursula Ludz. New York: Harcourt.

Arendt, Hannah and Karl Jaspers. 1993. *Correspondence 1926–1969*, edited by Lotte Kohler and Hans Saner. New York: Harcourt Brace.

Arendt, Hannah and Mary McCarthy. 1995. *Between Friends: The Correspondence of Hannah Arendt and Mary McCarthy, 1949–1975*, edited by Carol Brightman. New York: Harcourt Brace.

Baehr, Peter. 2010b. "Hannah Arendt's Indictment of Social Science." In *Hannah Arendt, Totalitarianism and the Social Sciences*, 10–34. Stanford, CA: Stanford University Press.

——. 2013. "The Problem of 'Unmasking' in 'Ideology and Utopia': Karl Mannheim, Karl Jaspers and Hannah Arendt." *Sociologica* 1: 1–31.

Bender, Sara. 2008. *The Jews of Bialystok During World War II and the Holocaust*. Waltham, MA: Brandeis University Press.

Bilsky, Leora. 2001. "Between Justice and Politics: The Competition of Storytellers in the Eichmann Trial." In *Hannah Arendt in Jerusalem*, edited by Steven Aschheim, 232–252. Berkeley: University of California Press.

Brannigan, Augustine. 2013. *Beyond the Banality of Evil: Criminology and Genocide*. Oxford: Oxford University Press.

Browning, Christopher. 1992. *Ordinary Men: Reserve Police Battalion 101 and the Final Solution in Poland*. New York: Harper Collins.

——. 2004. *The Origins of the Final Solution: the Evolution of Nazi Jewish Policy, September 1939—March 1942*. Lincoln: University of Nebraska Press.

——. 2010. "Postwar Investigations and Trials in Germany." In *Remembering Survival: Inside a Nazi Slave Labor Camp*. 270–290. New York: Norton.

Cesarani, David. 2004. *Becoming Eichmann: Rethinking the Life, Crimes, and Trial of a "Desk Murderer."* Cambridge, MA: Da Capo Press.

Conrad, Joseph. 1926. "Author's Note." *Under Western Eyes*, vii—x. New York: Doubleday.

Defoe, Daniel. (1722/1971. *Moll Flanders*. Oxford: Oxford University Press.

Faye, Emmanuel. 2009. *Heidegger: The Introduction of Nazism into Philosophy*. New Haven, CT: Yale University Press.

Friedlander, Saul. 1969. *Kurt Gerstein: The Ambiguity of Good*. New York: Knopf.

——. 2007. *The Years of Extermination: Nazi Germany and the Jews, 1939–*

1945. New York: Harper Collins.

Fritzsche, Peter. 2008. *Life and Death in the Third Reich*. London: Belknap Press of Harvard University Press.

Fulbrook, Mary. 2013. *A Small Town near Auschwitz: Ordinary Nazis and the Holocaust*. New York: Oxford University Press.

Gensburger, Sarah. 2013. "The Banality of Robbing the Jews." *New York Times,* 15 November 2013. Online: http:// www. nytimes. com/ 2013/ 11/16/opinion/sunday/the-banality-of-robbing-the-jews. html?_ r=0 (accessed 14 December 2014).

Gerlach, Christian. 2001. "The Eichmann Interrogations in Holocaust Historiography." *Holocaust and Genocide Studies* 15 (3) : 428–452.

Goldhagen, Daniel. 1996. *Hitler's Willing Executioners: Ordinary Germans and the Holocaust*. New York: Alfred Knopf.

Gross, Jan. 2001. *Neighbors: The Destruction of the Jewish Community in Jedwabne, Poland*. Princeton, NJ: Princeton University Press.

Gross, Jan and Irena Gross. 2012. *Golden Harvest: Events at the Periphery of the Holocaust*. Oxford: Oxford University Press.

Hallie, Philip P. 1979. *Lest Innocent Blood Be Shed: The Story of the Village of Le Chambon and How Goodness Happened There*. New York: Harper and Row.

Heidegger, Martin and Karl Jaspers. 2003. *The Heidegger-Jaspers Correspondence* (1920—1963) , edited by Walter Biemel and Hans Saner. New York: Humanity Books.

Hilberg, Raul. 1961. *The Destruction of The European Jews*. Chicago: Quadrangle Books.

——. 1992. *Perpetrators, Victims, Bystanders: The Jewish Catastrophe 1933–1945*. New York: Harper Collins.

——. 1996. *The Politics of Memory*. Chicago: Ivan Dee.

——. 2001. "Style."In *Sources of Holocaust Research: An Analysis,* 72–132. Chicago: Ivan R. Dee.

Hilberg, Raul and Stanislaw Staron. 1979/1968. "Introduction." In *The Warsaw Diary of Adam Czerniakow*, edited by Raul Hilberg, Stanislaw Staron and Josef Kermisz, 25–70. New York: Stein and Day.

Hughes, Everett C. 1962/1971. "Good People and Dirty Work."In *The Sociological Eye: Selected Papers,* 87–97. Chicago: Aldine.

Jensen, Olaf and Claus-Christian Szejnmann (eds. /2008. *Ordinary People as Mass Murderers: Perpetrators in Comparative Perspective*. Basingstoke,

UK: Palgrave Macmillan.

Land-Weber, Ellen. 2000. *To Save a Life: Stories of Holocaust Rescue*. Urbana: University of Illinois Press.

Lang, Jochen von (ed. /1983. *Eichmann Interrogated: Transcripts from the Archives of the Israeli Police*. New York: Straus & Giroux.

Langbein, Hermann. 2004. *People in Auschwitz*. Chapel Hill: University of North Carolina Press.

Lanzmann, Claude. 1975. Interview with Benjamin Murmelstein. Online: http:// www. ushmm. org/ online/ film/ display/ detail. php?file_num=4742 (accessed 23 December 2014).

Laqueur, Walter. 2001. "The Arendt Cult: Hannah Arendt as Political Commentator." In *Hannah Arendt in Jerusalem*, edited by Steven Aschheim, 47–64. Berkeley: University of California Press.

Lawson, Tom. 2010. *Debates on the Holocaust*. Manchester: Manchester University Press.

Levi, Primo. 1958/1996. *Survival in Auschwitz: The Nazi Assault on Humanity*. New York: Simon and Schuster.

——. 1988. "The Grey Zone."In *The Drowned and the Saved*, 36–69. New York: Random House.

Life Magazine. 1960. "The Editors of Life Present a Major Historical Document: Eichmann Tells His Own Damning Story." *Life Magazine* 49 (22) : 19–25 ; 49 (23) : 146–161.

Lipstadt, Deborah E. 2011. *The Eichmann Trial*. New York: Schocken.

Lower, Wendy. 2013. *Hitler's Furies: German Women in the Nazi Killing Fields*. New York: Houghton Mifflin.

Lozowick, Yaacov. 2000. *Hitler's Bureaucrats: The Nazi Security Police and the Banality of Evil*. New York: Continuum.

——. 2001. "Malicious Clerks: The Nazi Security Police and the Banality of Evil." In *Hannah Arendt in Jerusalem*, edited by Steven Aschheim, 214–223. Berkeley: University of California Press.

Mann, Michael. 2005. *The Dark Side of Democracy: Explaining Ethnic Cleansing*. Cambridge: Cambridge University Press.

Michaelis-Stern, Eva. 1968. "Tragtihnmit Stolz, den gelben Fleck!" In *Die Kontroverse: Hannah Arendt, Eichmann und die Juden*, edited by F. A. Krummacher, 152–160. Munich: Nymphenburger Verlagshandlung.

Mikhman, Dan. 2003. *Holocaust Historiography: A Jewish Perspective: Conceptualizations, Terminology, Approaches and Fundamental Issues*.

London: Vallentine Mitchell.

Nirenberg, David. 2013. *Anti-Judaism: The Western Tradition.* New York: W. W. Norton.

Osiel, Mark J. 2002. *Mass Atrocity, Ordinary Evil and Hannah Arendt: Criminal Consciousness in Argentina's Dirty War.* New Haven, CT: Yale University Press.

——. 2009. *Making Sense of Mass Atrocity.* Cambridge: Cambridge University Press.

Poliakov, Léon. 1951. *Bréviaire de la Haine: Le troisième Reich et les juifs.* Paris: Calmann-Lévy.

Reitlinger, Gerald. 1953. *The Final Solution.* New York: Beechhurst Press.

Safrian, Hans. 2010. *Eichmann's Men.* Cambridge: Cambridge University Press.

Scholem, Gershom. 1978. "Letter, 23 June 1962." In *Hannah Arendt, The Jew as Pariah: Jewish Identity and Politics in the Modern Age*, edited by Ron Feldman, 240–245. New York: Grove Press.

Schluessler, Jennifer. 2014. "Book Portrays Eichmann as Evil, but Not Banal." *New York Times* 2 September 2014. Online: http:// www. nytimes. com2014/09/03/books/ book-portrays-eichmann-as-evil-but-not-banal. html?r=0 (accessed 23 December 2014).

Stangneth, Bettina. 2014. *Eichmann Before Jerusalem: The Unexamined Life of a Mass Murderer.* New York: Alfred Knopf.

State of Israel Ministry of Justice, Jerusalem. 1994. *The Trial of Adolf Eichmann: Record of Proceedings in the District Court of Jerusalem* (8 vols.). Online: http:// www. nizkor. org/ hweb/ people/e/eichmann-adolf/ transcripts/Sessions/ (accessed 23 December 2014).

Trunk, Isaiah. 1972. *Judenrat: The Jewish Councils in Eastern Europe under Nazi Occupation.* New York: Macmillan.

Waller, James E. 2007. *Becoming Evil: How Ordinary People Commit Genocide and Mass Killing.* New York: Oxford University Press.

Wolin, Richard (ed. /1993. *The Heidegger Controversy: A Critical Reader.* Cambridge, MA: MIT Press.

Young-Bruehl, Elizabeth. 1982. *Hannah Arendt: For Love of the World.* New Haven, CT: Yale University Press.

第四章 "开端的难题"：阿伦特的革命理论

丹尼尔·戈登（Daniel Gordon）

引言

"开端的难题"（the perplexities of beginning）是阿伦特的著作《论革命》（1963g，208）中的一个短语。这个短语引起了阿伦特对革命的关注，因为革命体现了人类的独特本质，即人类的开端启新能力。作为对人类本质的探索，阿伦特的这本书既是一部哲学著作，也是一部政治学著作。在阿伦特看来，所有革命者都面临一个横跨政治学和哲学的挑战——作为立国者，他们如何既建立一种新秩序，同时又不限制未来的公民选择他们自己的秩序的自由？立国者何以能够解放那些与他们自己不同的人？这些问题就是"开端的难题"。对诸如此类的革命观念内部问题的关注，使阿伦特的思考不同于社会学家。社会学家通常只分析引发革命的结构性原因，而不去分析革命观念本身是如何形成的。

在本章中，我试图完成与阿伦特的革命理论相关的三件事情。首先是解释《论革命》在阿伦特思想中的位置。这本书不只是一本哲学著作，还是理解阿伦特整个哲学思想的关键。我借用了一种方法，这种方法使我们不必阅读阿伦特的全部著作就可以把握她思想的概貌。这个捷径就是聚焦于1963年，这一年，阿伦特出版了《论革命》和《艾希曼在耶路撒冷：一份关于平庸的恶的报告》。前者是关于民主问题的，后者是关于纳粹主义的，它们将阿伦特思想的两极充分显现出来：一是处理极权主义问题，一是处理自由问题。将《论革命》放到它所诞生的年份中来评价，学者可以获得一个关于思想家阿伦特的宽广视角。

第二个任务是总结《论革命》的主要思想，尤其是她对社会科学的批评。对阿伦特来说，社会科学——尤其是社会学——反映出一个更加广泛的现象，即"社会的"（the social）观念在现代文化中的影响。阿伦特认为，社会学摧毁了人类的形象，因为它断言思考从属于一个由社会力量构成的更加重要的现实，据称，正是后者为个体经验提供了结构。阿伦特对"社会"的批评，并不只是对基于经济学和阶级分析来解释革命的马克思主义学者的回应。她的批评也是对某些现代革命本身的批评，具体来说，就是对1789年法国大革命以及受它启发的革命的批评。阿伦特提出，法国革命者致力于消除贫困，这致命地拥抱了"社会的（领域）"这个范畴。法国大革命将构建宪法的任务让位于激进的社会重建，因此，它削弱了自身的解放潜能，并为此后世界各地的革命者提供了一个有缺陷的革命脚本。

第三个目标是介绍这本书在出版时得到的评价，以及今天应该如何评价它，尤其是对于社会学者来说。批评者声称，阿伦特缺少关于革命的经验知识，她的书中充斥着历史错误。而我则认为，这本书是理论文本超越了专家智慧的案例。非常明显的是，1960年代早期出现的各种批评都没能准确地把握阿伦特的思想，它们都缺少对阿伦特在本书中提出的重大问题的严肃回应。阿伦特创造了一部经典——这并不是在它很有名的意义上说的。由于这本书在面世之初遭遇差评，所以它被人忽视了。如果今天的人不带学术偏见地阅读这本书，那他一定会得到智识上的提升，在这个意义上，《论革命》是一部经典。它让人对革命精神产生一种兴奋之情，这在新近的学术著作中是非常罕见的。

1963年：阿伦特一生中最富创造力的时期

1963年，阿伦特出版了两本书。《艾希曼在耶路撒冷：一份关于平庸的恶的报告》讨论的是对纳粹官员阿道夫·艾希曼反人类罪的审判。这本书在成书之前就已经在《纽约客》上连载了，所以出版后立即赢得了广泛的读者。至今，它仍然是一个将新闻报道提升为严肃政治理论的典范。相比之下，《论革命》从来没有进入公共领域。由于学者在专业期刊上对它评价不高，所以这本书陷入了默默无闻的境地。尽管遭到了忽视，但理解《论革命》仍然是获得关于阿伦特思想的宽广视角的前提。这是她对民主问题着墨最多的著作。对于一个以强调现代历史中的灾难著称的思想家来说，这本书传达了她的希望。

在同一年中，阿伦特出版的这两部重要著作表达了她所理解的现代性的两个极端，即纳粹主义与民主，或者说是种族灭绝（人的毁灭）与革命（人的创造）。阿伦特还探讨了更多的问题，但1963年的这两个文本可以看作她全部著作的一个缩影，它们将现代政治文化中的两股最具变革性的冲动巧妙地并置在一起。

阿伦特在《艾希曼在耶路撒冷》中提出，艾希曼承担了最终方案的运输组织工作，但他本人对犹太人并没有仇恨。阿伦特认为，艾希曼并不敌视犹太人，他只是根本不会思考：

> 除了套话，他完全没有能力说出一个完整的句子……一个人听他说话的时间越长，就越明显地感觉到，他表达能力的匮乏

是同他思考能力的缺失密不可分的，也就是说，他不会站在别人的立场上思考问题。（1963b/1994，48）

艾希曼尽职尽责地执行当权者的决策。他没有意识到，政治职业是需要道德反思的。他为人正派、富有良知，但他将这些美德全部用在了私人生活中，用在了家人和朋友身上。

这本书副标题中的"平庸的恶"概念经常引发争议。这个术语是指，在一种政治制度中，恶行并不是由犯罪者的邪恶动机引起的。平庸的恶就是政治事务中道德权衡的缺失。阿伦特年轻时曾在德国完成了她关于圣·奥古斯丁的博士论文。奥古斯丁希望避免陷入二元论的世界观，这种世界观认为，上帝之善有一个强大的竞争对手，即魔鬼的力量。奥古斯丁解释说，恶是善的缺失，而不是一种独立存在的反宗教力量。恶是上帝在我们生活空间中的缺失，正如黑暗是光明的缺失。

> 即使不信上帝的人也承认，全能的上帝主宰万物，他本身就是至善，如果他并非如此全能和至善，以至于能从恶中带来善，他将绝不会允许在他的造物中有恶的容身之所。因为我们所说的恶不过是善的缺失？（Augustine 1887）

沿着同样的思路，阿伦特认为，现代政治中的恶是来自公共领域的批判性思考的缺失。她将艾希曼变成了这种缺失的象征。

《艾希曼在耶路撒冷》刚一出版，就有论者指责阿伦特忽视了反犹主义敌意在纳粹政策形成过程中的重要性。阿伦特提出，犹太人在抵抗最终方案时还可以做得更多，这也激起了众怒。在她看来，犹太人的不抵抗缺少的是勇气，而艾希曼之类的纳粹分子缺少的是思考能力。有人批评阿伦特淡化了反犹主义的作用而强化了犹太人的被动性，这是有价值的。但学者也早就承认，平庸的恶是一个令人信服的道德概念。1963年，阿伦特早已凭借1951年出版的《极权主义的起源》

闻名于世。一些评论者在评价《艾希曼在耶路撒冷》时肯定了阿伦特的重要地位，认为在阐释20世纪曲折的人类历史方面，她是最具有创造性的学者之一。因为这本书提出了一些尖锐而富有争议的道德问题，所以至今仍是研究纳粹德国的经典之作。[1]

看过最近上映的电影《汉娜·阿伦特》的观众会发现，这部以1960年代早期为背景的电影完全围绕阿伦特的著作《艾希曼在耶路撒冷》及其引发的争议展开。这部电影完全没有暗示，在同一个时期，阿伦特正在阐发她所说的现代性的积极一面，即民主革命和宪政。为了完整地把握阿伦特的现代性观念，我们需要对《论革命》进行考察。

阿伦特的现代性观念和革命观念

阿伦特的学术抱负是通过将我们的世界描绘成一个现代世界来激励读者的生活——在现代世界中，面对种种前所未有的观念冲突，我们需要做出选择，而这是我们的先辈们不曾经历的。正如贝尔（Baehr 2002）指出的，阿伦特认为很多社会学思考都依赖于类比法，这让人感到新近发生的事情以前也发生过，生活不过是一种循环，通过一个"模型"就可以将一个新事件解释成旧规律的重复上演。这种类比思考带来的一个后果是，人们从来都认识不到自己存在的边界。阿伦特的目标是，让读者敏于发现当下时刻正在孕育生成的各种新的困境和可能性。

阿伦特在革命中得到的鼓舞是，它们旨在打破时间的循环，彻

---

[1] 要总体了解《艾希曼在耶路撒冷》得到的评价，可以参见 Maier-Katkin（2011）、Benhabib（2014）。据我所见，1963年在学术期刊和文学期刊上发表的关于《艾希曼在耶路撒冷》的书评，总体上比近来人们所认为的更加积极。比如，Zeisel（1963）和 Berman（1963）。

底确立线性时间观念。革命者试图建立一种文化,在这种文化中,不仅革命者自己,而且包括他们的后代都在开创新生活,他们感到每一刻都是崭新的。阿伦特认为,这种现代的关于历史时间的思考方式肇始于18世纪。在《论革命》中,最有洞见的一部分是对"革命"(revolution)一词含义的分析。在18世纪以前,它指的是循环往复。美国革命和法国大革命是现代革命,因为它们创造了"历史进程突然重新开始了的观念"(1963g,21,28,34—36)。

值得注意的是,阿伦特的"现代性"概念,就其邪恶的或极权主义的一面而言,是以20世纪的经验为基础的,但是,其解放性一面却追溯到了1776年。研究阿伦特的学者都知道,她赞赏古希腊民主。希腊人重视政治事务中的伦理问题,这从亚里士多德的政治观中就可以看出来——他将政治视为集体讨论对与错的过程,就此来说,阿伦特的确将纳粹主义看成古希腊的反面。但是,阿伦特关于民主的思考并不只是要抒发对古代城邦的乡愁。《论革命》向我们展示了现代革命如何以一种古人未曾料想的方式确立了普遍自由。更确切地说,现代革命接受了一种人文理念,即个体拥有一种"开创新事物的能力"(Arendt 1963g,27),并将这种理念转化为人类可以通过政治行动不断重塑自我的观念。不仅对于革命者来说,而且对于他人和后代子孙来说,一次革命就是一个新的开端。

> 只有在18世纪革命的进程中,人们才开始意识到,一个新的开端可以是一种政治现象,它是人们业已为之并可以自觉为之的结果……新秩序的时代不再是"上天注定"的恩赐,开创新事物也不再是少数人引以为傲而他人不可企及的特权。当新事物出现时,它就会开启一个新的故事,这个故事由人们的行动在不经意间触发,并被后代子孙不断推进、扩展和延续。(40)

根据阿伦特的理解,革命就是要建立一个永远充满活力的政治领域:一种足够灵活的宪政民主,公民可以不断地对它进行改进,因此,每一代人都可以重新解释自由,并重新定义自由精神。我们将会看到,她认为美国革命最接近这种理想。

阿伦特认为,现代性的命运取决于它支撑革命事业的能力。在她看来,对于认识现代性来说,除了革命的视角和民主的视角,其他视角都不是伦理性的。她完全不赞同从商业角度来理解现代性观念,根据这种观念,现代性就是经济增长和技术进步,它带来的是长寿和幸福。她对这种价值观持批判态度,将它们称为"社会的",虽然这种批判集中体现在《人的境况》中,但也是《论革命》的主题之一。

我们大多数人都会使用"社会福利"或"社会正义"这些词语,而不是像一个名词一样使用"社会的"一词。但在阿伦特那里,"社会的"就像一件东西一样,这是为了强调这一现代性话语是无处不在的。"社会的"一词已经变得如此常见,以至于我们很难发现它的影响,也很少对它进行批判性检视。这个词经常被用来简化一些复杂的概念,如福利、正义等,就好像它是一个没有实际意义的前缀一样。在阿伦特看来,这不仅贬低了这些价值,而且以牺牲公共自由和公共责任为代价来促进私人幸福。

《论革命》的三大主题

哲学与社会学

阿伦特有时会否认自己是一个哲学家(Arendt 1964d/2000, 3—4),这是因为她是按照中世纪的方式来理解哲学一词的,根据这种理解,哲学的使命是发现处于时间之外的真理。她更愿意将自己看成一个政治学者,因为政治学研究的是在时间之中发生的事情。如果说阿伦特给人的本质下了一个基本定义的话,那就是人是一种政治动物。

这也就意味着，我们对人的理解必须联系到他行动于其中的政治空间和政治制度，同时也意味着哲学必须关注政治变革的历史。

尽管阿伦特在理论上主张要关注史实和政治问题，但是，与20世纪五六十年代美国流行的历史学和政治学写作相比，阿伦特这本书明显具有更强的哲学性。因为她关注的是在革命时刻人类有可能达到什么目标，所以她并没有巨细靡遗地重建真实的革命历史。毫无疑问，她对美国革命和法国大革命的描述具有一定的精确性。从这本书的脚注可以看出，她广泛阅读了关于这些事件的一手文献和二手文献。但她真正想要表达的却是一系列判断，比如，美国革命者明白，如果想要给他人而不仅仅是给革命者自己带来自由，所有反抗都必须以立宪这一伟大行动告终。在阿伦特看来，美国革命以后，"立宪就不再被当成最重要、最高级的革命行动了"（157）。

阿伦特处理革命主题的方式具有非同寻常的哲学意味，这还与它的存在主义特征有关。阿伦特将《论革命》献给哲学家雅斯贝尔斯和他的妻子格特鲁德，"以表达尊敬、友谊和爱"。受克尔凯郭尔和尼采的影响，雅斯贝尔斯强调现代科学和专业知识的局限性。在他看来，当我们处理重要的个人问题和伦理问题时，我们就会发现现代学科不能帮助我们跨越的局限性或边界。个体必须在完全自由的环境中做出选择，这就是雅斯贝尔斯所说的"超越性"（transcendence）。雅斯贝尔斯认为，哲学必须去探索这一自由空间，因为在科学精神的影响下，所有其他学科都倾向于轻视那些无法解释的东西和尚未确定的东西。哲学的作用在于扩展那些单靠理性无法建立的空间，并在这一过程中扩展我们对自由意志的感觉（Kauffman 1975）。

阿伦特偏爱将革命当成一种开始的氛围，这种观念明显来自她对雅斯贝尔斯"超越性"概念的迷恋。她认为，20世纪的学术研究过于强调对革命成因的分析，已经将革命变成了一个可以进行客观评估的事件，好像它与其他类型的事件毫无分别。在她看来，学者们已经忘记了革命时刻是一个多么开放的时刻。前面提到的她对"社会"的批

评就包含着一种深切的忧虑,即社会科学倾向于否定人类曾有过行使自由的能力。因此,她在《论革命》的首页就写道:

> 现代"科学"都以揭露真相为己任,如心理学和社会学,在它们的合力攻击下,看来没什么东西比自由概念更应该安然入土的了。(1)

革命体现了人类最卓越的潜能,即他们生活在各种可能性之中。"革命带来的就是这种自由体验……是人类能够开创新事物的体验"(26—27)。

她指出,社会学和心理学"贬低自由",并有将人们对自由意志的信念贬低为"中下层人的偏见"的风险(1—2)。为了更全面地理解阿伦特对社会学的特殊敌意,我们可以参考她学术生涯早期的一篇文章《哲学与社会学》(1930a/1994)。阿伦特认为,社会学领域的重要理论家都以决定论的观点看待人类。"社会学"这一术语本身就隐含着社会力量对个人自由的支配地位。在《哲学与社会学》一文中,她聚焦于著名的德国社会学家卡尔·曼海姆,他被视为社会学的一个分支——知识社会学的先驱。在阿伦特看来,社会学对人类认知的总结是有问题的——它把思想仅仅当成各种非人化力量的后果,也就是说,"所有思想都是与社会环境联系在一起的"(28)。阿伦特将社会学与雅斯贝尔斯的哲学进行对比,将社会学称为"哲学的对立面"(31)。社会学消解了人类存在的"巅峰时刻"(33),引导我们远离人类的言行,并要求我们根据社会现实而"迂回"(detour),依其所言,正是社会现实决定了我们是谁(33—36)。"社会学揭示了思想的决定因素,而对思想本身并不关注,同时,它还认为对绝对事物的思想激情仅仅是对决定条件的忽视和遗忘"(36—37)。

"对绝对事物的激情"这一说法表明,阿伦特在1930年认为,任何地方的任何人都有能力把自己从社会中分离出来,并有能力掌握更高的真理。但到了写作《论革命》时,阿伦特开始重点关注政治领域的精神解放潜能。随着阿伦特的进一步成熟,她不再声称人类思想本身可以独立于外部条件,而是集中论述在特定场所我们有能力进行独立思考,这些场所常被她称为"空间",它们旨在维护我们人类的自主性。她在《论革命》中写道:"自由总是受空间限制。"(1963g,279)教育是这些领域之一。阿伦特还认为,政治领域作为争论和决策的领域,是成年人行使自由的主要领域。政治是"一个显现空间,在此,自由可以展现它的魅力,并成为一个看得见、摸得着的现实"(26)。革命的目的就是要建立一个开放的政治空间和对话空间,在此空间中,革命者和他们的后代可以自由地思考和行动。在阿伦特看来,社会学倾向于否定自由,因为它将革命时刻当成社会矛盾的集中爆发,而不是一个可以无限延续下去的具有创造性的人类事件。换言之,社会学家希望将他们的理论应用于革命研究,而阿伦特的这本书则试图再现革命精神,并将这种令人振奋的革命气氛融入她关于革命的写作中。

美国革命与法国大革命

《论革命》的主要内容是对美国革命和法国大革命的探讨。自从弗里德里希·凡·根茨(Friedrich Von Gentz)的《美法革命比较》(1800/2010)一书问世以来,关于这两次革命的比较研究已经汗牛充栋。根茨将美国革命描述为一场防御性革命,因为它是要保护美国独立于英国的自由;他将法国大革命描述为一场进攻性革命,因为它的领导者激进地改造法国社会,并发动了对外战争。法国大革命更加"激进",这种看法在今天已经司空见惯。法国革命者废除了贵族阶级,还在1793年处死了国王路易十六。他们通过创制革命历法、革命剧场、革命服装、革命建筑而改变了文化。革命者甚至在1794年废除了奴隶制(拿破仑上台后又恢复了)。与之相比,美国革命者并没有拉平所有的社会等级。在1868年美国宪法第十四修正案出台以前,美国宪法中甚至没有出现"平等"或"平等的"之类的词汇。的确,如果将革命界定为一场社会经济秩序的变革,那么美国内战而非 1776 年才是真正的美国革命(是对南方奴隶制这一旧制度的革命)。

阿伦特知道,在世界范围内,人们都将法国大革命视为第一场真正意义上的"现代"革命,视为推翻社会特权制度的榜样。但我们必须记住她对"社会"的毫不妥协的批判。我们同样要记住,与美国革命不同,以法国革命为脚本的革命通常都会造成大恐怖——对那些被错误地指控为支持旧秩序的无辜者的杀戮。同样不清楚的是,今天生活在法国、苏联和古巴的黑人、移民、妇女等群体是否拥有比美国更多的自由。

激进革命一方面追求平等与友爱的理想,另一方面却常常导致猜疑和恐怖,对于这种矛盾,阿伦特感到非常震惊。在她看来,法国大革命始于对人民主权即自治权的确认,但很快就急遽走向展示对穷人的同情。这导致"社会事务对政治事务的入侵"(1936g,223)。表达对底层人的同情成为每一个革命领袖义不容辞的责任,于是,人的权利变成了无套裤汉的权利(55)。阿伦特指出,根本问题是法国大革命过于追求平等,"遵循托克维尔的见解,我们常常将平等视为对自由的威胁"(23)。"在古代同样为人所熟知的是,专制统治者依靠平民或穷人的支持攫取权力,他们保持权力的最大胜算在于人民对平等身份的渴望"(14)。

后来,卡尔·马克思批评法国大革命没能消除贫困(56)。但在阿伦特看来,马克思只是加深了将革命当成一项社会经济工程的观念。法国革命者已经将改造社会当成了首要目标,而不是构建一部宪法。如果说法国大革命中尚混杂着社会目标和政治目标,那么马克思主义所做的就是将其中的政治因素完全过滤掉。马克思完全从社会角度重新界定了革命的动力。"他强化了现代社会最致命的信条,即我们的一切努力都是以社会生活过程为中心的"(58)。

阿伦特认为,美国革命走了一条不同的路。在美国,人民主权并没有滑向社会感伤主义或阿伦特所说的"同情的激情"(66,79,

155）。相反，美国革命形成了"宪法崇拜"（199）。对美国人来说，立宪是终极的政治创新行动（142）。阿伦特反对查尔斯·比尔德（Charles Beard）之类的历史学家的观点，他们受马克思主义的影响，将立国者描述成对促进民主毫无兴趣的精英业主（94）。指导美国革命的政治思想是让人民行使主权。阿伦特通过对宪法的解读得出了这一观点。她提出，宪法的设计并不是为了保护财产权或其他个人权利，而是为了创造一个新的由人民支配的政府空间，一个新的由人民行使的公共权力（146，151）。

阿伦特的解释违背了有关宪法的两个通行观点。第一个是，立国者试图"平衡"权力，以免政府过于庞大。第二个是，立国者想要"限制"政府，以保护《权利法案》赋予个人的自由。我们不能说阿伦特的理解超越了这些观点，但她的解释肯定是不无道理的。正如备受尊敬的宪法学者阿希尔·阿玛尔（Akhil Amar）指出的，《权利法案》最初并不是为了保护独立于所有政府权力的个体权利，而只是为了限制联邦立法机构。正如《第一修正案》所说，"国会不得通过关于……的法律"。限制联邦立法权的深层目的与其说是为了保护个体权利，不如说是为了使各州人民通过州议会行使地方自主权。最高法院在20世纪早期重新解释《权利法案》时，将它解读为对独立于地方政府和联邦政府的个体权利的保护。但根据阿玛尔的观点，《权利法案》最初是为了保护多数决定原则，以防止形成集中化的寡头统治（Curtis 2000）。

正如阿伦特指出的那样，美国立国者的政治思想实际上是在民主主义与自由主义、公共自由与个人幸福两个极端之间摇摆。阿伦特强调美国革命中的民主因素，因为在她看来，马克思主义学者完全否定立国者的民主动机，已经太过分了。阿伦特担心，将美国建国这一政治事件做社会学还原，将其视为资本主义发展的要求，会导致美国人民被骗丢掉一份遗产。她的目的是重新激活在激励美国建国过程中曾经发挥重要作用的民主冲动。在她生活的时代，民权运动正在兴起，她希望年轻人能够接受挑战，实现普遍的政治自由，而不要被社会重建工程转移注意力（关于阿伦特与民权运动的更多论述见下文）。

开端的难题

阿伦特赞赏美国革命胜过法国大革命，她热爱"自由"胜过"平等"，她更关注宪政而非社会主义，所有这些都表明她是一个保守分子。赞赏美国革命并高度评价美国政治文化的优越性，在美国保守派中是一个老生常谈的话题。但是，阿伦特对美国革命的赞赏，针对的并不是它经过漫长的历程创造出来的东西；她的书中并没有暗示美国是一个更好的国家。她赞赏的是立国者在处理民主革命的难题时所表现出来的清醒意识——他们竭力寻找一种方法，既建立一个新的政治共同体，同时又为子孙后代保留一个开放的世界。

阿伦特认为，成功的革命必须既激进又保守。革命具有破坏性，因为它们要推翻旧政体。同时，为了建立一个比它们推翻的政治制度更长久的制度，革命还必须是温和的变革（227）。革命者试图建立自由而持久的制度（234）。

> 这个难题十分简单，用逻辑术语来表达，它似乎是无解的：如果立国是革命的目的和终点，那革命精神就不仅仅是开启某物的精神，还是开创永恒而持久之物的精神；一种体现这种精神并促进它取得新成就的持久制度，将是自我拆台的。由此似乎可以得出一个不幸的结论：没有什么比带来革命成就的精神，对革命成就本身的威胁更危险、更严重的了。莫非自由——最高意义上的行动自由——是为立国而付出的代价？这个难题……纠缠着所有的革命思想。（235）

在阿伦特看来，美国革命的伟大之处在于它的一些参与者深谙这一难题的分量。他们竭力寻找一些方法，以舍弃一部分革命能量，使后代子孙也有机会发挥他们自己的革命能量。美国革命者"不想拒绝这种相对于继承者的特权,但他们也很不愿否定他们自己的工作"(235)。对这个难题理解最深刻的两个人是杰斐逊和麦迪逊。

杰斐逊"比其他所有人都更关注这一难题"(235)。在美国革命时期,杰斐逊预见到流血暴动的无休止重现。他津津乐道的理想是,"精确地复制伴随着美国革命进程的整个行动过程……在他的早期著作中,他首先是根据解放,根据《独立宣言》前后的暴力来看待这一行动的"(237)。而到后来,杰斐逊"更关注立宪和建立一个新政府,也就是说,更关注自行构建了自由空间的那些活动"(237)。杰斐逊并没有参加制宪会议,因为那时他正在驻法大使的任上。但在宪法通过以后,他越来越为共和精神的持久性感到忧虑(233)。他担心美国革命并没有提供持续参与政府的渠道(234)。他感到遗憾的是,宪法没有将市镇会议纳入其中(238)。他主张通过地方政府体系组建初级共和国(241,252—253)。

麦迪逊心心念念的是如何给后代留下改进共和国的机会。阿伦特认为,美国宪法的可修正性是它最民主的特征,而麦迪逊是这方面最重要的理论家。她注意到,根据麦迪逊的看法,宪法的权威不是来自它固有的优点,当然更不是来自制定宪法文本的人所具有的优越性。宪法的持久性来自这样一个事实,即它欢迎人们去改变它。麦迪逊提到,"继承者""有义不容辞的责任……去持续改进"宪法的设计(阿伦特引麦迪逊语,204)。阿伦特将麦迪逊的革命理论描述为"叠增奠基"(foundation by way of augmentation)。"因此,宪法修正案增强和加固了美利坚共和国原有的基础……美国宪法的权威就在于它自身具有的可修正、可扩展能力"(202)。

对一个反社会学文本的反思想的接受[1]

在文学期刊《塞沃尼评论》(The Sewanee Review)上,《论革命》得到高度评价,勒罗伊·莱瑟曼(LeRoy Leatherman)称赞阿伦特"对语言的尊重"(1964,331),以及她"简洁的思想"。(334)莱瑟曼的书评题为《致敬秘密的信使》("Homage to the Secret-Bearer")。在为第一版封面所写的题词中,《纽约时报》记者哈里森·索尔兹伯里(Harrison E. Salisbury)也高度评价阿伦特的文学技巧。他称赞阿伦特"对诗歌意象和文学意象灵活而巧妙的运用",并认为这本书是"对一代主要依赖统计方法和引证方法的政治学家的挑战"(1964,封面)。不幸的是,对于阿伦特来说,这些来自文学界的赞美之词恰恰坐实了社会学家对她的批评,他们认为这本书不够专业。马克思主义史学家霍布斯鲍姆(E. J. Hobsbawm)在给《历史与理论》(History and Theory)杂志写的书评中指出,在阿伦特这本书封面上出现的溢美之词中,没有一条出自"历史学家或社会学家"(1965,253)。

霍布斯鲍姆将历史学和社会学这两个学科并置在一起是值得讨论的。在这篇书评中,霍布斯鲍姆始终将这两个学科放在一起,好像它们构成了一个同盟,共同致力于对革命进行科学研究,共同支撑起一个阿伦特没有达到的学术标准。在霍布斯鲍姆看来,阿伦特表现出一种对"诗意感觉而非现实"的幼稚偏好。"对纯粹事实缺少一定的兴趣,历史学家或社会学家……将会被激怒,而这本书的作者显然不会"(255)。霍布斯鲍姆指出,阿伦特在解释法国大革命及其后继革命时,对"专家"不感兴趣(253)。他将这本书称为"社会预言"而非"社会科学",并认为它"缺少对缜密的逻辑思考的兴趣"(255)。

---

[1] 标题原文为 Anti-intellectual Reception of an Antisocial Text,意思是:阿伦特的《论革命》是反社会学的;而霍布斯鲍姆和迪恩等人对阿伦特的批判并不是着眼于其中具有洞察力的思想,而是纠缠于所谓的事实性错误。——译注

他总结道:"无疑会有读者认为阿伦特女士的这本书是有趣的和有益的,但研究革命的历史学者或社会学者肯定不在此列。"(258)

正如评论者经常所做的那样,霍布斯鲍姆实际上是在批评作者没有做出像他自己那样的研究,这种研究关注的是引发革命的阶级冲突。他发现,"社会因素和经济因素在其中扮演主要角色的革命都被阿伦特女士排除在外了,这几乎就等于将学者想要考察的革命全都排除了"(254)。但是,霍布斯鲍姆并没有抓住阿伦特的主要观点,即革命起源的历史不同于革命自身的历史。不管是什么样的社会和政治条件滋生了不满并引发了反抗,革命都有一个自身展开的过程,它主要取决于革命者做出的哲学决断,即如何排列不同的价值,尤其是政治自由与社会平等这两种价值。

美国革命显然是阿伦特这本书的核心内容之一,而霍布斯鲍姆出版的著作都是关于欧洲历史的,对此,他提出:"我不能判断她的贡献……不过我怀疑它并不怎么样。"(253)关于美国革命,霍布斯鲍姆承认自己不能做出学术判断,但这只是他做作的修辞策略的一部分,目的是贬损阿伦特作为一个多面手的身份。这种策略由以下因素构成:

- 声称不是在表达自己作为一个马克思主义者和共产主义者的政治偏好(霍布斯鲍姆1936年加入共产党,甚至在1956年苏联入侵匈牙利事件发生以后仍然保持党员身份……),而是所有专家都认可的客观标准。
- 将历史学和社会学相提并论,好像它们是可以互换的,都有一种阿伦特未能达到的统一的学术标准("研究革命的历史学者或社会学者在阿伦特女士那里遇到的第一个难题是……"[253])。
- 承认在阿伦特著作涉及的某一方面缺少专门研究,以强化自己的科学性,也就是说,通过谦逊来傲慢地表达在自己的学术研究领域内拥有不容置疑的权威。

在对这本书做出极其消极评价的另一篇书评中,这种策略也非常明显,这篇文章发表于《政治学季刊》(*The political Science Quarterly*),作者是哥伦比亚大学政治学教授赫伯特·迪恩(Herbert A. Deane)。他的研究专长是现代早期(1500—1800)的欧洲政治理论。与霍布斯鲍姆一样,我们发现迪恩也不满于阿伦特对"社会"的批评。迪恩认为,阿伦特对贫困问题反应迟钝,并低估了现代技术在消除贫困方面的力量。迪恩也把阿伦特当成一个保守分子,因为她认为美国革命比法国大革命及其后继革命更加成功。与霍布斯鲍姆一样,迪恩也很少评价阿伦特关注与讨论的哲学问题,如18世纪历史意识的转型、"革命"一词意义的变化、开端的悖论等。他承认这本书有"敏锐的洞见和令人耳目一新的观点"(Dean 1963,622),但他始终没有明说这些洞见和观点到底是什么。他提出(《论革命》)"有一种令人不安的倾向,即对事实和文本的随意处理,以及在有限证据的基础上得出普遍结论"(622)。在这篇书评的大部分篇幅里,迪恩都是在列举他所认为的阿伦特在讨论现代早期的政治理论时所犯的事实性错误。比如,他提出:阿伦特认为洛克的《政府论(第一篇)》(*First Treatise on Government*)具有神学成分,这是错误的。同时,他还提出阿伦特对马基雅维利和卢梭的解读也存在错误。但他始终没有解释为什么这些所谓的错误是至关重要的,也就是说,他没有将这些所谓的错误与阿伦特在本书中提出的更大的问题联系起来。他的观点无外乎是,既然阿伦特犯了学术性错误,那她的学术观点就不值得认真对待。正如他所说,这些错误"不禁让我怀疑在其他那些我没有专门研究的问题上,她的事实和解释是否可靠"(623)。

霍布斯鲍姆和迪恩的书评表明,1960年代的学者认为他们的首要任务是评估一本书在学术上能不能站得住脚,而不是与这本书提出的主要思想进行对话。尤其是当评论者与作者的政治观点或哲学观点相对立时,从中挑错或吹毛求疵就成了评论者惯用的方法。如此一来,阿伦特对她所谓"一个新开端的革命悲剧"(1963g,30)的独特探索,也就没有引起重视。

1960年代前期，阿伦特并没能改变革命研究，不过，这一领域最终还是朝着她所开创的方向发展了。1967年，伯纳德·贝林（Bernard Bailyn）出版了他具有开创性的著作《美国革命的思想意识渊源》。通过对18世纪六七十年代革命小册子的系统研究，贝林挑战了以查尔斯·比尔德为代表的马克思主义学者的解释——他们认为革命是阶级冲突的后果。贝林将政治概念和政治话语与社会利益分离开来，在研究美国革命的起源时，将政治话语置于中心地位。

弗朗索瓦·傅勒（François Furet）的《思考法国大革命》（Interpreting the French Revolution）影响更大。他的这本书是对马克思主义学者和法国年鉴学派所从事的社会史研究的回应。傅勒本人曾经就是一位社会史学家，不过后来转向了对政治文化史的研究，他在政治理论和语言学理论方面也颇有造诣。虽然他没有直接引用阿伦特，但很有可能受到了她的影响。至少，有学者发现了傅勒和阿伦特思想的相似之处，如林恩·亨特（Lynn Hunt 2003）。傅勒强调，学者对法国大革命的社会起源进行了连篇累牍的研究，而这一事件本身的性质却被忽略了。

> 像法国大革命这样的现象不能被简单地归入因果关系模式。大革命是有原因的，但这一显而易见的事实并不意味着这些原因就是革命历史的全部。即使有一天我们比现在更好地理解了这些原因，或者能对它们进行更有说服力的排列组合了，有一个事实仍然是不能改变的，那就是革命事件从一开始就彻底改变了现状，它建立了一种新的、本质上并不属于现状之一部分的历史行动模式。（22）

因此，在傅勒看来，我们需要停止"将原因分析与事件描述相并置的做法，就好像它们是同一项研究的不同部分、从其中之一可以推导出另一个一样"（23）。我们必须：

> 重视革命时刻带来的全新因素。不管是在革命观念中,还是在现实的革命历史中,都有一种因果逻辑无法统驭的东西——历史舞台上出现了一种新的社会行动的实践模式和思想模式,它们与过去的任何东西都完全没有关系。特定的政治危机使革命成为可能,但并不能使它成为必然。……因此,法国大革命是一种新的历史行动和历史意识的滥觞,这种行动和意识与特定的形势相关,却不受它决定。(23)

傅勒将革命思想描述为"一种与过去完全决裂的意识,以及对平等的极度渴望"。他还将革命思想当成一种世界观,根据这种世界观,"一切个人问题,以及所有道德或知识问题无不是政治问题,所有人类不幸都可以用政治手段来解决"(25)。

傅勒最终改变了法国大革命研究,他坚持认为,1793—1794年的雅各宾恐怖并不是革命的极端化发展,也不是革命偏离了自身的民主进程,在他看来,1789年的革命原则里就包含着对民主思想的狭隘理解。像阿伦特一样,他也震惊于法国大革命中宪政理论的薄弱。革命者更在意的是创造历史,而不是建立持久的宪法。他们的目标是彻底改造法国社会,刻不容缓。他们想用各种出于"公意"(general will)的政策来消除所有不平等。当革命者对平等、公意以及其他基本的民主概念的理解发生分歧时,他们从思想上就不能接受政治观点的多样性。其结果是,每一个团体都指责对手是隐藏的贵族、反革命阴谋家。于是,革命就走上了相互揭发和恐怖的进程。

在傅勒和其他一些具有理论敏感的法国大革命史学家的影响下——如贝克(Baker 1990)等人,对革命的历史研究变成了一项跨学科的研究,从政治哲学和文化理论中获益良多。在一些历史学家看来,要理解革命这一复杂的知识问题,社会学已经成为一个笨重的障碍。近来,贝克和埃德尔斯坦(Edelstein)共同主编的《脚本革命》(*Scripting Revolution*,2015)一书也表达了历史学家对社会学的不满。

在导言中,他们承认革命比较研究几乎被社会学家垄断了,但他们也批评了"萦绕在社会学派中的马克思主义幽灵"。社会学家一再声称,革命是一个政权内在矛盾的集中爆发。所有的社会学模型——不管是强调经济原因、社会原因还是政治原因,都不能解释革命者变革的想象力从何而来。在贝克和埃德尔斯坦看来,革命的想象力并不是产生于革命之前的社会中存在的种种张力或前提条件。革命思想大多来自其他革命。"在研究革命时,社会学方法的一个主要缺陷是它忽视了不同革命之间的相互影响。"

没有一定的前提条件,所有革命都是不可能的。但前提条件并不等于条件:人群的聚集也是必不可少的。我们认为,正是借助人群的聚集,脚本才转化为行动。当危机发生时,一定数量的个体会做出判断:此时正当求助于革命脚本。造成危机的因素可以各不相同——1789年是财政危机将法国推向革命的边缘,1830年是政治危机导致了七月革命,1871年是军事冲突造成了巴黎公社……但是,一旦发生了危机,且有足够数量的人选择进行革命并采取了革命行动,事件就会以一种十分相似的(甚至是脚本化的)方式展开。

贝克和埃德尔斯坦将革命行动看成一种戏剧演出。它的所有角色都创制于1789年,并从那以后不断重复出现。

因此,如果说在布尔什维克攫取权力后,恐怖就接踵而至了,那并不像社会学理论解释的那样,是因为革命发展到了恐怖阶段,而是因为布尔什维克是自觉按照雅各宾派的脚本来行动的。

尽管贝克和埃德尔斯坦不承认受到了阿伦特的影响,但他们的观点与阿伦特是一致的。阿伦特写道:

> 如果诚如马克思所言,法国大革命是穿着罗马服装上演的,那么同样真实的是,接下来的每一场革命,即十月革命以降(包括十月革命在内)的每一场革命都是按照7月14日到热月九日和雾月十八日的规则和事件上演的。(44)

当然,贝克和埃德尔斯坦对社会学的批评并非无可挑剔。但他们让人得以从一个新的角度重新阅读一些关于革命的社会学经典之作。有趣的是,在接受了《脚本革命》中对社会学的激烈批判之后,我发现自己对摩尔(Moore)的经典著作《民主与专制的社会起源》(*The Social Origins of Democracy and Dictatorship*)有了新的理解。初看起来,摩尔像是一个无意识的马克思主义者。他提到从农业社会向工业社会的漫长转型的重要性(xi),还提到要将革命理解成"漫长的社会过程"的结果(xii)。这听起来像是将革命的政治性和思想性完全融入到社会经济范畴之中。但是接下来,在关于法国大革命的一章中,摩尔探讨了马克思主义解释的局限性。这一章用相当大的篇幅讨论了革命事件,尤其是来自社会底层的激进要求。有时候,摩尔承认政治空间中的语言通过革命小册子发挥了自身的影响。不可否认的是,摩尔也试图保留基本的社会类别,如"农民阶级""资产阶级"等。但是,摩尔也承认专制主义国家的性质决定了法国的阶级结构不同于英国。他的马克思主义中有很多托克维尔的成分。最后,他想要理解的是,贵族如何被与国家连为一体,且遭到了在英国从未有过的憎恨。他试图将1789年的反贵族话语与1789年以前法国特殊的制度结构联系起来,我们不能忽视这种社会学家的努力。

鉴于社会学作为一种研究革命的方法的声望,我在此想要得出的结论并非社会学错失了目标,而只是想说明阿伦特也没有错失目标。当霍布斯鲍姆批评阿伦特时,他假定历史学和社会学是一对孪生学科,共同致力于理解革命的结构性原因,并一起反对任何将革命思考与它之前的社会环境相割裂的尝试。今天,关于社会学方法对于革命研究是否必要，在人文学科和社会科学领域并没有明确共识。傅勒以及贝克和埃德尔斯坦的著作表明，阿伦特将革命思想研究和革命行动研究构想为一个关于自身的研究领域仍是有说服力的。

阿伦特与民权运动

1963年，阿伦特在她关于艾希曼的著作中批判现代性的极权主义冲动。在关于革命的著作中，她试图激活美国立国者高超的民主思想。因此，在这两部相得益彰的著作中，她呈现了现代性的危险性和拯救性。阿伦特1963年以后的演讲有助于我们理解为什么《论革命》特别重要。她将正在涌现的民权运动视为一种革命，并想要影响它的发展。

在她关于美国革命的课程快要结束的时候，她对芝加哥大学的学生说：

> 这是在美国革命中经验到的自由——自由地开创新事物。人类存在的这一面正在被发现，我们希望在革命年代将它保存下来。（1963e/2013）

革命意识复苏的希望让阿伦特兴奋不已。在1963年的另一次演讲中，这是她在联合国教科文组织会议上的演讲，她将民权运动称为"当前的革命"（1963i/2013）。阿伦特提出，这场运动有两个方面："政治方面和社会方面"。她建议，应该坚守政治使命，以完成美国革命和南北战争未竟的事业。她认为，民权运动应该致力于彻底废除种族隔离的法律体系。至于这场运动的社会方面，阿伦特认为是对抗贫困和愚昧，她建议应该推迟这项工程，直到建立一个由平等公民组成的政体以后。

这是对马克思主义的彻底反转，在马克思的所有批评者中，阿伦特可能是最深刻的。她可能也是社会学最重要的批评者。但这两种批评是一回事吗?她对社会学的批评是不是假定了所有社会学家都是马克思主义者(这显然是不对的)?或者,她是否认为各个学派的社会学家都共享了一种致命的信念,即对自由的感觉只是幻觉,而处于我们思想之外的"社会"才是最高的实在?社会学者不得不做出判断。但阿伦特有一点是正确的:我们必须自己思考这个问题,社会不能代替我们思考。

(陈国战　译)

参考文献

Arendt, Hannah. 1930a/1994. "Philosophy and Sociology." In *Essays in Understanding, 1930–1954*, 28–43. New York: Schocken Books.

——. 1963b/1994. *Eichmann in Jerusalem: A Report on the Banality of Evil.* New York: Penguin Classics.

——. 1963e/2013. "Founding Fathers." 1963 lecture at University of Chicago. *Zeitschrift für politisches Denken/ Journal for Political Thinking.* Vol. 7. Online: http:// www. hannaharendt. net/ index. php/ han/ article/ view/ 294/ 421 (accessed 7 November 2014).

——. 1963g. *On Revolution.* New York: Viking Press.

——. 1963i/2013. "Revolution and the Idea of Force." 1963 lecture at a UNESCO conference. *Zeitschrift für politisches Denken/ Journal for Political Thinking.* Vol. 7. Online: http:// www. hannaharendt. net/ index. php/ han/ article/ view/ 293/ 420 (accessed 7 November 2014).

——. 1964d/2000. "'What Remains? The Language Remains': A Conversation with Günter Gaus." In *The Portable Hannah Arendt*, edited by Peter Baehr, 3–22. New York: Penguin Books.

Augustine. 1887. *The Enchiridion, Handbook on Faith, Hope, and Love.* Translated by J. F. Shaw from Nicene and Post-Nicene Fathers. Buffalo, NY: Christian Literature Publishing. Chapter 11, "What Is Called Evil in the Universe Is but the Absence of Good." Online: http:// www. newadvent. org/ fathers/ 1302. htm (accessed 7 November 2014).

Baehr, Peter. 2002. "Identifying the Unprecedented: Hannah Arendt, Totalitarianism and the Critique of Sociology." *American Sociological Review* 67: 804–831.

Bailyn, Bernard. 1967. *The Ideological Origins of the American Revolution.* Cambridge, MA: Harvard University Press.

Baker, Keith Michael. 1990. *Inventing the French Revolution: Essays on French Political Culture in the Eighteenth Century.* Cambridge: Cambridge University Press.

Baker, Keith Michael and Edelstein, Dan. 2015. *Scripting Revolution.* Palo Alto, CA: Stanford University Press.

Benhabib, Seyla. 2014. "Who's on Trial, Eichmann or Arendt?" 21 September. Review online: http:// opinionator. blogs. nytimes. com/2014/09/21/ whoson-trial-eichmann-or-anrendt/ ?_ r=1 (accessed 7 November 2014).

Berman, Ronald. 1963. "Hostis Humani Generis. Eichmann in Jerusalem: A Report on the Banality of Evil by Hannah Arendt." *Kenyon Review* 2: 541–546.

Curtis, Michael Kent. 2000 "A Story for All Seasons: Akhil Reed Amar on the Bill of Rights." *William and Mary Bill of Rights* Journal. Online: http:// scholarship. law. wm. edu/ wmborj/ vol8/ iss2/ 6 (accessed 7 November 2014).

Deane, Herbert A. 1963. "On Revolution." *Political Science Quarterly* 78: 620–623.

Furet, François. 1981. *Interpreting the French Revolution*. Cambridge: Cambridge University Press.

Hobsbawm, Eric J. 1965. "On Revolution." *History and Theory* 4: 252–258.

Hunt, Lynn. 2003. "The World We Have Gained: The Future of the French Revolution." Presidential Address at the American Historical Association. Online: http:// www. historians. org/ about-aha-and-membership/aha-history-and-archives/presidential-addresses/lynn-hunt (accessed 7 November 2014).

Kauffman, Walter. 1975. *Existentialism from Dostoevsky to Sartre*. New York: The Penguin Group, 158–232.

Leatherman, LeRoy. 1964. "Homage to the Secret Bearer." *Sewanee Review*. 72: 329–334.

Maier-Katkin, Daniel. 2011. "The Reception of Hannah Arendt's Eichmann in Jerusalem in the United States, 1963–2011." *Zeitschrift fur politisches Denken/ Journal for Political Thinking*. Online: http:// www. hannaharendt. net/ index. php/ han/ article/ view/ 64/ 84 (accessed 7 November 2014).

Moore, Barrington. 1966b. *The Social Origins of Democracy and Dictatorship: Lord and Peasant in the Making of the Modern World*. Boston, MA: Beacon Press.

Von Gentz, Friedrich. 1800/2010. *The Origins and Principles of the American Revolution, Compared with the Origin and Principles of the French Revolution*. Indianapolis, IN: Liberty Fund.

Zeisel, Hans. 1964. "Eichmann in Jerusalem: A Report on the Banality of Evil by Hannah Arendt." *Annals of the American Academy of Political and Social Science* 353: 197–198.

第五章　阿伦特的"心智生活"

利亚·格林菲尔德（Liah Greenfeld）

汉娜·阿伦特不喜欢社会学，韦伯的"理想类型"（ideal type）概念也不例外。她认为，这一概念使社会学家无法专注于被考察现象的重要之处，而以简化概括取代其独一无二的特征。[1]但这是一个误解。与阿伦特认为的不同，理想类型与平均类型（average type）几乎没有什么相同之处。它是一种确定有意义的问题的方法：首先，根据我们想要理解的现象的最著名、最明显的特征建构一个概念，如果这些特征完全是从其基本原则中引申出来的，那它就不受历史偶然状况的制约；然后，将这一"理想类型"用作衡量实际历史特征之重要程度的标尺。与理想类型的偏差越大，就越值得关注（Weber 1978）。如果我们要建构汉娜·阿伦特作品的理想类型的话，那《心智生活》就显得特别突兀。我们很难看出，它的作者和《人的境况》《艾希曼在耶路撒冷》《拉埃尔·瓦恩哈根》《极权主义的起源》的作者是同一个人。尽管人们对它评价不一，但《心智生活》决不能代表阿伦特的经典作品，它在几乎所有方面都与她的代表作相矛盾，完全不符合其特征。正是由于这种原因，对这部经典著作及其特征的理解显得尤为重要。与其他作品相比，它更需要成为社会学研究的对象。

---

[1] *The Life of the Mind*, 1.169. 关于阿伦特对社会科学的态度，参见 Baehr（2010c）。

这本书写于1970年至1975年12月阿伦特去世之间（她原计划写三卷，去世时只完成了两卷）。这是她的思想遗嘱吗？下面这个事实让人不由得相信这种想法——这本书源于一个颇有声望的讲座，即吉福德讲座（Gifford Lectures），阿伦特凭借对政治理论的贡献，最重要的是对极权主义的阐释，当之无愧地受到邀请，但她却选择了一个出乎所有人预料的话题。对于想要找到一把钥匙，以解读阿伦特全部作品的学术史家和其他人来说，《心智生活》成为对阿伦特作品的理想类型的补充。

这本书写了什么？

在本章中，我使用的是1978年哈考特出版公司的简化版，其中包括《心智生活》的两卷：关于思考的第一卷和关于意志的第二卷。在封面上，这本书被宣传为"阿伦特最伟大的作品""汉娜·阿伦特最有趣……最发人深省的书""很多人认为是汉娜·阿伦特最伟大的作品"。在这本书出版的时候，情况可能如此；但现在无疑已经不是了。这样的溢美之词还有："关于我们如何思考的开创性研究""为阐释我们的心理经验提供了新的洞见""从思考、意志和判断的角度对人类的心理活动做了详尽而发人深省的分析"。这显然不对——《心智生活》与我们如何思考毫无关系，它并不是对人类心理活动的研究。它实际上关注的是哲学中特定观念的历史。

阿伦特把她的这本书当成哲学著作来介绍：

> 谈论"思考"对我来说显得有些唐突，我觉得应该先……做一些解释……使我感到不安的是，要涉足这个题目的竟然是我，因为我从来没有自称为"哲学家"或康德不无讥讽地所说

的……职业思想家,也没有这种志向。接下来问题就来了,我为什么不把这些问题交给专业人士来处理;而要回答这一问题,我就必须表明,是什么促使我离开相对安全的政治学和政治理论领域,而贸然处理这些相当棘手的问题。(1.3)

关于她"关注心理活动"的"直接动力",她解释说:

> 来自我在耶路撒冷参加艾希曼的审判。在我的报告中,我提出了"平庸的恶"的概念。在提出这个短语后,我并没有任何足以支撑它的论证或原理,但我隐约意识到,它与我们传统中对邪恶现象的思考(文学的、神学的或哲学的)是背道而驰的。根据我们已有的认知,邪恶是一种魔鬼般的东西,它的化身是撒旦,一个"从天而降的闪电",或是堕落的天使路西法……它的罪过是骄狂,而"骄狂症"是最有能力的人才有的特征:他们不愿侍奉上帝,而想取而代之……但是,我当时面对的情形完全不同,并且至今仍具有不容置疑的真实性。我惊讶于作恶者身上表现出的浅薄,这让我们无法将他的恶行追溯到更深层的根源或动机。这些行为是残暴的,但做出这些行为的人却很普通,很平凡——至少正在受审的这个人是这样,他既不是魔鬼,也不是疯子。在他身上,我们看不到任何坚定的意识形态信念或特别的邪恶动机,从他过去的行为、受审期间的行为,以及在受审之前接受警察讯问时的行为来看,他身上唯一值得注意的负面特征不是愚蠢,而是"无思"(thoughtlessness)……正是这种思考的缺失……引起了我的兴趣。如果没有"卑下的动机"……甚至没有任何动机,也没有任何特殊兴趣或意愿的激发,作恶(不管是因为没做某事而犯罪,还是因为做了某事而犯罪)是可能的吗?不管我们如何定义它……邪恶是否并非作恶的必要条件?善恶问题,即我们辨别是非的能力,是否和思考的能力有关?(1.3)

这段介绍无疑成了《心智生活》的中心议题,即思考与邪恶是对立的,或者至少可以说,思考与恶行是对立的。其前提如下:a. 恶人是那些佼佼者、出类拔萃的人、非同一般的人;他们是恶魔,是神的对立面。b. 而伟大等于复杂的思考,它能产生坚定(清晰)的意识形态信念和特定的动机。这也就意味着,同时符合这两点(即伟大与邪恶之间的联系、伟大与思考之间的联系)的唯一选项是这些原理的相互矛盾——因此,如果恶人是平庸的、普通的,那就意味着,拥有非凡思考的人不是恶人。艾希曼表现出自己不会思考,因此他也显得很平庸。这与原来的预期相矛盾,但却是"不可否认的事实",因此无可置疑。

从逻辑上分析,还存在其他解读的可能。它将恶与恶行区分开来。如果邪恶(恶)不是作恶的必要条件,那么,像路西法那样的大恶人,对于普通人的作恶是没有责任的,因为他们是没有思想的机器人。与大恶人不同,机器人不是受恶念促动,而只是服从命令。将善恶问题界定为"我们辨别是非的能力"使事情进一步复杂化了。由于思考的缺失,普通人艾希曼不能理解对成千上万的无辜男性、女性和儿童进行迫害和屠杀是错误的。他既邪恶又平庸,这与"平庸的恶"相符。一个出类拔萃的人、一个伟大的思想家(如海德格尔或施米特)显然能够辨别是非,因此,这样的人不可能是恶人。局限在这个路径中思考,无论我们做哪种选择,最终在逻辑上都无法对国家社会主义政权中的德国知识分子,尤其是哲学家做出道德判断。

这本书没有深入探讨这个问题。它或明或隐地贯穿于《思考》卷中,但在阿伦特探讨第二种心理活动"意志"时,其背后的"直接动力"却不明显。实际上,《心智生活》既是她对讲稿的扩展,也是对相关主题长期思考的结果。它的结构很松散,并不是对思考与邪恶之间关系(这种关系为本书提供了支撑)的探讨。但如果我们忽略了这个问题,这本书也将变得无法理解。事实表明,它是一种特殊的、非常个人化的论辩。

阿伦特在《心智生活》中运用了大量的哲学知识，这些知识是她在辉煌的学生时代习得的。阅读这本书，我们能够了解阿伦特的心智及其所承载的传统。这门课不是授课式的，因为她无意于完整地进行自我呈现或呈现传统，而是讲到哪儿算哪儿——阿伦特将自己的心智生活呈现为一种代表特定生命有机体的气味，而将德国哲学传统描述成代表一般生命形式的同样的气味。这门课没有进行有意设计，也不是授课式的，用马克·布洛赫的话说，这些特征使《心智生活》拥有了珍贵的、独立于这本书而存在的文献价值（Bloch 1953）。

《心智生活》体现的不是普遍性的哲学传统。它的特殊主义必然限制了它对相关主题的理解。阿伦特一直将这个传统称为"我们的传统"，她显然认为它是普遍性的，至少汇集了西方（即不是东方）历史中各个时代的智慧，这个传统肇始于古希腊的前苏格拉底时期，并在海德格尔那里达到顶峰。但是，那些不包括于其中的东西（或更确切地说，是不包括于其中的人）与那些包括于其中的东西（或人）是同等重要的。在《思考》卷的索引中，约翰·洛克和大卫·休谟都只出现了一次。这两个哲学家都被视为西方哲学传统中最重要的人物，尤其是在关于意志能力的哲学研究方面，但《意志》卷一次也没有提到他们，好像洛克从来没有写过《人类理解论》，而休谟也没有写过对这一主题的"研究"。相比之下，康德在《思考》卷的索引中出现了62次，在《意志》卷中出现了35次；海德格尔分别出现了24次和38次；即使被认为不怎么关注心理能力的马克思，也在两卷中分别出现了6次。

法国前康德时期的哲学家也并不比英国哲学家幸运。笛卡尔在《思考》卷中被引用了9次，在《意志》卷中被引用了12次，但自始至终，他都被认为是错误的。"笛卡尔的'我思故我在'是一种不合逻辑的推论"，在第一卷的第20页中，阿伦特一遍又一遍地重复这种论断，"我思故我在是一种谬论"。她解释说，笛卡尔从来就不知道，"如果一个人出生在沙漠中，没有身体和感知'物质'材料的感觉，也没有同伴帮助他确认他的感知也为其他人所感知,那么就没有任何思考者,在中止对客观真实的信心之后,还能相信自身的真实。"(在这里,她诉诸对经验的常识解释,而这本书一贯贬低经验的认识价值。从根本上说,他对心智生活持一种理想主义立场,但其中体现出的感觉高于意识的唯物主义也是一以贯之的。)然而,在提到批评笛卡尔的法国思想家时,她却大加赞扬,如"梅洛-庞蒂对笛卡尔的批评一针见血"(1.48—49)。

因此,所谓"我们的传统"到头来被证明是非常局限的,至少从地域来源上看是如此——在现代时期,它主要局限在德国。同样值得注意的是,从历史角度看,这一传统几乎没有给《圣经》留下什么位置(这部文献可以说是我们文明的基础,阿伦特对它的态度像17世纪的思想家一样傲慢——这是现代哲学的第一个发展阶段,兴起于法国,批评《圣经》,其核心人物就是笛卡尔,阿伦特在这本书中提到了笛卡尔,但只要提到他,就是为了批驳他)。相反,"我们的传统"显然是从古希腊开始的,于是,一个相当奇怪的模式出现了。似乎只有被称为哲学家的思想家才被涵盖于其中。名字(或更准确地说是头衔)成了决定性的因素。"哲学"是一个古希腊词,古希腊人把它用在自己头上,因此,他们被定义为哲学家。相反,从定义上看,创造了《圣经》的希伯来人不是哲学家,因为他们有自己的命名"智慧"及其"爱好者"的词汇。到了现代时期,这种局限性变得更严重了——以前,"哲学家"只是一个简单的称谓,但到了18世纪末,它成了一个专门的学术职位,实际上是一个官方头衔。在德国尤其如此。法国或英国的哲学家可能是哲学教授,也可能不是:笛卡尔不是,洛克是一个医生,休谟曾多次拒绝教授职位。在当代美国高校中,他们是否会被安排在哲学系都不一定。但是,康德、黑格尔、海德格尔却不存在这个问题。《心智生活》中的"我们的传统"被证明是一种学院传统。因此,阿伦特之所以对洛克和休谟关于人类理解能力的"随笔"(Essay)或"研究"(Enquiry)只字不提,是因为她的这本关于心智活动（mental activities）的书既不关注"人类"，也不关注"理解"。它关注的是——阿伦特提到了康德的讽刺，但很快就把它忘得一干二净——一类特殊的人（即职业思想家）的心智活动特征。

《心智生活》第一卷《思考》从海德格尔开始。题记中引用了海德格尔的话："思考不像科学那样可以产生知识；思考不能产生实用智慧；思考也不能解决宇宙之谜；思考不能直接赋予我们行动能力。"现在我们知道了思考不能做什么，[1]但我们还需要知道它能做什么，并且首先要清楚它是什么。

阿伦特的讨论是从思考的对立面，即"无思"（我们还记得，它是作恶的条件）开始的。她提出，"无思"表现为"陈词滥调、现成套话、墨守成规的表达和行动，它们都具有确保我们不与现实照面的社会功能，也就是说，它们拒绝了现实对我们提出的思考要求"（1.4）。阿伦特的这一观点连同其他主张，使之处于与社会学规划的直接对立中，这一规划集中体现在涂尔干的"社会事实"（social fact）概念中。对于她来说，"社会的（领域）"——它存在于大量墨守成规的表达和行为之中——甚至不属于现实，而那些由于其存在而对我们提出思考要求的事件和事实依据定义则并非社会的。严格来说，这并不一定意味着阿伦特认为（表述逻辑会导致她如此认为）社会规范、社会价值和社会角色实际上并不存在；但这确实意味着，她把思考放在了一个外在于社会，并与社会对立的位置上。接下来，她将"思考活动"界定为"检查偶然发生的或引起我们注意的任何事情，而不考虑其结果和具体内容为何的习惯"，也就是说，这是一种无功利的分析。但这还不够，她紧接着补充道："'良知'这个词……意味着'自觉与自

---

[1] 我们还知道，即使那些明确提到"思考"的著作，有时候也没教给我们什么东西，对于思考的社会学（如果有这一特殊的研究领域的话）来说也不是特别有用。参见 Swedberg（2010）。当然，思考是整个社会学科的核心，一方面是因为——至少我们殷切地希望——社会学家在工作的时候也思考；另一方面是因为，思考是人类的主要特征之一，它构成了所有社会科学的主题。

知'，这是在每个思考过程中都能实现的一种知识。"由此我们可以推断，思考不仅仅是对引起我们注意的、处在我们精神之外的事件和事实的分析，同时也是一种自我认识，或者说，心智转向了对自身的分析。正是在这里，阿伦特提出了一个问题：这种思考活动能否成为让人免于作恶的条件之一？对此，她用一个反问句做了回答，显然，她想征求人们的同意，但这却有可能引起人们的惊讶："难道这不就是被我们关于良知所知的一切所强化的假设吗？这个假设就是：只有真正的坏人（比如罪犯等），才把良知作为一种规范，而只有'好人'才会心有不安。"（1.5）

在她所说的传统中，阿伦特的方法是符合惯例的。她一开始就区分了呈现给我们的两个"世界"：一个是超感觉的"真实世界"，一个是感觉的"表象世界"。她说，心智是"把握超感觉世界的工具"。我们的感觉只能告诉我们表象。（这种观点对当代社会学最为看重的材料持一种相当轻蔑的态度，社会学家应该在马克思那里也见到过这种观点。[1]）她接着说道，随着科学对超感觉世界的贬低，"它的对立面，即我们长久以来所理解的表象世界也将土崩瓦解"：

> "消除了超感觉世界，也就消除了感觉世界，并因此消除了它们之间的差异"（海德格尔），尼采的这种洞见实际上是显而易见的，以致我们根本无法在历史上为它定位。从两个世界的角度展开的所有思考都主张，它们二者是紧密相连的。因此，现代各种驳斥实证主义的复杂论证，其实早就体现在德谟克利特用无比简洁的笔触写下的心智（把握超感觉世界的工具）与感觉之间的对话中了。心智说，感觉是一种假象；它们会因为我们的身体状况而发生变化；甜、苦、颜色等都是依靠约定俗成的规则而存在，而不是依靠其表象背后的真正本质。于是，感觉回答说：

---

[1] 参见《德意志意识形态》。

"卑鄙的心智！当你从我们这里取走你的证据（你能信赖的一切）后，就要把我们一脚踢开吗？抛弃了我们，你自己也将一命呜呼。"换言之，一旦打破了这两个世界之间的脆弱平衡，不管是"真实世界"消除了"表象世界"，还是相反，我们的思考习惯于在其中进行自我定位的整个参考系就崩溃了。在这种情况下，一切都不再有意义。（1.11）

当然，尼采的洞见（值得注意的是，它转引自海德格尔，这也是这本书的特点，对海德格尔拐弯抹角的赞美，使他看起来最重要的贡献不断失去独创性）并非如此显而易见。如果只能以两个世界的方式来思考现实，那它就是显而易见的。可惜不是这样。它代表"我们的（应该理解为德国学院哲学的）思考习惯于在其中进行自我定位的参照系"，但这一事实并不能排除该参照系可能会产生误导，也不能排除用其他方式来思考能更好地促进我们的理解。（稍后会讨论一种更好的可能性。）在阿伦特看来，"真实"世界与"表象"世界之间的平衡是至关重要的，否则就会造成参照系的崩溃，但是，从库恩（Kuhnian）的科学哲学角度看，这种崩溃其实是范式转换的要求，体现了知识革命的紧迫需要。但库恩显然不属于"我们的思考传统"。实际上，阿伦特认为他不属于任何思考传统，因为他追求知识，而这（我们已经在海德格尔那里知道）不是思考要做的事情。

阿伦特说，我们"就像人之一直所是那样，是一种思考的动物。我这样说的意思是，人有一种超越知识的局限而进行思考的倾向或需要，不是仅仅把思考能力当成求知或行动的工具，而是用它来做更多的事情"。或许有人会认为这种关于思考的定义有些狭窄，它是以思想家的经验为基础的，与前面提到的"人"相比，这种思想家群体越来越具有排他性。她继续写道：

> 关于思考活动对于那些将之作为一种生活方式的人来说意味着什么，我们能找到的唯一记录就是今天人们所说的"形而上学

谬论"。对现代读者来说，在那些流传至今的伟大思想家中，没有哪个人的体系或学说是令人信服的，甚至连言之成理都达不到；我在此想要争辩的是，它们中也没有哪种是凭空乱造的，没有哪种可以被当成一派胡言而随意丢弃。相反，这些形而上学谬论中包含着我们拥有的唯一线索，以揭示思考对于那些以思考为志业的人来说意味着什么。（1.12）

爱因斯坦在记录自己思想轨迹的"自传体笔记"中，解释了他发现狭义相对论的过程，他明确提出了一个问题，即"思考究竟是什么？"并专门用一章来回答这个问题（Einstein 1979）。但是，阿伦特专门讨论相同问题（即"思考是什么"）的著作却几乎没有提到爱因斯坦（只在这本书相当靠后的部分轻描淡写地提到了他）。爱因斯坦没有必要诉诸"形而上学谬论"，他使用的是经验主义方法，即通过仔细的内省来审视自己的经验。但阿伦特不知道存在这种可能性，她继续信心满满地说：

> 至少有一点是不言而喻的，即这些学科（不管称它们为形而上学还是哲学）处理的是不能感知的对象，对它们的理解超出了从感觉经验出发并能通过经验来验证的常识推理……所有思想家的共识是，为了处理这类对象，一个人必须将心智与感官相脱离，不仅摆脱感官呈现给我们的世界，而且摆脱由感官对象引起的感觉或感情。哲学家之所以是哲学家，而不是（当然也是）"一个像你我一样的人"，就在于他退出了表象世界，而进入了一个新的世界，自哲学诞生以来，这个世界一直被描述为少数人的世界。（1.13）

在这段话中，"思想家"指的是"哲学家"。但即使是那些专注于哲学家的心智生活的人，也会发现这种对其思考特征的描述是可疑的。首先，常识推理（commonsense reasoning）并不等于经验推理，而是指惯常推理。如果我们认为所谓"所有(阿伦特所说的)思想家的共识"真的存在,那么,我们就不得不假定"哲学"产生于中世纪的基督教,并在16世纪以前就死去了,因为不管是令人尊敬的古希腊人,还是阿伦特勉强承认为哲学家的少数英国人和法国人,都十分重视来自感官的材料。(比如,牛顿显然属于一个被称为"实验哲学"的"哲学"传统,但他却毫不掩饰自己对"表象"世界的关注。)

阿伦特写道,今天很多人质疑普通人与从事"最高"人类活动的"职业思想家"之间的区别,这正说明从"思考"的角度来讨论邪恶问题是有道理的:

> 如果正如我前面提出的,辨别是非的能力与思考的能力有关,那我们就可以向每一个心智健全的人提出运用这种能力的"要求",不管他博学还是无知,聪明还是愚钝。康德对哲学只属于少数人这个流行观点深感不安——在这方面,他在哲学家中是孤独的,他的不安恰恰来自这种流行观点的道德内涵,他曾经提出:"愚蠢来自邪恶之心。"这是不对的:思考的缺失并不是愚蠢;它可以出现在那些极度聪明的人的身上,它并不是由邪恶之心引起的;情况可能正好相反,即邪恶是由思考的缺失造成的。(1.13)

如果思考的缺失不是愚蠢,那从逻辑上讲,阿伦特就不应该说康德关于愚蠢的看法是不对的。撇开这一点不说,阿伦特不正是援引康德来支持自己的观点吗?事实证明,他们之间的分歧是深刻的。

阿伦特继续写道,康德在"理性"(reason)和"理解"(understanding)或"知性"(intellect)之间做出了区分:

> 他也很清楚,理性的"迫切需要"既不同于"对知识的追求和渴望",也不止于此。因此,理性和知性之间的区别,对应于两种完全不同的心理活动,即思考和求知,同时也对应于两种完全不同的关切:前一种是意义,后一种是认知。(1.14)

第五章 阿伦特的"心智生活"

> 但是，这位伟大的哲学家
>
> 还不完全清楚，他通过终极问题为理性正名，将作为一种思考能力的理性解放到了何种程度……理性自设的巨大障碍来自知性，来自知性为自身目的（满足我们对知识和求知的渴望与需求）而建立的一套合理标准。康德和他的后继者之所以很少关注作为一种活动的思考，更不要说思考的经验了，是因为他们尽管有所不同，但都追求结果，都以确定性和可证性为标准，而这种结果和标准其实是属于认知活动的。但是……应该能够假定，思考和理性关心的对象不同于知性所关心的对象……简言之：激发理性的不是对真理的追求，而是对意义的追求。真理和意义不是一回事。（1. 14—15）

换言之，阿伦特依赖德国哲学家对思考的解释，但却认为他们曲解了他们自己，偏离了纯粹理性（即纯粹的思考能力）的轨道，最终将自己混同于科学家和我们普通人（知性的代表）——他们同样追求真理，关注"表象"世界而非"真实世界"。她告诉我们，即使新康德主义者海德格尔也曾不经意间将意义和真理混为一谈；但正如我们今天所知，海德格尔其实更清楚这一点。（1. 15）

介绍对意义概念的讨论可能会让一个社会学家感到兴奋。从表面上看，阿伦特的哲学思想与韦伯的社会学思想非常相似——他们都坚持认为应该聚焦于意义，而非真理。德国哲学传统与韦伯的社会学思想之间关系密切，因为后者正是在与前者的对话中形成的。韦伯将他倡导的新学科的主题命名为"社会行动"（social action），并审慎而明确地将它界定为对行动者有意义的行动（做或没有做）[1]，这只有在用"真实"来确认行动、用"理想"来确认意义的哲学讨论背景中才能够理解。韦伯想要强调意义的现实性，使它成为一个处理经验材

---

1 Webe, *Economy and Society*, p. 4.

料的、合法的科学研究的主题；通过借用在他所处的思想环境中与客观现实联系在一起的术语（将它运用于主观现象），他做到了这一点。（这个例子表明历史背景对于科学概念的演变有多重要、语言对于思考有多重要。顺便说一下，涂尔干也处在革新者的位置上，面临着一个非常相似的处境：他也不得不先安抚那些可以预见的反对者。但在当时的法国，实证科学而非唯心主义哲学统治着知识界。这就解释了涂尔干为什么选择用"社会事实"这个短语来指称"心理"现象、强调将"社会事实"当成一件事物来分析［Durkheim 1982］。不同的词语携带着不同的概念包袱，来自不同的传统，人们之所以选择它是出于不同的形势需要，但其实它们指的是同一类现象，在过去一个世纪里，这种不同词语的选择掩盖了这两位最伟大的社会学理论家之间的高度相似性，甚至连他们自己都没有意识到。）然而，如果我们根据阿伦特的反应来判断，这种"（韦伯的）理性的狡诈"并没有给哲学家留下什么印象，也没有发生和解，尽管他们说着同样的话，但指的却是完全不同的东西，甚至是完全相反的东西。

具有讽刺意味的是，阿伦特的"意义"指的恰恰就是韦伯所说的"真理"（truth）：它在经验上是不可及的、不可知的、难以理解的；它不能从经验中学习，因为它超越了所谓的表象世界，而属于真正的"真实世界"。更令人困惑的是，虽然她不断地使用"真实世界"（true world）这个短语，但她却认为，"真理"（truth）对应于科学所追求的可以感知的事实。下面这段话很有代表性（1.57—65）：

> 以真理（truth）为最高标准的认知活动，必须从我们通过感官知觉所了解的表象世界中获得标准，来自感官知觉的证据是自明的，也就是说，它不会因为争论而动摇，只能由其他的证据取代。拉丁语"perceptio"的德语翻译……清楚地表明，真理存在于感官的证据之中。但意义和追求意义的思考能力并非如此，后者从来不去追问某物是什么或它是否存在——它的存在总是被当

成不言自明的——而是追问它存在的意义是什么。在我看来,真理和意义之间的这种区分,不仅对任何关于人类思考本质的探索具有决定性的意义,而且也是康德关于理性和知性的重要区分的必然结果。可以说,康德本人从来没有思考过他的思想的这种特殊含义,事实上,在哲学史中也找不到对这两种完全不同的模式的清晰划分。……我们的求知欲提出的问题源于我们对世界的好奇,源于我们对呈现给我们感官的东西进行探究的愿望……但是,思考提出的问题(即意义问题,是由理性的本质决定的)都不能用常识来回答,也不能用我们所说的科学——精练的常识来回答。对于常识和常识推理来说,对意义的探索是"无意义"的,因为第六感的作用就是让我们融入表象世界,在五官呈现给我们的这个世界中感到泰然自若,我们身处其中,并不再发问。

"科学和求知追求的是无可辩驳的真理",她提出,真理有两类:理性真理(truths of reasoning)和事实真理(truths of fact)。在阿伦特看来,"事实真理""对于目睹它的人具有一种强制性,就像二加二等于四对于所有心智正常的人都具有强制性一样",而"理性真理或数学真理对于所有具有相同脑力(brain power)的人来说都是自明的"。她以一种神经科学家的权威口吻断言:"数学真理源于人的大脑",并评论说:

> 相比于我们的感觉和常识,以及被康德称为知性的常识之延伸,脑力并非缺少自然属性,并非不能在表象世界中引领我们。其最好的证明就在于下面这个颇为诡异的事实:数学推理是人脑最为纯粹的活动,由于它不考虑呈现给我们感官的所有属性,所以初看起来它似乎离我们的常识推理最远,但是,它却能在探索宇宙的科学中发挥巨大的解放作用。(1.60)

阿伦特提出,在感官的证据和大脑的指令之间保持一致是一种必然，没有人能够抗拒它:"真理是根据我们的感官或大脑的本质必须承认的东西"，而"必然性的对立面是……自由"。她承认，她并不否认思考对意义的探索与知识对真理的探索是相互联系的。事实上，"人之所以是一种能够提问的生物，就在于他能够提出无法回答的有关意义的问题"。（这里的修辞——将无法验证的假设和逻辑混乱的因果关系当成事实来接受，并以此为基础——让我们再次想起马克思的"德意志意识形态"。）"很有可能的是，"阿伦特继续写道，"人一旦失去思考意义的兴趣，并不再提出无法回答的问题，那么，人就不再能够创造我们称之为艺术品的思想作品，也不再能够提出任何可以回答的问题。"不过，认知和思考之间的差异要大于它们之间的相似，其中，认知"带来了知识的不断累积"。与之相反，思考并没有带来知识的累积，"所以，思考的需要永远不会为'智者'的睿见所消除"（1.62）。

在表达自己的观点时，阿伦特最常援引的是康德，但康德继续让她感到失望，这明显困扰着她。她写道:"康德最伟大的发现是区分了知识和思考本身，其中，前者将思考当成达到目的的手段，后者则产生于'我们的理性本质'，并以自身为目的，他不断将两者进行相互比较，从而破坏了这种区分。"她说，康德"担心他的观念会……变成'空想'（empty thought-things）"。由于这种原因，"他将我们此处所说的意义等同于目的，甚至意图……其结果是，理性追求特殊的目的，理性在诉诸其理念时有特殊的意图；促使人类思考的正是人类理性的需要及其对上帝、自由和不朽的兴趣。"但是，她总结说，"我们不必挑剔这位伟大思想家著作中的小矛盾。在上面引用的段落中还有一句话，与他将理性与目的相等同的观点形成了巨大反差:'纯粹理性实际上只关乎自身，除此之外别无他物。它不可能有其他使命'"（1.65）。阿伦特将此视为康德的最终立场。

很难说下面哪种情况更令人沮丧:阿伦特意识到她所援引的哲学家的思想存在很多矛盾，但却把自己关于思考的观念建立在她归之于这些哲学家的观点之上；或者她没有意识到她自己的科学观并不一致。我们必须相信，她所描述的心智生活至少是一部分人的心智生活，当然是很少的一部分。康德发现了思考和求知之间的差异（虽然他的前辈思想家也思索超越纯粹表象的"真实世界"的意义，但他们一定没有认识到这种区别），如果连他也不认为自己是如此思考的，那我们又怎能相信这一点呢？我们到底该相信阿伦特的博学，相信她呈现给我们的与她本人相矛盾的大量引语，还是该相信她的判断，即其中一些引语并不能代表作者的实际（这里可以用"真实"这个词吗？）思想状况？

说到科学，阿伦特的科学观完全建立在牛顿物理学（爱因斯坦之前的物理学）之上，更为重要的是，它还建立在生物学之前的科学之上。它天真地假定存在一个完全合乎逻辑的宇宙，"在那里"等待人们通过数学方法（脑力的产物）去发现——这确实反映了宇宙万物背后都存在创造性智慧，包括能够洞悉宇宙万物的人。我们在1970年代就已知道，物理宇宙并不是完全合乎逻辑的，用爱因斯坦的话说，数学"只要是确定的……就不指涉现实"（Einstein 1922, 28）。物理宇宙也不是一切。除此之外，还存在不可否认的生命经验现象，以及人类生活，这就意味着历史和文化的存在。这本书在提到黑格尔的历史哲学时简单地提到了历史，但并没有提到文化。即使在谈到历史时，阿伦特也没有考虑我们的科学观念、数学、心智本身都不可避免地具有历史性，在我们当前的语境中最重要的是，她正在谈论的哲学学科及其科学观也都是历史性的。她以一种教科书的方式来看待哲学——哲学被看成永恒的，完全独立于其创造者的生命而存在，它被动地反映（而非主动地投入）"真实世界"（而不是命题与感知相一致意义上的真理），因此，尽管哲学有时候被混同于有死之人注定要从事的其他活动，但从定义上看它是极有价值的，值得有死之人关注。

实事求是地说，哲学是值得我们关注的，因为当我们试图生产客观知识时，它能给"像你我一样的"有死之人提供思考规范。伟大的社会学家涂尔干接受的是哲学家的训练，这并不是一种巧合。这种规范首先表现为对自己的术语进行仔细界定，尤其是那些涉及讨论对象或焦点的术语。正如泰勒斯（Thales）已经发现的那样，如果没有这种仔细界定，争论就无法进行。只有当它们将自我暴露在矛盾中，并避免陷入这种矛盾时，争论才能进行下去，也就是说，不依靠其他力量而只凭借逻辑的力量获得说服力。如果没有对术语进行界定，这在逻辑上是不可能的。可悲的是，社会学家经常被提醒必须要注意定义的重要性。如果缺少逻辑规则，即使海量的数据库（最近很有名的"大数据"）也会变得陈腐无用。但更让人悲哀的是一个哲学家忘记了基本的专业要求：如果不对核心术语进行界定，我们就无法反驳一个人的观点；由不能反驳的命题组成的讨论不仅是陈腐的，而且是没有意义的——从逻辑上说，它们是无稽之谈。

在讨论意义时发生这样的事情，是很讽刺的，但《心智生活》就是这样。阿伦特一直没有明确说她的"意义"是什么意思。她反复告诉我们，意义是思考能力所追求的（1.57），这实际上是借助思想或思考来界定意义，反过来，思考又被定义为"对意义的欲求"，除此之外，她没有给读者提供任何指导。然而，似乎大多数时候，她认为哲学家追求的意义正是康德在那个有争议的段落中所说的"目的"或"意图"（意指宇宙或上帝背后的创造性智慧的意图），也就是终极的"生命意义"。这是形而上学的，其背后的问题不是"活着意味着什么？"也不是更具体的"作为一个人意味着什么？过一种人的生活意味着什么？"这些都是经验性问题，可以通过生物学描述或社会学描述来回答，而是"我们为什么在这里？生存和生活的正当理由是什么？"它们归结为一种神学，即苦难的正当理由，从而将我们带回到邪恶的问题上。这些问题并非无法回答；尽管它们很复杂，充满争议，但在我们基本的信仰框架内完全可以回答。一个有信仰的犹太人、基督徒或穆斯林会觉得它们无法回答吗？不会。

阿伦特和生活在我们这个没有信仰的时代的每一个人所面对的问

题不是这些问题无法回答,而是我们不想接受显而易见的答案(即对于一个坚定的无信仰者来说,答案是显而易见的):除了我们(在我们所处的不同时代和社会)赋予它的意义,生活没有其他意义。宇宙背后没有创造性智慧——这是没有信仰的人最坚信的,由于这个简单的原因,它背后也不可能有意图或目的。根本没有。如果这样,苦难也没有正当性。我们不能从经验或逻辑上证明上帝不存在,不能在经验或逻辑上被证明,这一事实对我们的这种信念几乎没有影响,就像无法证明上帝的存在对信徒没有影响一样。在我们的基本信仰范围内暂停批判性判断是心智健全的必要条件。一个人最多能做的是意识到自己的信仰,不要把它们和批判性思考得出的结论混为一谈。对于一个想要理解心智生活的学者来说,这种对理性的局限的认识和对它的接受都是至关重要的。但这两点看来都没有在汉娜·阿伦特的脑海中出现过。

在追求意义方面,哲学和社会学之间的分歧最终是方法论问题。我们中的一些人认为,意义是通过思索(Speculation)(阿伦特说的"思考")发现的,一些人认为,意义是通过对经验现实的检验发现的。但我们想要把握的始终是经验现实,即我们的经验。我们都有理解人类境况的兴趣,都想搞清楚它到底是怎么回事,都想确保自己的苦难不是毫无意义的,不是只对孤苦无告的人自己才有意义。我们都想找到这种意义上的意义。但我们发现,宇宙背后并不存在创造性智慧,像生命和人这样的现象是短暂的、没有目的的,它们不是镶嵌在永恒的物质世界中,而是有一个明确的开端,从其内在规律来看,它是由一次几乎不可能发生的意外造成的,我们作为一种追求意义的生物,正是在生活的过程中赋予其意义的。除了我们赋予生活的意义,并没有其他意义等待我们去发现,这就意味着,韦伯式的社会学方法是我们获取这些意义、了解并有意义地谈论它们的唯一方式。

通过建构这些临时的意义,"像你我这样的人"就可以忍受苦难了——不是所有的苦难,这是真的。有些情况(比如大屠杀)依然超出了意义的范围，由于这种原因，我们倾向于将它看成绝对恶。非常明显的是，苦难从来没有出现在《心智生活》中。阿伦特由艾希曼审判将恶的问题带入讨论，她详尽讨论了古希腊的观念——死亡是最大的恶，以及古罗马的观念——恐惧是最大的恶但她从来没有将恶与承受恶联系起来，而是将它呈现为同样没有界定的善和美的对立面，呈现为"卡喀亚"（kakia）和"坏"（bad）。这种隔岸观"恶"的方法或许可以解释阿伦特为什么对可以通过经验获取的意义没有兴趣。

阿伦特的心智观念在第一卷第九章中得到了充分体现，它的开头是：

> 思考、意志和判断是三种基本的心理活动，它们不可能互相派生……也不能归结为一个共同的特征。对于"什么东西让我们思考"这个问题，除了康德所说的"理性的需要"（即这种能力借助思索得以显现的内在冲动）外，最终并没有什么答案。这种情况差不多也适用于意志，它不会为理性或欲望所动摇。（1.69）

她继续说，这些活动之所以是基本活动，是因为它们是"自主的"，这"意味着它们不受条件制约；不管是生命的境况还是世界的境况，都不能直接与它们对应起来"。她补充说，这些心理活动的"主要特征""是它们的不可见性……它们从不显现"（1.69—71）。

因此，心智不仅是"处理超感觉对象的器官"——正如我们已经知道的那样，而且它本身也属于"超感觉"，它无法通过经验来理解，是不可"认知"的。阿伦特假定心智由三种本质上互不联系的能力组成，它们不仅相互独立，而且独立于生命中和世界上的一切事物（这里的"自主"意味着比通常情况下更多的东西）。那么，她是怎么知道的呢？

这三种基本能力的独立性给心智观念带来了问题。它在何种意义上是一个有意义的整体？它当然不是由系统性的、相互关联（相互依存）的要素组成的。但是，如果这些相互独立的能力或活动之间没有什么共同之处，那我们就无法谈论"心智生活"。每一种能力都是独立的，每一个都可以单独讨论。这些讨论组合起来的方式就像专业性的百科全书，就像讨论一类事物时常见的那样，但这种组合没有逻辑必然性，它们完全是互不影响的。这可以解释《心智生活》为什么没有一个总括性的论点，而且结构松散，但也带来一个问题：阿伦特为什么要写这本书？她是否希望这本或许将成为她最后著作的书成为一种汇编——关于一些哲学家的有关心理能力的观点的汇编？

《意志》更像是这样一种汇编，它给人一种强烈印象，即它并没有事先规划，而是为了应付吉福德讲座的要求而写的。与《思考》不同，它没有题记（整本书的两则题记都在《思考》中）；它的导论非常简短，也没有解释阿伦特为什么会对这个主题感兴趣；而且，正如前面提到的，它没有争论。它的结构大体上是按时间先后顺序编排的，它以海德格尔结尾，而不是从海德格尔开始。在其他方面，它与《思考》类似：引述同样的权威著作，表现出同样的博学，同样缺少原创性和逻辑。

《思考》中关于意志独立于理性和欲望的只言片语向读者预告了《意志》的讨论内容。阿伦特在导论中说，哲学家们认为与意志相关的主要概念是自由，它论述道："自由行动的试金石一直是，我们意识到我们也可以不做我们实际上已经做过的事……看起来，意志比思考拥有更大的自由，因为即使最自由、最大胆的思考也不能违背矛盾律。"（2.5）（这里的思考还是指西方的哲学思考。）几页之后，她没做任何说明就用"意志行动"（willed act）代替了"自由行动"（free act）："意志行动——假设它源于自由意志——可以界定为那些我们知道自己也可以不做的行动。"（2.14）意志"变成"了自由。在阿伦特看来，意志是自由的，指的是一个人可以随心所欲地做任何事情，随后的讨论围绕这个问题展开，即这是否真的可能，相反的观点被认为是对自由意志的否定。古代哲学家没有将自由意志等同于自由，这一事实使阿伦特认为——她一直依赖现代的解释——他们根本没有意志概念，这个概念直到基督教时代才被"发现"，显然主要是在对意志的否定中发现的。

阿伦特怀疑意志是"人类自由的所在"（2.19），并提出将其视为"关于将来的能力"的可能。她显然更认同后者，并写道："意志如果真的存在的话……那它显然是我们用于将来的心理能力，就像记忆是我们用于过去的心理能力一样。"（2.13）这是现代哲学的立场，"因为现代时期最重要的、全新的观念，即'进步'观念，作为人类历史的统治力量，对将来给予了前所未有的重视。"在"现代的最后阶段"，同时也是"真正的形而上学思想的最后时期"，"意志开始取代理性的地位，成为最高的人类心理能力"："在康德之后，将意志与存在等同起来突然成为一种时尚。"（2.20）

强调将来自然会集中关注海德格尔的《存在与时间》，尽管对这本书的讨论贯穿始终，但《意志》倒数第二章（2.172—194）还是专门讨论了海德格尔在《尼采》第二卷（"二战"后）中对尼采的重新阐释，讨论了他在1930年代的思想"转向"，这种转向"使他极力强调'不愿意'的意志"。这个令人困惑的历史故事——它让德国哲学传统中的意志概念变得更加面目不清——对于理解阿伦特的这本书是极为重要的。她写道：

> 在第一卷中，海德格尔按照尼采的方式解释尼采，而第二卷却明显使用了有所克制的辩论语气……转向最初针对的主要是权力意志。在海德格尔的理解中，统治和支配的意志是一种原罪，当他试图与自己在纳粹运动时期的短暂经历达成和解时，他感到自己是有罪的。

> 当他后来公开宣布——最早是在1949年，此时他已转向多年——自己的转向时，在更大的意义上说，他已经改变了对古希腊迄今的整个历史的看法，他首先关注的不再是意志，而是存在

第五章 阿伦特的"心智生活"

与人之间的关系。在最初几年里,这种"转向"针对的是人的自我专断(他在1933年就任弗莱堡大学的著名演讲中提出了这个词)……现在,它针对的是《存在与时间》里所谓的主观主义,以及对人的存在和存在方式的首要关注。(2.173)

看来,就意志而言,这些多重的转向使海德格尔将死亡看成"人类本质的最后救星",并把意志看成对这种本质的破坏。他将意志等同于"渴望继续存在""坚持不懈",以及人"坚持自我"的强烈欲望。(2.193)

关于心智生活的余论

阿伦特为什么会对哲学家有关心理活动的碎片化历史感兴趣?不管对于其他人来说,这一问题的答案是什么,对于一个社会学家来说,有关《心智生活》的一个最重要的问题依然是:是什么促使阿伦特写下了这本不伦不类的书(不仅没有原创性,存在逻辑缺陷,而且彻底离开了她的读者期待她做出评论的政治领域)?从根本上说,这是一个知识社会学问题,像所有社会学问题一样,它是一个经验性问题。它的答案必须到阿伦特的心智生活中去找。

与阿伦特的观点不同,心智是一种经验现实:它无疑是一种经历,因此是可以研究的。虽然它不是一个器官,但却是一个复杂的、动态的系统,在此意义上,我们才说它拥有一种生活(life)。正是通过对临时的、不断变化的(韦伯式的)意义的关注,我们才开始理解和领会心智生活。因为这种生活(与其他生活一样,是一个过程)完全是由对意义的处理和建构组成的。将对经验现实的关注等同于动物的认知过程,认为它们都受制于感官知觉,是对"两个世界思想"这一古老权威的盲目而轻率的认同，也是对心智（首先是一个人自己的心智）的巨大创造能力的否定，因而也是对自由的否定。稍做自我审视就能清楚地发现，我们关于世界的大部分知识是由我们的心智而不是我们的身体（大脑，不管它有什么力量）产生的，在绝大多数情况下，我们通过身体感官感知到的东西，取决于我们心智的暗示，而不是相反。正是心智使我们集中注意环境中的某些刺激，而在大脑中屏蔽掉环境中实际存在的大部分刺激，比如毫不相干的噪音；我们倾向于只感知那些我们以为存在的东西。我们的信念反映了我们分配给我们想要了解的世界的不同组成部分的意义。阿伦特将对知识的追求与对意义的追求截然区分开来，而实际上，它们甚至都不能被划分为同一过程的不同阶段。

心智由意义组成——正是人类特有的（即动物没有）隐藏在行动和话语背后的意图，使符号与其所指之间的关系成为任意的，并从根本上将人类从动物王国的其他部分中分离出来。换言之，意义就是符号传达的可变的含义。"意义"的任何其他意义都是隐喻性的，都模糊了它的这种意义。从根本上说，意义既是象征性的，也是历史性的，因为每个符号的含义都随语境的变化而变化。人类的心理过程，即心智，就是由个体大脑所支撑的象征性变化过程。这使得每一种心智都成为一个自主的、具有创造性的过程。同时，共同存在于一个象征空间的心智又是相互依存的，因为即使是最有创意的头脑，其中的绝大多数符号（及其意义）也是来自外部的现成符号。这一共享的象征空间就是文化，它是一个过程，本质上是历史性的，通过个体思想的变化而变化。心智生活是文化性的、历史性的、象征性的生活，其每一步都离不开有机生命的支撑。

在心智生活内部，我们可以区分出特定的象征活动，其中之一是思考。思考与其他人类心理活动（它们都是象征性的）的不同之处在于，它具有"明确的"象征性——正是由于这种明确性，它使心智能够意识到自己的意识，也就是说，意识到它自身。"我思，故我在"——思考组成了思考这种心智能力。不管是从逻辑上还是从经验上看,笛卡尔的假设"明显是正确的"。这是我们唯一能够确定的事情。要得出这些结论,只需要对既有权威稍做反思和怀疑就足够了。

意志在心智中发挥着仲裁作用,它决定在符号多种可能的意义中到底选择哪一个。根据定义,意志行为是主观的、有目的的行为:正是在这种意义上,意志(从定义上看)是自由的。但是,这种自由与一个人可以随心所欲地做任何事的自由几乎没有什么共同之处。顺便说一句,古代哲学家是有仲裁意义上的意志概念的(阿伦特认为他们完全没有意志概念)。的确,如果像亚里士多德这样的对每一种经验事物(每一种经历)都充满内省与敏感的人缺少意志概念,那将是非常令人费解的,因为,即使大多数意志行为都是无意识的,都没有被明确地思考过,但我们也能感觉到(从而体验到)它们是我们想要的。事实上,没有感觉到这一点是精神分裂症的症状。因此,我们在思考时所处理的意义必然是由意志调解的;这些活动并不是相互独立的,甚至也不是自主的。心智和文化的象征现实的确是自主的,但所有人类心理活动都遵循这个现实的规律。

思考和意志都受身份的制约——这是一个阿伦特没有提到的心智生活中的核心要素。身份是指个人在象征领域中的位置,它在意志所仲裁的众多意义中进行选择和排序。作为自我的一个重要方面,它与特定的文化环境有关,并将这种环境的影响印刻在一个人的思想中——塑造一个人的态度,鼓励对某些陈规陋习进行怀疑和改造,并影响一个人提出的问题及给出的答案。阿伦特的身份(以及借此表现出的德国文化)在她的心智生活中起到了至关重要的作用。

在现代科学于17世纪的英国出现以前,不只是宗教思想家(这样的人不会自称为"爱智者"),而是所有哲学家都认为自己参与了科学对话,他们都想理解经验现实。到18世纪学术体制(以及相应的哲学教授职位)在德国形成以后,这种情况发生了改变。我们其他国家从德国引入了哲学学科。学科化以前的哲学家必须跟上科学发展的步伐,他们也的确做到了这一点。而学院化的哲学家则没有这种必要,也没有做到这一点。这自然造成了颇有争议的哲学的落伍。

就形而上学和认识论的核心领域而言(也就是阿伦特的《心智生活》所涉足的领域),它们的问题——不仅指它们提出的问题,而且指它们无法为这些问题提供任何答案——始于它们对生物学的无知。生物学之所以重要,有两个原因:第一,人是一种动物。虽然我们对人的很多认识(或思考)不能简化为这个基本事实,但我们的所有认识(或思考)都必须与它保持一致。缺乏有关动物性的最新知识,是理解人性中无法借由人性来解释的动物性部分的重要障碍。超越人类生物学之上的有关人类的知识,如果想要可靠(思考如果想要不沦为"空想"),那它只能开始于生物学结束的地方。为了确立这至关重要的一点,我们必须从比较人类与其他动物开始。这种比较使我们能够解释心智,并将我们的注意力集中在心智的核心过程及其相互依赖的性质上。

第二,与这种经验知识同样重要的是,自达尔文的《物种起源》问世以来,我们的基础存在论发生了巨大变化,此后生物学的惊人发展也不断证实了这种变化。因为自然选择进化论清楚地表明,两个世界的思考方式既不必要,也没有用,而不管是阿伦特认为的"我们的"哲学传统,还是她自己的思考,都以此为基础。像所有传统一样,它是一种历史现象,可以追溯到2500年前,现在早已失效了。只要继续在这个框架内思考生命,理解就无法前进,生物学就仍然是纯粹描述性的:生物学现象要么被还原为物理、物质现象,这在逻辑上是行不通的,要么被认为是某种超越经验的抽象的生命活力。达尔文证明了生命具有自主性,按照自己的有机规律进化,这种规律不可化约为物质现实的规律,但却与其完全一致。这使得"两个世界"变得与生命现象无关,使我们有可能构想出一个完全不同的本体论。

第一个认识到达尔文革命对思考心理现象的意义的是涂尔干。他关于社会事实(即思考方式和行为方式)类似于生物事实的早期观点遭到了误解，被视为生物还原论。然而，他的观点是，心智现象与生命现象一样——用后来出现的术语来说——属于现实的"浮现"层，它不能被化约为在其之下的层次，却与它保持一致，并取决于它。很难说韦伯是否也意识到了进化论超越了有2500年历史的"两个世界"的思考方式，使它对理解经验现实毫无用处。但他也把心智领域当成自主的——明显与生物世界或物质世界相关，却不能化约为后者。

作为一名出色的哲学系学生，阿伦特学到要把科学当成不相干的东西。但是，她之所以抗拒早在她年轻时就已经发生的有关思考的最为深刻的转变，忠实于在她大学时期就已经完全脱离经验的带有民族偏见的传统，却是出于更加个人化的原因。她完全是德国文化的产物，也就是说，与韦伯之类的人不同，她对德国文化的各种矛盾不敏感，不能抵抗它的主流趋势。她借以认识自我的文化是极度反犹主义的。但她自己碰巧就是一个犹太人。她不喜欢自己身份中的犹太元素，不断试图淡化它，并在自己的头脑中、在持续的身份建构过程中强化其德国元素。哲学是一门非常德国化的学问（恩格斯说过，"德国人"把他们伟大的哲学家的名字"当成他们国家的荣耀"，德国人的荣耀是从"哲学"开始的[1]），远远超过了心理学或精神病学。卡尔·雅斯贝尔斯是阿伦特的老师和忠实的朋友，但他的精神病学洞见并没有出现在《心智生活》中，这非常引人注目。阿伦特的恋爱经历也反映出类似的偏见：很明显，她发现自己很难被犹太男人吸引，而总是被德国人打动。（人类的性吸引不同于动物，它是一种意志行为，因此与一个人的身份直接相关。这就是为什么我们经常发现那些有魅力的人在我们自己的文化中才有魅力。）德国最有名的哲学家对她产生了欲望——还有什么比这更能确证她的德国性呢？面对海德格尔的撩拨，阿伦特坠

---

[1] 1843年为一个欧文主义者的出版社所写的英文论文。*Marx-Engels Collected Works*（International Publishers, New York/ Progress Publishers, Moscow, 1976, vol. 3, 406）。

入爱河。可以说，他仍然是她生命中的中心人物，剩下的是历史，主要是大屠杀历史。她爱上的男人不仅加入了无可辩驳的邪恶势力，还与之合作，这表明她的爱是一个严重的判断错误。她明白，这与她对自己的犹太人身份的拒绝有关：显然，她在拉埃尔·瓦恩哈根身上看到了自己的影子，这是她第一本书的主人公，这本书的副标题是"一个犹太女人的生活"。这本书的出版拖延了20年，可能是因为她意识到，将这一错误归咎于德国犹太人的不可能处境——这使他们憎恨自己——仍然是一种判断错误。最好是向世界和自己证明事实并非如此。这就需要为海德格尔辩护。

很有可能，阿伦特在《极权主义的起源》中就开始这么做了：她认为这种现象是史无前例的，苏联（阿伦特对之所知甚少）和德国提供了两个例子，这实际上已经洗清了德国文化和德国知识分子的罪责。而在《艾希曼在耶路撒冷》的论述背后，这一点是确定无疑的。也许，阿伦特希望艾希曼的平庸足以证明，像海德格尔这样与他截然不同的人，根本不可能行恶。然而，"平庸的恶"概念似乎更多地淡化了恶行，而不是作恶者。此外，将一部分责任归咎于受害者也使她引火上身——这遮蔽了有关"平庸的恶"的争论，使它缺少说服力。因此，在65岁的时候，阿伦特在《心智生活》中遇到了这个问题。她决定解释为什么一个致力于寻找意义的哲学家不可能是邪恶的，为什么值得被爱。但这并没有奏效。

心智生活远比《心智生活》一书教给我们的丰富得多。阿伦特始于《拉埃尔·瓦恩哈根》、终于《心智生活》的著作为此提供了一个有力的证据。

（陈国战　译）

参考文献

Arendt, Hannah. 1979. *The Life of the Mind* (two-volume edition). New York: Harcourt Brace.

Baehr, Peter. 2010c. *Hannah Arendt, Totalitarianism, and the Social Sciences*. Stanford, CA: Stanford University Press.

Bloch, Marc. 1953. *The Historian's Craft*, 60–65. New York: Putnam.

Durkheim, Emile. 1982. *The Rules of Sociological Method*. New York: The Free Press.

Einstein, Albert. 1979. *Albert Einstein: Autobiographical Notes*, 7. Translated and edited by Paul Arthur Schlipp. La Salle, IL: Open Court.

——. 1922. "Geometry and Experience." In *Sidelights on Relativity*. trans. G. B. Jeffrey and W. Perrret, London: Methuen & Co. Ltd, p. 28.

Swedberg, Richard. 2010. "Thinking and Sociology." *Journal of Classical Sociology* 11 (1), 1–19.

Weber, Max. 1978b. "Basic Sociological Terms." In *Economy and Society*, edited by Guenther Roth and Claus Wittich (two volumes). 4–63. Berkeley: University of California Press.

第二部分

主题

第六章 阿伦特论思考、人格和意义

菲利普·沃尔什（Philip Walsh）

导论

汉娜·阿伦特一直对人类的思考能力抱有持久的兴趣。无论是她对极权主义意识形态对人类思考之破坏作用的观察，还是她在《人的境况》一书前言中提出的"思考我们正在做什么"的紧迫建议（1998，5），以及她后来对阿道夫·艾希曼不能思考的反思，都证明了这个话题对她一直具有重要性。但是，在她的早期作品中，这个兴趣只从属于她对政治和人类行动的关注，而在她后期的作品中，思考本身显然成了她的一个关注点，最终产生了一系列讲座，并在此后被整理成文收入《责任与判断》中（2003a）。同时，这部分内容也构成了《心智生活》（1979，未完成）三部曲中的第一卷。值得一提的是：为什么社会学家们要关注阿伦特著作中的这部分呢？毋庸置疑，心理活动的理论是心理学家、哲学家和认知科学家的研究领域，其社会学的意义是有限的，或者只是对研究社会行为起到一点微弱的辅助作用。但这样的回答忽视了社会学家长期以来对内心生活的思考，也忽视了更近一些关于心智活动的理论,这些理论在社会学家当中,尤其是在批判的现实主义者当中具有特别的重要性。批判的现实主义者极力主张心智能力概念的重要性,认为它是社会学内一般地理解人格的必要条件(Smith,2013)。他们强调反思性和内心对话的能力(Archer,2003,2007,2012),认为任何心理活动理论都不可能被置于社会学范畴之外,因为这些活动本身就是在社会的中介作用下实施的,而且也是社会行动的根基。如果我们同意这些主张的话,那么阿伦特的心理活动理论当然应该受到社会学家的重视,因为她对心理活动的结构,特别是思考能力提供了一种更具创造性和广泛性的解释。本章讨论了阿伦特在她的一般心理活动理论背景下对思考现象的探讨,这些探讨主要呈现在她去世以后编辑的论文集《责任与判断》中。虽然她的这些文章预告了一些出现在《心智生活》中的主题,但其实它们与她的早期著作有着更为紧密的联系,并且在某种程度上避免了在后期著作中由于哲学负担而导致的观点上的模棱两可。本文的第一部分介绍了《责任与判断》一书的相关背景,特别就阿伦特主张将思考与道德行为联系在一起的具有争议性的观点进行讨论。接下来的部分会探讨她关于思考活动的更为概括性的结论,同时本文以阿伦特思考理论对近期有关心理活动的社会学理论的影响作为结尾。

思考和道德

1961年,汉娜·阿伦特出席了在耶路撒冷举行的对阿道夫·艾希曼的审判。她的报告最初是作为系列文章在《纽约客》发表的,后来集结出版了《艾希曼在耶路撒冷:一份关于平庸的恶的报告》(1963a)这部极具争议性的著作。正如朱迪思·阿德勒在本书中所指出的,这本书几乎触犯了所有人,但阿伦特的核心主张是:艾希曼的行为源于不能思考，源于他执意拒绝去思考"他正在做什么？"。这一观点已然成了学术和政治评论家们争相讨论的话题。她对艾希曼的"平庸的恶"的描述，遭到很多误解，引起了一场轩然大波，这注定了这本书将作为永久的争议而存在。

事实上，已经有三代人参与评价阿伦特对艾希曼的这一充满争议性的描述，但在大多数情况下，他们并没有去关注阿伦特在她的"报告"之后又是如何发展了她对艾希曼的思考，如此也就使得提炼其核心思想变得愈加艰难。然而，正如这些后来的著作所表明的那样，阿伦特用艾希曼的案例所提出的主张非常不同于"平庸的恶"的假设。她用她从艾希曼的案件中得出的推断，去表明思考能力是与合乎道德地行动的能力，或者至少是抵制不道德行为的诱惑的能力相关的。阿伦特的麻烦是，对于这个假设，艾希曼并不是一个完美的案例。正如阿德勒所示，阿伦特对艾希曼的描述，是基于对艾希曼在阿根廷那段时间的相关材料的不充分掌握，而艾希曼出席审判的表现也只是他行为轨迹的一小部分而已。艾希曼确实比阿伦特所描述的更为残暴，更为不平庸得多（Stangneth，2014）。

但是我们暂将阿伦特对艾希曼的见解的不足之处搁置一边，阿伦特也用这个案例提出了关于道德的主张，这些主张最适合用社会学术语来理解。她认为，20世纪中叶困扰中欧的恐怖事件不仅引发了涉案者的道德危机，而且对道德制度本身也产生了影响。这么多普通的德国人为什么如此轻易地摆脱了最基本的道德约束？阿伦特认为，令人不安的事实是："不是在罪犯那里，而是在普通人那里，道德瓦解为一套纯粹的习俗——一些可以被随意更改的礼仪、风俗、传统。只要道德准则是被社会接受的，那么这些普通人就做梦也不会想到要去质疑那些教给自己的信仰。"（1994c/2003，54）阿伦特尝试解释这一事实，这个尝试使她做了一项很大程度上独立于艾希曼个案的调查。

因此，阿伦特在道德与思考之间所建立的假定性关联，源于她对道德作为一种社会制度的反思。这些反思在1965到1966年间在新社会研究院开设的讲座中得到最全面的发展,后来也作为她离世后重新编辑出版的著作《责任与判断》中的一个核心章节(题为《论道德哲学的若干问题》)。这个章节并不关注道德哲学本身,而是关注道德哲学家们试图去解决的问题,这些问题并不只是"哲学的",而且对日常的普通道德也至关重要,后者在纳粹夺权之前被认为是理所当然的——至少在阿伦特这一代德国人看来是这样。事实上,阿伦特强调,正是这种道德的理所当然的品质,才使其在纳粹统治下的颠覆如此令人震惊。

尽管很少给出明确的答案,但就这篇文章所提出的许多有关道德的问题而言,文章的标题还是切题的。通篇来看,阿伦特强调道德对人类行为的影响的不确定性,强调哲学家对道德的根源和意义的分歧认识。同时,她提醒要注意的是道德模范或人格的存在,以及对与错必须有超越日常规范之外的更坚实基础这一普遍认识(50)。她指出,她的这些观点的灵感部分来自这样的事实:在纳粹夺取政权之前,大家将道德理解为一套固定的分辨善恶的基本原则,这种观念似乎是如此根深蒂固。她问道:"多么奇怪而令人震惊","突然之间,过去我们用以形容这些东西的那些词语本身——起源于拉丁语的'道德'和起源于古希腊语的'伦理',不过意味着一些约定俗成的惯例和习惯而已"(50)。

这导致阿伦特在文章的开篇部分考察各种用来维护或者提高道德的学说。这样的学说主要分为两类:宗教性的和哲学性的。历史上,宗教为支配人们日常生活方式的规范体系提供了最有力的基础,这个基础被赋予了服从的约束力:"对人而言是善的东西的强制性特征源于上帝的命令。"(66)阿伦特在其他著作中也强调了对地狱的恐惧是启示宗教的权力结构中的一个有力因素(1993a,133)。她也伴有疑惑地推测这种强大的约束力的解除对人类欲望和意愿所产生的影响。借鉴尼采的观点,一个上帝已死的社会,已经摒弃了某些前几代所采取的理所当然的制约。[1]然而,在宗教不一定完全消失但却只成为一种完全私人化事务的情况下(1994c/2003,64),世俗现代性[2]只不过是将我们带回到古代将道德理解为独立于宗教约束之外的人类事务的情境之中。这也是为什么在康德之后,道德哲学重新获得了下面的话语角色,在这种话语中,道德问题被处理和理解为人际关系问题,而不是人和神的关系问题。虽然阿伦特并没有否定作为人类社会之持续特征的宗教的重要性,但是她指出,对于理解纳粹主义统治下的道德崩溃而言,这种重要性"几乎为零",因为在这种情况发生的时候,宗教"几乎没有发挥任何作用"。(63)这不是因为基督教的信仰结构具有任何特别的弱势特征,而是由于宗教的力量是通过命令——服从关系来规范道德,而这种力量早在给德国带来道德危机——阿伦特关注的就是这个危机——的事件发生很久之前就已经衰败。的确,她似乎接受这样的事实:到19世纪末期,在一些世俗化的国家社会中,常规的责任标准、法治和社会信任已经相当成功地制度化,并且与那些将社会契约基于宗教约束的国家相比,它们并不和国内暴力(Intrastate violence)、犯罪或人际敌意存在更多的显著关联。[3]尽管魏玛德国面临独特的社会秩序问题,但人际伦理占主导地位的准则仍是牢固的,或者说至少没有低于周边国家,尤其是法国。

因此,日常道德的习俗特征与道德哲学在现代世界中的重新出现,皆是世俗化的特点。康德之后的道德哲学和传统道德都避开了将

---

[1] 阿伦特可能认为世俗化已是不可逆转,但1979年的伊朗革命已经证明并非如此,并且有人认为,随着宗教信仰的全球复苏,世俗化的社会已经变得更加不规范。(参见伯杰,2014,x)

[2] 阿伦特关于世俗化的叙述是模棱两可的。一些地方,她似乎认为它只涉及宗教从公共生活中的隐退以及在私人领域的延续。在有些地方,她似乎又把它与信仰的真正变革联系在一起。

[3] 然而,国家之间的暴力冲突是另外一回事。阿伦特并不认为国与国之间的关系受道德规范的支配,而是受政治上的考虑所控制。

服从作为道德行为的核心的观点。然而，两者都保留了义务的核心作用。在《论道德哲学的若干问题》一文以及《责任与判断》中的另外一篇关键性论文《思考与道德关切》里，阿伦特对此有更为详尽的阐述。从哲学角度，阿伦特把关于义务原则的最充分的哲学表达，即康德关于道德法则是对所有理性人的约束这个定义，当作是强制性的，且与其蕴含的自主原则相冲突。在日常生活领域，她也认为，在纳粹统治下，义务在将公然不道德的行为合法化方面是极富成效的，就像它（义务）在魏玛统治下对传统道德产生的功效一样。作为义务的习俗道德由随后的一套规则构成，而阿伦特认为，纳粹德国统治下数量惊人的人显然可以用一套规则（"你应该杀人"）取代另一套对立的规则（"你不可杀人"），而这不会比重新制定一套新的餐桌礼仪规则困难多少。这是她从艾希曼案例中获得的核心观点：许多人毫不费力地接受了与他们以前认为理所当然的道德规范截然相反的一套规范。

鉴于阿伦特对艾希曼以及纳粹时期普通德国人所做出的强有力且有争议的主张，我们有必要回顾一下阿伦特对它们（这些主张）的最初解释。阿伦特从来没有主张说，每个人都接受了对普遍道德的颠倒，并且阿伦特明确否认艾希曼就是普通人的代表。她也没有接受与丹尼尔·戈尔德哈根（Daniel Goldhagen 1996）最密切相关的论点，即这种颠倒是德国所特有的。[1] 相反，她指出，许多人自称接受新道德是出于恐惧，或者因为他们认为这是政治上的权宜之计，或者是因为它可以增进他们的事业。还有一些人这样做是因为这使他们有机会做他们明知是犯罪的事情。1963 年 12 月 20 日到 1965 年 8 月 19 日期间法兰克福审判的被告，是与此相关的首批案例，并且阿伦特在《审判奥斯维辛》（也包含在《责任与判断》一书中）一文中对此有详尽论述。这些

---

[1] 齐格蒙特·鲍曼认为，这样的立场会使人在以下两种想法之间产生误导性的两极分化，一种认为大屠杀是反犹主义暴力的一次"正常"扩大，这种暴力已经在欧洲出现了好几个世纪；另一种认为大屠杀引发了一次"野蛮行径"的"独特""高潮"。在种族灭绝文学中仍然普遍存在的两极化，在处理大屠杀遗产方面没有那么有用。

被告完全意识到自己的"怪异行为",这也主要表现在他们在法庭上的"怪异而又执迷不悟的、带有攻击性的行为"(1966a/2003,227)。那么,阿伦特所关注的只是人群中相当特定的一部分人群,这些人不假思索地接受了"新道德",他们既不是常规人群但也不那么例外。这些人属于特定的一类人(艾希曼实际上不能算其中一个),这些人

> 不是普通的罪犯,毋宁说他们是些非常普通的人,他们带着或多或少的热情犯下罪行,原因只是做了别人告诉他们要做的事情。在他们中间,也有那种普通罪犯,他们可以在纳粹制度下做他们一直想做而又不受惩罚的事情;尽管虐待狂和性变态者是这些审判中公众关注的焦点,但在我们的讨论中,我们对这些人并不感兴趣。(1994c/2003,59)

脱离了阿伦特对另一组行动者——他们在纳粹德国道德崩溃的情况下未受沾染且没有犯下任何罪行——的思考,就不能正确理解这些洞见的意义(78)。她写道,这组人的"良知"

> 并没有感觉到一种义务,而是按照某种自明的东西而行动,即使这些东西对周围的人不再是自明的。因此,他们的良知,如果还是其曾经之所是的那样,就不具备义务的特征,它说"这个事情我不能做(I can't do)",而不是说"这个事情我不应该做(I ought not to do)"。(78)

这么说来,这些行动者并没有受到他们与他人的关系的约束(以一种义务感的形式),而是以一种善恶"自明"的形式,来约束他们与自己的关系。阿伦特通过拉丁语、古希腊语和法语中体现的良知与意识之间的原始语义交集来强调这一点。这表明在"认识自己"和"分辨善恶"之间存在独特的统一性,与之相反的则是分离的道德能力的观念,以及道德联系于意志和对于义务的回应的观念。她以同样的思路对比了强调以自我关系(self-relation)为道德核心的道德思想家

（如苏格拉底和康德），与那些强调与他人之关系的道德思想家（如拿撒勒的耶稣和圣弗朗西斯）。在总结她对那些在纳粹统治下设法避免道德败坏的人的思考时，阿伦特指出，

> 我们可以称［这些人］为道德人格，但到后面我们就会明白这近乎是在同义反复；做一个个体的人（being a person）与仅仅做一个类意义上的人（merely being human），其特征是不同的，前者不属于他们天生所具有的可以使用甚至是滥用的个体特征、天资、才能或者缺点。一个个体的人格特征恰恰就是他的"道德"的特征。（79）

那么，人如何"成为一个人"呢？正是在回答这个问题的时候，思考的能力来到了前台，而阿伦特对此最充分的思考出现在《心智生活》的第一卷。她在此书中所举的主要例子是苏格拉底。她告诉我们，她选择苏格拉底，并不是因为他作为哲学家的名声，而是他是"既没有把自己算在大多数人的行列之中，也没有把自己放在少数人之中"的人（1979，1.167）。他不过仅仅是擅长思考的"众多公民中的一个"。但是阿伦特认为，苏格拉底并不是为了获得智慧或知识而去思考，或者为了影响他周围人的行为而思考。"苏格拉底的对话都是质疑性的习练，讨论要么毫无结果，要么原地兜圈子。"（1.170）苏格拉底对作为一种目的本身的思考、而不是作为达到其他目的之手段的思考感兴趣（我们将看到，这对于阿伦特什么是思考的观念是至关重要的）。阿伦特认为，正是在思考活动中，我们把自己建构为人[1]，能够与自己的自我进行内在的对话。事实上，思考就是内在的对话，是通过与他人对话的相同（或类似）方式进行的与自我的对话。这可能与我们对思考的直觉相反——这种直觉常常使用视觉隐喻，比如内省或反思。然而，这个界定是符合关于思考的社会学解释的，在乔治·赫

---

[1] persons，注意不是human being。——译注

伯特·米德（George Herbert Mead）对"自我"的定义中，"自我"是"我（I）"和"我（Me）"之间持续的沟通行为，这个定义在社会学中仍然占据主导地位。[1]

然而，苏格拉底也显然是一种"道德人格"，他不愿意"为任何特定的信仰或教义放弃自己的生命——尽管他也没有（这样的信仰或教义），而只是为了审视别人的意见、思考它们并让对话者也做同样的事情"（1.168）。阿伦特还引用了苏格拉底的格言："对我而言，遭受不义比行不义要好"和"对于我来说，我作为一，宁可与大多数人不一致，也不愿与我自己不一致，与我自己相矛盾"。（1971b/2003, 181）这些听起来像是道德格言，当然也在宗教教义和道德哲学中产生了一定的回响。但在特定的、苏格拉底的意义上讲，它们的目的是指出这样的事实：会思考的人就是那些不得不跟自己生活在一起的人，这会对他们允许自己做的事情产生约束。相反，那些从来不思考的人，也从来不会直面自己，因而他们的行为也不受约束（他们"事实上已经做好了去做任何事情的准备"）（1994c/2003, 94）。因此，思考本身所固有的自我形成的过程，也是我们道德感的来源："道德规则产生于思考活动本身，它是我和我自己进行无声对话的隐含条件。"（93）但道德不是思考的预期功能；它是——正如阿伦特所说——（思考的）"副作用"。虽然"'思考的我'无论通过何种思考训练进行思考，自我——我们每个人都是这样的自我——都要小心谨慎，不要做那些使自己与自己合二为一、成为朋友、和谐相处变得不可能的任何事情"（1979, 1.191）。

总而言之，阿伦特反对道德源于与神的命令——服从关系或源于义务——无论是对他人（利他）还是对自己（康德的绝对命令）的义务——的观点。道德被缝合到思考——被理解为内心对话——所确

---

[1] 或者至少是主导模式的基础。诺伯特·威利的《符号自我》（1995）也许是对米德原始论述的最成功而又详尽的阐述。

立的自我关系中。这就是为什么"道德人格"这个术语是同义反复了;人格和道德是共同建构的,这也是为什么阿伦特认为"人类所做过的最大恶是由无人所作的恶",即

> 那些拒绝成为人[1]的人类[2]所为。在这个概念框架内,我们可以说,那些行恶者,他们拒绝去思考他们正在做的事情,同时他们也拒绝通过回顾去思考和记住他们所做的事情(即忏悔),这些人实际上已经不能把他们自己建构为某人(somebodies)。通过继续顽固地坚持做无人(nobodies),他们证明自己不适合与那些至少为人的他人——不管他们是好人、坏人或者冷漠的人——交往。(1994c/2003, 112)

这意味着人(persons)实际上能够选择去作恶(阿伦特以莎士比亚的《理查三世》为例),但非人(non-persons)(即无人,nobodies)却不能。选择作恶意味着事实上这个人是能够分清善恶的,而无人(nobodies)却拒绝把自己置于这样的立场——只有从这个立场出发,分辨善恶实际上才是可能的。因此,阿伦特的结论是:"大多数的恶行都是那些从来没有想清楚要做好人或者坏人的人所犯下的。"(1994c/2003, 180)当然,这不能成为为他们开脱的理由,但这个观点改变了我们为理解他们的行为而使用的判断类型。

我们应该如何评价阿伦特在思考与道德之间所做的假设性联系?在高等教育领域工作的人,考虑到他们的职业意识形态,他们很可能本能地对这个观点给予赞同:思考与道德行为有关。尽管如此,却很难找到很多证据。纳粹主义是——与阿伦特自己的分析相反——一个从德国整个社会基础中获得广泛支持的社会运动(Baehr 2010, 53)。作为一个社会阶层,德国的许多知识分子、公务员和文化媒介

---

1 persons,意为个体之人,下同。——译注
2 human beings,与个体之人相对的种类之人,下同。——译注

人都受过良好的教育，也许比当时世界上任何其他国家的人都更喜欢"思考"，但他们却纷纷投靠纳粹。这些人中值得注意的当然是1920年代提出了所谓的"重新发明思考"、也是培养过阿伦特的德国哲学家马丁·海德格尔，在1933年5月，他接受了弗莱堡大学校长职位并加入了纳粹党。

更具体地说，社会科学家解释极端道德风险情况下拒绝合作的人的行为时，更加强调情感或情景因素，而非认知因素。比如，根据费德里科·瓦雷塞（Frederico Varese）和迈尔·亚什（Meir Yaish）的说法，那些在第二次世界大战期间帮助犹太人逃离欧洲的人，他们那样做并不是出于明确的良知"自明"，而只是因为他们得到了求助（2000）。乔恩·埃尔斯特（Jon Elster）通过一个不同的视角即"动机"视角，认为耻辱和对耻辱的恐惧是理解道德的一个重要因素。来自一个人在一般他者眼中的道德立场的情感，是动机性因素的调色板的一部分，他认为这些动机因素是理解"行为规范"、包括道德行为的核心（1999，154）。克瓦米·安东尼·阿皮亚（Kwame Anthony Appiah）在他有关"道德革命"的一般历史论述中，也有类似的说法（2011）。他通过借鉴一系列历史事例，主张一种类似于"自我意识"情感，亦即激发"道德革命"的荣誉感的重要性。这些道德革命包括废除奴隶制，决斗的衰落和废除裹小脚。像埃尔斯特一样，阿皮亚认为，对同行评判或者"荣誉世界"的回应是至关重要的。接着，埃尔斯特和阿皮亚都收集了有说服力的证据，来证明道德和情感之间的联系，特别是耻辱和荣誉这样的"自我意识"体验。

我认为，虽然这些异议（还有其他可能被引用的异议）不会使阿伦特的假设无效，但是它们指出了它的一些缺点。我们将在后面看到，关于人们是否思考的证据是不可能轻易获得的，因为正如阿伦特所指出的，从本质上讲，思考是一个"无结果"的活动。虽然海德格尔的案例也有各种各样的问题，但阿伦特坚持认为，哲学思考并不是她感兴趣的对象，而且"非常聪明"的人很可能也和其他任何人一样不能思考。关于情景和情感在道德养成中的作用,阿伦特的确没有时间来考虑这样的问题,这也被视为她对人类事务的理解中的一个重要而持续的盲点。比如,她对团结(solidarity)而不是同情(pity)的偏爱,是通过类似于对后者的厌恶而得到阐明的,并在她有关革命和政治的著作中将这点明确地表达了出来。另一方面,耻辱和荣誉等社会情感并不一定具有它们的倡导者所说的那种解释力,因为它们没有固有的规范性效价(normative valence)。只有在作为一种制度的道德成为一套一致同意的实践存在于"同行圈"或"荣誉世界"的地方,耻辱和荣誉等社会情感才是有效的。但是,没有理由认为这样的世界不可能与我们所认为的道德行为相反的规范相结合,而这种颠倒正是阿伦特承诺要面对和解释的。瓦雷塞和亚什提出的"情景"观点也面对同样的问题,它们并没有告诉我们太多有关道德作为一种制度的东西,而只是谈论了有关人们对他人期望和现有规则的反应,以及可能被争取到的道德价值。

所有这些都表明,对阿伦特把思考和道德相联系的做法,不能进行非此即彼的简单化评价。一系列人类的能力,包括认知和情感,都可能与道德行为有关。但是,在阿伦特特别分析的两组能力之间,也不能做非此即彼的选择。的确存在拒绝思考的"无人",也存在将思考视为他们存在的中心的"道德人格"。但是大多数人毫无疑问都不属于两类之中的任何一类。这一点指出了这样的事实:阿伦特关注的是两个具有较为罕见的心理状况的群体,虽然在极权主义统治条件下,这两个群体具有极端的重要性。

何为思考?

在《思考》的导论中,阿伦特对她早期的研究结论进行了重新概括。她问道:"思考活动……能否成为让人们避免作恶的条件之一?或者实际上甚至能'使他们对抗恶?'"(1979,1.5)但是,到1970年阿伦特做吉福德讲座——《思考》所倚赖的正是这个讲座——的时候,她对思考的兴趣已经愈加明显地脱离了《责任与判断》中一些主要文章的道德框架,而更注重将思考理解为一种人类所特有的能力之一。阿伦特在她的《心智生活》的两卷中,用大量篇幅将智性活动作为一种独特的现象进行区分。这种方法让人想起她在《人的境况》[1]中,致力于将行动、制作和劳动作为不同的、人类独有的活动进行的区分。《心智生活》尝试以类似的方式将思考与意志以及判断区分开来,并主张它们彼此之间的不可化约性,或者它与其他一些更基本的智性能力或"大脑状态"之间的不可化约性。虽然这本书以探讨"思考"与"道德行为"之间的关系开始,但主要涉及的是"思考"的其他问题。它首先提出了什么是思考;其次提出最初是什么让我们思考。这些问题比它们看上去的要更加奇怪,因为在提出这些问题时,阿伦特脑海中已经有一些相当具体的看法了。在拓展到第二个问题"什么让我们思考"之前,在这里,我先以思考产生意义的能力以及思考相对于其他智性能力的独特性,来论述她"对思考的思考"。

《思考》开篇引自海德格尔的一段话,为阿伦特的研究搭建了平台:"思考不像科学那样可以产生知识;思考不能产生实用智慧;思考也不能解决宇宙之谜;思考不能直接赋予我们行动能力。"阿伦特做了进一步的补充:思考与沉思(contemplation)不同,沉思是哲学家和各种信仰招魂说的人的传统目标。思考也和冥想(mediation)不同。也许对大多数人来说最为出乎意料的是,阿伦特认为,思考和权衡(deliberating)也不是一回事,后者与世俗活动——制造或者行

---

[1] 阿伦特注意到,《心智生活》被理解为《人的境况》的姊妹篇。两者有明显的相似之处:这两本书都涉及人的能力,都竭力强调了它们的独特性和彼此不可化约性。两者都采用历史/现象学的方法,并且完全是后形而上学的,同时都是对当代人类科学中传统方法的影响深远的批评。

动——紧密相关,对此,阿伦特在《人的境况》中有详尽的阐述。然而,思考像权衡一样——也许与其他同源词不同——是一种在每个人的能力范畴之内、对每一个正常人而言也是可以即刻理解的"日常"活动。因此,她断言,"我们必然能够'要求'每一个心智健全的人发挥其思考的能力,不管这个人是多么无知或博学,多么聪明或愚蠢"(1979,1.13)。然而,她在《思考》中对哲学家与哲学的关注,似乎与这一观点很难协调,而她对思考作为一个日常活动的一些最精彩的见解来自《责任与判断》一书。在《思考与道德关切》一文中,她强调,"这种非专门技术意义上的思考,当然不是任何特殊人群,如哲学家或者科学家的特权——你会发现它在各行各业的人那里呈现出来,而且在我们称为知识分子的人中间可能又完全销声匿迹。不可否认的是,思考远没苏格拉底所以为的那么常见,尽管人们可能希望它比柏拉图所担心的要更常见一些"(1971b/2003,94)。

如前所述,阿伦特认为,思考是一个与自己进行对话的听和说的过程,并将苏格拉底引为这个活动的典范。阿伦特坚持认为,苏格拉底的思考与求真(truth-seeking)或行动不同。思考是专门指向意义的。恰恰是这种"无结果性"——拒绝服务于任何更进一步的目的——让思考产生意义。

> 期望意义产生真理,这意味着我们把思考的需求和求知欲望混淆一体。虽然思考可以而且必须在求知的尝试中被使用,但在行使求知功能的时候,思考已经不是其本身;它不过是一个截然不同的事业的婢女。(1979,1.61)

换言之,就像思考在"强化"人们走向合理道德行为中所起的作用一样,思考在求知中的作用是要依情况而定的。思考作为一种独特的活动并不能为任何进一步的目的服务。它并不是为求知服务,也不为合乎道德的行为服务。这使思考成为一项非常难以捉摸的活动。如果具体体现在认知或行动实践中的思考从来不是思考本身,那么我们如何才能将它看作独立于这些实践之外的一个真实的现象呢？阿伦特并不否认其难度（1979，1.167），但是她通过三份证据坚持认为，思考的实在性是可以被洞察到的：把注意力转向自己心智内容的那种普遍经验；由此导致的从时间、空间和身体意识中抽离出来——这种抽离使得人们摆脱日常经验之流；以及把相似现实归结为思考经验的倾向，这种倾向体现在支配哲学史的"两个世界"理论中。[1]

不管社会科学家会如何看待这个证据，除了最坚定的结构主义者（如史蒂芬·福克斯，参见 Smith，2013，258—259）外，很少有人会怀疑思考是一种真实现象。[2]通过本体学意义上二元对立的心智理论来解释这个问题，是没有问题的，在这个理论中，心理活动被公认为有一个第一人称的存在模式，同时这也解释了它是如何被误认为是一个"独立世界"的（参见 Searle，1998，42）。阿伦特所述问题的困难，就是难以将"纯粹的"思考从认识、理解、考虑或任何其他与思考交织在一起的智性能力中分离出来，通常也很难分清谁从属于谁。关于一种脱离任何主观兴趣或关注的纯粹思考的想法，似乎违背了阿伦特许多其他作品的要旨。[3]还应该注意到，当阿伦特把苏格拉底阐释为对真理问题毫无兴趣而只对探索过程、特别是说服过程的意义感兴趣的时候，她也没有试图把（思考）这个概念具体化。但阿伦特不需要以强调"纯粹"思考的实在性突出其最主要的观点。很简单，我们不需要存在于纯粹形式中的思考或超验推断的实例，来分析性地区分思

---

[1] 笛卡尔对世界现实性的怀疑和海德格尔对表象与本质的区分被引为例子。但阿伦特并没有否认经验的真实性，因为"在这里，思维的我（thinking ego）的经验被转化为了事物本身。因为没有东西可以既是它自己，同时又为它自己，而只有二合一"（1979，1.185）。

[2] 阿伦特声称："我所知道的唯一敢于怀疑思维能力存在的哲学家是尼采和维特根斯坦。"（1979，2.25）

[3] 阿伦特对思考的许多阐述都是在回顾康德所做的敏锐区分，例如知性与理性，以及作为一个"我思"的（先验）自我（the [transcendental] ego as "I think"）和"思考的我"（thinking ego）的对比，这使她陷入了一个与她在别的地方的反形而上学情感不相一致的境地。

第六章　阿伦特论思考、人格和意义

考与其他智性活动。因此，我们可以坚持思考与认识、理解、考虑等不是一回事，而不必同时认为思考始终显现为"纯粹的"思考。这一点——它尤其与考虑相关——非常重要，同时也阐明了思考和意义之间的联系。

阿伦特在《心智生活》第二卷中简要讨论了权衡（deliberation）作为一种鲜明而独立的能力，与意志而不是思考紧密相关。在阿伦特写的最后一本书中，虽然《意志》[1]经常晦涩难懂到不可思议的程度，但仍有一些精彩的见解。其中一个耐人寻味的说法是，意志不是一种普遍的人类能力。阿伦特认为，我们在古代社会中就意志所描述的自我经验，要比我们在自己社会中所描述的更为罕见或不同。正如她所指出的，在古代语言中人们找不到与"意志"直接相关联的词。而权衡则是一种普遍的人类能力，是指为了既定目标在不同的手段之间进行裁决的能力。"没有人会权衡并选择健康和幸福作为自己的目标，虽然我们可能会思考它们。"（1.62）换句话说，权衡是一种与意志、与"行动权力"和未来意识有关的心理能力。[2] 像所有指向手段的活动一样，权衡的这个特点剥夺了它自身产生意义的能力，尽管它无疑会在制定有意义的行动中发挥很大的作用。

在对权衡和思考这两者区别的强调中，我们可以看到，阿伦特对马克斯·韦伯著名的工具/目的理性与实质/价值理性之间理想类型对比的独特改造。韦伯认为，就人类生活的"终极目的"在技术的强制性要求背后变得越来越模糊而言，工具理性对于价值理性的侵蚀导致了意义的消蚀。阿伦特在《人的境况》中谈到这个问题，她在书中将功利主义（包括哲学的功利主义以及作为社会规范——它将工具理性带入生活各个领域——的功利主义）诊断为"天生没有能力理解

---

1 这本书几乎是以专门参照哲学家的方式去论述其主题的。尽管她在导论中强调她写的是有关一种能力的历史，而不是有关哲学家们如何试图去理解它的历史。

2 请比较埃米尔拜尔（Emirbayer）和米歇（Mische）具有广泛影响的关于权衡之作用的论述。

效用和意义之间的区别，在语言上可以表达为没有能力区别'为了什么'（in order to）和'为什么缘故'（for the sake of）"（1998，154）。她指出，如果在一个社会中，"'为了什么'成了'为什么缘故'的内容……（这样的社会）必将导致无意义"（154）。功利理想（这是技艺人的规范框架）的日益主导威胁着区分这两种动机的能力。阿伦特对（这种区分能力）消失的必然性的认识，要比韦伯或是受韦伯启发的她的同时代人，如阿多诺和马尔库塞，更少宿命论色彩。她表示，思考我们行动的目的是人类的需要。[1]如果是这样，我们可以得出结论：虽然并不是每个人都容易受到思考的需要的影响，但它不会消失。这样，意义和工具——"为什么缘故"和"为了什么"——之间的对比，就通过思考和权衡的对比得到了重申。虽然思考和权衡是人类分别处理目的和手段的能力，但二者彼此相对保持自治，并在阿伦特三种心智模式的理论中占据独特地位。思考不必导向世界上任何一种意志控制的计划，而权衡可以以一种纯粹功利性的方式进行行动，而不涉及与思考本身有关的意义领域。

什么使我们思考？

在谈到这个问题时，阿伦特起初主张她对"原因或目的"不感兴趣（1. 129）。这并不令人奇怪，就像她对社会科学所谓的粗糙工具的蔑视不令人奇怪一样，但它们也都不见得十分正确。《思考》旨在为

---

[1] 在《人的境况》中，阿伦特认为，技艺人世界，即以效用为价值的"生产者社会"，可能会让位于劳动动物的世界，一个以安逸为价值的"职业者社会"，同时她将其描述为"历史上已知的最死气沉沉、最贫乏消极的"状态（322）。但在接下来的十年里，阿伦特对人类的前景逐渐变得没有那么悲观了。这与她强调"诞生性"的概念有关，即人类境况的不可预测性以及新事物出现的永久可能性。

"是什么使我们思考"这个问题提供三个答案,并且这三个答案都可以解释为原因或目的,尽管事实上只有苏格拉底所提供的第三个答案才是可信的。"古希腊人"对于"是什么使我们思考"的回答实际上就是柏拉图的回答,而且简单来说,就是对"本来如何的一切事物"的好奇(1998,273)。但是,正如阿伦特所指出的那样,这种"高贵"的情感很少是普遍的——实际上仅限于哲学研究的动机。[1]因此,这个答案无法算作她所关注的"日常"思考活动的来源。古罗马人的回答也不见得恰当。阿伦特以斯多葛学派和伊壁鸠鲁学派的学说作为古罗马人答案的代表。他们的答案都是实用的格言,这些格言提出一种向内的心理转向:转向对世俗痛苦和遭遇的回应,以便获得心神安宁或免于困扰。但阿伦特认为,这种活动不是思考,而是一种"意志现象",是一种行动,"在这种行动中,你没有与任何人一致行动,除了改变你自己之外它没有改变任何东西"(1979,1.154)。而且,这也只是哲学家提出的一种答案,因此不能当成真正的答案来对待。阿伦特认为,苏格拉底为我们提供了一个不同的回答,因为他的回答并不是从哲学立场出发,而且正如我们前面提到的那样,苏格拉底没有给出一种教条,而只是提出一系列持续的质疑。但是,苏格拉底对"什么使我们思考"给出的最终回答是他自己:他是一个牛虻,设法通过谈论"有关虔诚、正义、勇气以及其他"来引起人们去质疑自己的假设(1.171)。然而,如此一来又引出了"是什么使苏格拉底思考"的疑问,阿伦特对这个问题并没有做出直截了当的回答,但显然,这个问题的部分答案必然是:让苏格拉底的质疑得以发生的社会条件,就是集市。换言之,在培育思考的条件中,要具备这样的社会条件:激发人们思考的公共空间。与喜欢自己独自研究的柏拉图形成鲜明对比,苏格拉底要求的是一个公共空间,在这个空间中,交流可以在政治相

---

[1] 在《人的境况》中,阿伦特认为现代(与古代相对)哲学主要被怀疑所激发,而不是惊奇。

对宽容清明的情况下发生，这个空间不仅为外部对话而设，而且也为内心对话而设。极权主义为阻碍思考发生的社会条件提供了一个突出的例子，并且阿伦特在她的许多有关这个主题的著作中都强调了这一特点。

"思考的社会条件"这个问题标志着在阿伦特的见解与社会学之间存在更多的连续性/连接点。毕竟，社会学家往往认为，个人总是处在社会之中，他们的个性和能动性既不能脱离社会所强加的约束或准许，也不能独立于其个性和能动性的来源——这个来源存在于他人的社会化力量。正如阿伦特清楚地认识到的那样，这也适用于思考和分辨善恶的能力等被认为"私人的"活动。然而，当她谈及这样的社会化是如何发生的时候，她的答案似乎再次引起了质疑。她表示，归根结底，这是一个"品位"的问题，也是一个"审美决定"的问题：选择同伴，选择我们愿意与之共度一生的伴侣。而且这个伴侣是通过榜样思考的方式被选择的，这些榜样可以是已逝的或健在的，真实的或虚构的，也可以是偶然的、过去的或现在的。（1994c/2003，145—146）虽然这个回答反映了阿伦特的三种心智活动模式中所缺失的部分，即她的判断概念，但是从出现在《责任与判断》和《康德政治哲学讲稿》中的这些片段，很难清晰看出《心智生活》第三卷将如何展开。

然而，即使撇开这一缺陷，阿伦特对思考的社会条件的看法，也太过执着于把思考理解为个人成就或取舍——人格化的和非人格化的。人格构建的途径并不像阿伦特认为的那样是一项决定。此外，阿伦特关于思考和道德的观点都过于强调理智，而忽视了社会化的情感和交往维度，而且忽略了思考与其他人类能力之间相互缠绕的关系。发展她见解的方法是从一个社会学的角度，把她的见解与其他理解思考及思考之条件的尝试，连同思考对道德行为的意义等联系起来。

关于思考与反思的社会学理论

　　我这部分的重点集中在最近的一些社会学理论，这些理论试图在一个社会语境下论证心理活动问题，包括思考。值得首先一提的是，与阿伦特的思考产生共鸣的这些文献的一般性特征。第一个特征是反思性概念的重要性，以及强调我们正生活在一个反思性"不断增加"的时代的主张。如乌尔里希·贝克、安东尼·吉登斯、齐格蒙特·鲍曼和玛格丽特·阿切尔这些社会学家所提出的一样，他们认为被称为"高度的""第二的"(second)、"高级的"或者是"流动的"现代性的特征，就是人们考虑自己与社会环境的关系这一倾向的普遍增加。同阿伦特一样，这些理论家提出，人格和自我的关系是社会调节的、与他人互动的结果，而不是如哲学家常常认为的那样是一种单子的自我创造。其次，在阿切尔的案例研究中，他对"内在对话"有持久兴趣，即人们是如何思考的，是什么使人们思考，并相应地批判了那种未能顾及这个问题的社会学模式。第三，共同关注由反思性和/或内心对话的崩溃而引发的病理类型。对阿伦特来说，"非人"或"无人"现象，紧密联系于她关于思考与道德之间联系的问题。对阿切尔和贝克来说，断裂或强迫的反思性模式导致焦虑和能动性缺乏的病症。这些相似性表明，在阿伦特的理论和有关心理活动的社会学理论之间，存在相得益彰的可能性。然而，我在这里只是大概地涉及他们共同关注的这个领域，并且阿伦特的洞见能够为这个共同关注的领域提供有价值的修正。也就是说，社会学理论往往忽视那种被理解为一种主要以意义为导向的心理能力的思考现象，而这种现象在阿伦特的三种心智模式中恰好居于关键位置。尽管只能将这个批评简要概述到这里，但是我认为，思考往往要么被这些社会学理论所忽略，要么是将其和权衡混为一谈。这点暴露了这些理论的"行动偏见"，同时也暗示了当下心智模式和日常生活中关于思考概念的一些不足之处。

对于吉登斯和贝克（1992；Beck、Giddens and Lash，1994）来说，"高度的"或"第二的"包含了与之前发生的现代性制度化模式的根本脱节。个人与文化的沿袭结构和形式之间的关系——包括所感知的对立——从根本上发生了改变。在"传统"和"第一现代性"条件下，个人面对一系列有限的、沿袭的、相对不受质疑的制度可能性，后者支配着他们的生活；而在"第二现代性"中，这些可能性越来越多地要靠个体自身去争取。职业轨迹、亲密关系、精神性和身份（包括性别认同等核心要素）越来越容易受个人决策的影响。阿切尔转引了"扩展的反思性"（extended reflexivity）这个观点："在反思的（或第二的）现代性中，个体已经较少受到结构的影响；事实上他们必须重新定义结构（或者如吉登斯所说的传统），这意味着对'过自己的生活'的个人反思性提出了更高的要求。"（Archer 2012，3）

贝克用风险社会的范畴总结了反思性话语带来的许多社会和个体变化。风险是生命生活于其中的主观模式的特征，因为决策越来越受到自我监测，并服从于对决策的未来后果的考虑。因此，这就是为什么"生活即风险"在某种意义上与"生活是注定的"正好相反。越来越多的未来意识对个人行动的强行介入给这种自我相关的模式增添了一种焦虑成分，并强化了这样的信念：个体化和风险意识的增长将其代价强加于能动性和自主性中所包含的收益。因此，在某种程度上，焦虑成为风险社会中个体体验生活的决定性特征，这并不奇怪。焦虑与时间意识、特别是关于未来的时间意识密切相关。如包括阿伦特在内的存在主义者所指出的，它与意志，也就是与计划而不是与对象相关联，因此，也就是与未来而不是现在相关联。换句话说，贝克对风险意识的未来取向的强调表明：与这种态度最为紧密的心理活动并不是思考，而是权衡，权衡是意志的媒介——阿伦特把它称为"未来的心理器官"（1979，2.15），然而，贝克的反思性概念过于难以捉摸，因而无法作为一个关于心理活动的有效社会学概念的基础。

玛格丽特·阿切尔关于"反思性"的研究在纠正社会学著作中对

这个概念的不精确表述方面发挥了很大作用。在这个过程中,她提供了一个与阿伦特的框架更为密切相关的关于心理活动的解释。阿切尔在一系列有影响的书中指出,反思性涉及一个内心对话的过程,并且它所采用的形式也是有很大差异的。她指出,在"正常"个体中存在三种主要模式,但通常其中一个起主导作用。这三种模式分别是:交往反思性、自主反思性和元反思性。阿切尔通过大量复杂的经验研究工作,包括对不同人的内在对话模式进行大量的访谈,对这些类型进行了归纳。交往反思性通常遵循"思考和交谈"模式,这个模式下的人通过与重要的他人交谈,来反思他们私人的和社会经济的状况,而这些他人通常来自小型社交圈。自主反思性这一类往往主要根据他们自身的社会经济地位来构想自己,因此他们与公共领域之间的关系是占主导地位的,他们据此来思考和做出决定。因此,与交往反思性相比,它更少受到"语境连续性"(contextual continuity)和"传统"的束缚。元反思性根据公共领域来构想自己,但通常他们将自己定向于"天命"而不是像自主反思性一样定向于"成功"。对于阿切尔来说,反思性不仅包括自我意识,而且包括在与自己的社会地位的关系中思考自己。

阿切尔也将这些反思性模式与关于社会的复杂的、功能性的一般理论相对应,将交往反思性联系于再生产和秩序的需要,将自主反思性联系于创新,将元反思性联系于管治。但阿切尔还假设了第四种反思性模式的存在,即"断裂的"或"抑制的"反思性(fractured inhibited reflexivity)。断裂的反思性有一个相对于其社会环境的有限制的关于自身的观念,并且常常拥有与之相应的贫乏的内在对话能力。它们没有能力"在世界中开辟自己的路",这种无能正好与他们无法进行有效的内心对话相一致,而且"断裂反思性"与阿伦特对不能思考的诊断之间有重要的相似之处。

阿切尔的模式研究通过强调内在对话——作为人使自己适应社会的方式——的作用,提高了我们对心理活动的认识,同时,这一适应也是一个自我建构的过程。但是，如果说阿伦特的思考概念没能意识到思考总是联系于其他活动的话，那么，阿切尔强调的只是世俗事务驱动下的内在对话的方式。在她的模式中，内在对话几乎只是指向与应该做什么相关的对自己的理解。对权衡以及由权衡引起的行动的强调，可以在她所列的组成日常心理活动的十个不同的活动列表中看到：规划、排练（rehearsing）、考虑（mulling over）、决定、重现、优先化、想象、确认和预算。除了"想象"之外，其他都应作为行动的前奏。这似乎排除了"正常"心理活动所包含的很重要的一部分，可能指向阿伦特所认同的以意义为导向的自我关系类型的思考的可能性。

阿伦特将思考与认知、沉思和权衡区分开来，旨在强调的正是这种指向意义的思考取向。以意义为导向的思考不是单独发生的自发活动，它需要一定的社会条件，通过公共空间的形式发生，在这个空间中，个人可以通过他人面对面建构自己，并将人类的一种特殊需要——需要对人类生活的目的进行有意义的思考——纳入考虑之中。社会学家需要将这样理解的思考，当作一种不能简化的、独特的、以意义为导向的心理活动，而且通过他们所使用的心智模式严肃地这样做，而阿伦特则提供了这样做所需要的某些洞见。

结论

我们直观地认为，思考应该是我们独处时才做的事情，这使批评家们，如谢里·特克尔（Sherry Turkle 2011）指出，现代生活节奏和科技进步对我们注意力所进行的持续强烈的索取抑制了思考。但这只是表面上的真实。在阿伦特所理解的意义生成的意义上讲，思考需要情境，在此情境中，人能通过与他人相处而把自己建构为人。阿伦特所担心的是：在现代世界中，这样的空间可能不太可能存在。她指出了两个例子。第一个是在极权主义的极端情况下，思考直接受到威胁，所有公共空间都由霸权式的意识形态垄断。但阿伦特也同样担心，代议制民主国家中公共领域的衰落会通过提倡功利主义伦理而危及人们的思考。专门以行动为导向的关于内在对话的设想，增强了第二现代性所可能带来的、只是以做（dong）为指归的个人反思性，从而强化了功利主义伦理的风险。作为行为之工具的思考不再是思考，而是权衡。最后，与阿伦特自己的假设相反，思考并不一定会保护良知，但它会产生意义，这也许是分辨善恶之能力的一个必要组成部分。

（陶东风　译）

参考文献

Appiah, Kwame Anthony. 2011. *The Honour Code: How Moral Revolutions Happen.* New York: Norton.

Archer, Margaret. 2003. *Structure, Agency and the Internal Conversation.* Cambridge: Cambridge University Press.

——. 2007. *Making Our Way through the World: Human Reflexivity and Social Mobility.* Cambridge: Cambridge University Press.

——. 2012. *The Reflexive Imperative in Late Modernity.* Cambridge: Cambridge University Press.

Arendt, Hannah. 1963a. *Eichmann in Jerusalem: A Report on the Banality of Evil.* London: Penguin.

——. 1966a/2003. "Auschwitz on Trial." In *Responsibility and Judgment*, edited by Jerome Kohn, 227–256. New York: Schocken Books.

——. 1971b/2003c. "Thinking and Moral Considerations." In *Responsibility and Judgment*, edited by Jerome Kohn, 159–192. New York: Schocken Books.

——. 1982. *Lectures on Kant's Political Philosophy,* edited by Ronald Beiner. Chicago: University of Chicago Press.

——. 1993a. *Between Past and Future*, 91–141. London, New York: Penguin.

——. 1994b. "On the Nature of Totalitarianism: An Essay in Understanding." In *Essays in Understanding: 1930–1954,* edited by Jerome Kohn, 328–360. New York: Schocken Books. Previously unpublished manuscript originally composed in the early 1950s.

——. 1994c/2003b. "Some Questions of Moral Philosophy." In *Responsibility and Judgment*, 49–146. New York: Schocken Books.

——. 1998. *The Human Condition.* Chicago: University of Chicago Press.

——. 2003a. *Responsibility and Judgment*, edited with an introduction by Jerome Kohn, New York: Schocken Books.

Baehr, Peter. 2010c. *Hannah Arendt, Totalitarianism and the Social Sciences.* Stanford, CA: Stanford University Press.

Bauman, Zygmunt. 1989b. *Modernity and the Holocaust.* Oxford: Polity Press.

Beck, Ulrich. 1992. *Risk Society: Toward a New Modernity.* London: Sage.

Beck, Ulrich, Anthony Giddens and Scott Lash. 1994. *Reflexive*

Modernization: Politics, Tradition and Aesthetics in the Modern Era. Stanford, CA: Stanford University Press.

Berger, Peter. 2014. *The Many Altars of Modernity: Toward a Paradigm for Religion in a Pluralist Age.* Berlin: DeGruyter.

Elster, Jon. 1999. *Alchemies of the Mind: Rationality and the Emotions.* Cambridge: Cambridge University Press.

Emirbayer, Mustafa and Ann Mische. 1998. What Is Agency? *American Journal of Sociology*, 103 (4).

Goldhagen, Daniel. 1996. *Hitler's Willing Executioners: Ordinary Germans and the Holocaust.* New York: Alfred Knopf.

Searle, John. 1998. *Mind, Language and Society: Philosophy in the Real World.* New York: Basic Books.

Smith, Christian. 2013. *What Is a Person?* Chicago: University of Chicago Press.

Stangneth, Bettina. 2014. *Eichmann Before Jerusalem: The Unexamined Life of a Mass Murderer.* New York: Alfred Knopf.

Turkle, Sherry. 2011. *Alone Together: Why We Expect More From Technology and Less From Each Other.* New York: Basic Books.

Varese, Frederico and Meir Yaish. 2000. The Importance of Being Asked: The Rescue of Jews in Nazi Europe. *Rationality and Society* 12 (3).

Wiley, Norbert. 1995. *The Semiotic Self.* Chicago: University of Chicago Press.

第七章 解释种族灭绝：
阿伦特与社会科学中的非人化概念

约翰斯·朗（Johannes Lang）

近期，一份心理学杂志刊登了一篇文章，这篇文章的开头呈现了一个在历史上常见的可怕场景："一名犹太囚犯脖子以下的部分全部被浸泡在冰水中，两名纳粹医生正平静地监视着他的生命体征。"（Waytz and Epley 2012，70）这篇文章的作者告诉我们，这就是非人化（dehumanization）的一个例子。这两名医生没有意识到，这名囚犯与他们一样也是人——他们丧失了对受害者的同情，不顾受害者的痛苦，以一种有悖于他们平时道德观念的方式对待受害者。

在研究种族灭绝和大规模暴行的社会科学中，非人化概念占据着显要的位置。它被称为讨论大规模屠杀行为的"主导范畴"（Goldhagen 2009，319），以及"研究大屠杀的首要前提"，即这种"大规模犯罪"的"必要条件"（参见 Vetlesen 2005，93）。很多学者都将非人化视为实施种族灭绝不可或缺的前提。社会学家提出，贬低受害者作为人类的身份，是"对他们进行迫害的前提"（Alvarez 1997，168）。历史学家提出，"没有非人化，杀人者就不会去杀人"（Blatman 2011，424）。种族灭绝观察组织（Genocide Watch）主席提出，非人化是八个"种族灭绝的一般步骤"之一（Stanton 1998）。心理学家也认为，"如果没有某种形式的非人化，当今世界的大规模暴行就不可能发生"（Kressel 2002，172）。

目前的研究之所以重视非人化，主要是来自纳粹集中营的启示。集中营的非人化景观已经成为黑暗的象征，如剃光的头颅和刺青的手臂；当解放来临时，瘦骨嶙峋的囚犯蹒跚而行；赤裸的死尸被推土机推入万人坑。一位参与解放卑尔根——贝尔森的英国士兵提起施害者时说："他们的所作所为，没有人认为他们还是人。"（引自 Singer 2014）一位心理学家在欧洲战事结束后的几天抵达现场，他写道："第一次参观贝尔森这样的集中营，任何人都会感到难以置信——人类竟然能够陷入并承受如此之痛苦，以至于他们不再被看成普通的男男女女，而是某种非人之物。"（Niremberski 1946，65）普里莫·莱维（Primo Levi）在写到自己的奥斯维辛经历时，提请他的读者去评判，在受难期间他和他的狱友还是不是一个人。莱维认为，非人化是纳粹暴行的核心。在奥斯维辛的一个研究所，他曾遇到一位专家，他感到这个人看他的眼神并不像出现在"两个人之间"的眼神，而更像"他们生活在不同的世界，那个人正隔着水族馆的玻璃箱在看他"（1947，105）。莱维认为，如果他能够充分解释"那个眼神的性质"，他也就知道如何解释"德意志第三帝国大规模精神错乱的本质"了（1947，105—106）。

其实，汉娜·阿伦特对极权主义和纳粹种族灭绝的研究也是试图去解释那种眼神。面对集中营的现实，阿伦特确证了普里莫·莱维的猜疑——非人化的确是纳粹暴行的核心。1946年，她在写给自己的朋友和导师雅斯贝尔斯的信中说："或许，在这一切背后只有一个简单的事实，即一个个体的人，不会因为人类的原因去杀另一个个体的人，而有组织的犯罪却试图摧毁人类的概念"（Arendt and Jaspers 1992，69）。阿伦特写道，在极权统治下，"人性自身处于危险之中"（Arendt 1951c，459）。她的意思是，20世纪的极权主义政权全面摧毁了使人类生存成为可能的政治、规范和生存条件。实际上，阿伦特已经开始相信，这些极权政府的"成败"，正取决于他们摧毁人的人性的能力。

阿伦特和亚里士多德一样，认为人是一种社会动物，并能成为一种政治动物。极权统治摧毁了政治生活所需要的公共空间。此外，人还是一个具体的、独一无二的个体，但极权主义政权却企图消灭个性。在阿伦特看来，这是因为人类个体具有自发性、不可预测性，而极权统治不能容忍关于不可预测性的观念。阿伦特指出，个体的独一无二性和不可预测性源于批判性思考和独立判断，而这两者都是极权统治想要消灭的。最后，阿伦特发现，人类概念本身就包含着一种关于共同体和相互义务的观念。而纳粹思想则是一种倒退，它退回到将人分为优等人和劣等人的种族主义意识形态。由此，极权统治侵害了人类境况的各个方面，而且，它这样做的目的并不是为了人，而是为了建立一种不容置疑的统一的意识形态、一种不受挑战的统一意志。极权政体想要完全控制人类，以实现其乌托邦美梦。但这种人类可以被全面控制的观念恰恰是一种不人道的观念。

阿伦特认为，纳粹政权成功摧毁了其追随者的个性和力量，在这点上，她不乏同道。比如，哲学家西奥多·阿多诺提出，施害者不再将自己视为"自主的人"，而是盲目地投身到国家集体之中。他认为，这种去个人化的自我认知，产生了"将他人视为面目不清的人群的倾向"（1967，26—27）。阿多诺总结说：施害者"无法与受害者相认同"，"无疑是奥斯维辛这样的灾难得以发生的最重要的心理条件"（1967，30）。

莱维、阿伦特和阿多诺都认为，纳粹刽子手不仅将他们的受害者非人化了，而且他们自己也非人化了。施害者丧失了与受害者之间的联系，阿伦特认为，这也造成了他们与现实的脱节。阿伦特的基本观点是，对现实的真实感知具有一种道德成分——它要求顾及他人，试着换位思考，即从他人的角度看待这个世界。在阿伦特看来，现实呈现出多样化的面向。否定多样性，拒绝考虑他人的视角，就会创造出一种虚假的现实，即一种思想的幻象。这就是非人化在阿伦特政治哲学中的本质——施害者拒绝或不能从受害者的角度思考，由此造成了对现实的歪曲。阿伦特在写到死亡集中营遣送工作的主要组织者阿道夫·艾希曼时说：他显得"几乎完全不能从他人的角度来看待任何事情"（1963a，47—48）。只有接纳了受害者的视角，艾希曼才能完全认清他的行为的严重性；也只有这样，施害者才能认识到他们的行为是不道德的。

阿伦特的分析与社会科学形成了尖锐的对立。对她来说，非人化在认识论上意味着，任何我们熟悉的人类动机都不能解释施害者和受害者的行为。"我们试图从心理学角度理解集中营囚犯和党卫军人的行为，"她抱怨道，"而我们必须认识到的现实是，即使不去迫害一个人的身体，他的心灵也能够被摧毁。"实际上，在特定环境下，心灵、品格和个性似乎只表现为崩溃速度的快与慢（1951c，441）。阿伦特对极权主义非人特征的强调是对社会科学的直接挑战，在她看来，社会科学没有认识到纳粹暴行的史无前例性——它推翻了社会学、心理学，甚至是历史学中的基本假定，使它们不得不改弦更张。阿伦特提出，在解释历史事件时，社会学家以及许多历史学家都假定，借助与"人类心理学"相关的"行为模式和动机"，这些事件都可以得到解释。但阿伦特提出，并非所有的人类行为都是出于人的理由而实施的；极权统治妄图"超越"通常"被视为内在于人类境况"的"限制"（1950b，214）。现有的社会学和历史学术语不能解释这段特殊的历史；它需要引入新的方法和概念（参见 Baehr 2010c）。正如莱维后来提出的：纳粹的仇恨"不同于我们心中的仇恨；它是独立于人的，它是极端法西斯主义结出的恶果，但又独立于法西斯主义，并超越了法西斯主义。我们无法理解它，但我们可以也必须从它的起源之处接近它"（2001，204）。与莱维一样，阿伦特也认为，纳粹的种族灭绝是无法用理性的人类动机来解释的，但我们必须查明它的历史来源和思想来源。

阿伦特对社会科学的批评提出了一个根本性问题，即解释本身的性质是什么。解释一个历史事件意味着什么？是不是意味着确定一个过程的各个阶段，以将其讲述成一个前后连贯、具有因果关系的故事？或者，是不是意味着弄清一个事件得以发生的基本条件？有一种观念认为，历史是一个由因果关系组成的前后连贯的过程，而且，历史学家和社会学家可以还原这一过程，阿伦特反对这种观念。在她看来，历史是由一系列偶然的、不可预测的，有时甚至完全出乎意料的事件组成的（1961b）。如果采用比喻的说法，阿伦特的历史观似乎不像物理学，而更像化学——每一个历史事件都是由各种要素混合而成的，都是独一无二的、具体的。阿伦特一度后悔没有把《极权主义的起源》命名为《极权主义的要素》，在这本书中，她使用的方法是：找出铸成极权主义的政治、社会和思想要素。阿伦特采用了政治本体论的解释方式——她的目的不是勘察导致种族灭绝的因果联系，而是找出那些具体的事件得以发生的本体论条件。极权主义的要素——帝国主义、种族主义和反犹主义——并没有导致纳粹主义和"最终解决"，但它们能够解释这些事件为什么会发生。

在阿伦特看来，非人化是导致纳粹种族灭绝的本体论条件之一。她本人几乎没有使用过"非人化"这个概念，但她后来明确表示，非人化思想隐含在她对极权主义的解释之中（1994b，360）。她提出，纳粹种族灭绝首先要把人变成多余的。但使人变得多余是一个过程，因此，阿伦特势必要把非人化解释为一个不断变本加厉的驱逐、羞辱和暴力过程。在种族灭绝中，非人化既是其本体论前提，又是一个过程，这是这个社会科学概念的两个核心含义。

本章旨在评估在解释种族灭绝时非人化作为一个理论概念的效用。其中一个目的是，通过指出阿伦特思想与关于非人化的社会学和社会心理学理论的共同点，揭示阿伦特与社会科学之间的联系。另一个目的是，批判性地审视阿伦特思想和观念中的一些要素，这些要素对于研究种族灭绝的非人化的社会科学来说，仍然是至关重要的。本章论述了阿伦特和社会科学中的两种非人化概念：一种是指种族灭绝的暴力过程;另一种是指种族灭绝的本体论前提。我们将关注与这个概念相关的三个问题,即它的假定、影响和说服力。

使人之为人变得多余:汉娜·阿伦特与非人化的要素

阿伦特确信,集中营是理解极权主义本质的关键。在她看来,20世纪的两大极权政体都是极端偏执的。只有清除了一切潜在的反对者,他们才有安全感;而要达到这种安全等级,就必须完全控制每一个人。只有完全控制了每一个人的思想和行为,这个系统才算完美;否则,它的权力就不是绝对的,它的权威就不牢固。阿伦特认为,集中营是极权统治的测试场和"实验室"。她怀疑,极权主义在集中营里对权力的可能性和人类适应能力的发现,最终会被用于在全社会中摧毁人类的个性、自发性和批判性思考。

在这种非人化过程中,第一步是摧毁阿伦特所说的"法律之人"(1951c,447)。纳粹做到这一点的方法是:"将某几类人排除在法律的保护范围之外""将集中营置于常规的刑罚系统之外,对囚犯的选择也不再遵循正常的司法程序,不再量罪定刑"(1951c,447)。

摧毁法律之人的前提是剥夺公民身份,一旦失去公民身份,接下来的一切就水到渠成了。比如,在纳粹与挪威当局紧密合作驱逐挪威境内的犹太人时,就豁免了那些没有与纳粹德国签署驱逐协议的国家的犹太人。纳粹还明确规定,挪威犹太人的公民身份在他们离境的那一刻就丧失了(Michelet 2014)。失去公民身份的保护之后,法律保护的约束和道德责任都不复存在了,纳粹就可以肆意拘捕和驱逐犹太人了。正如阿伦特指出的,受害者被剥夺了"享有权利的权利"。如此一来,公民就成了哲学家吉奥乔·阿甘本(Giorgio Agamben 1998)后来所说的"赤裸生命",他们完全暴露在最高统治者的意志之下,与后者相比,他们是极其脆弱的。

在摧毁了受害者的"法律人格"后,纳粹进而指向了阿伦特所说的"道德之人"(1951c,454)。在阿伦特看来,集中营与外部世界的隔离促使道德责任瓦解。她认为,只有借助他人的见证、讲述和记忆,人类的行动才变得有意义。这些纪念让行动获得了持久意义,使它能够超越自身,比自身的存在更长久;这也就是将行动载入史册的过程。然而,进入集中营的人注定要灭亡;他们知道自己的行动不会留下任何痕迹,完全没有任何意义,他们将被从记忆中清除出去,就好像他们从来没有存在过一样。阿伦特提出,在集中营这个"鬼魅世界"中,杀身以成仁或者想要成为英模,都变得"毫无意义",也是"徒劳"的(1950b,240)。

然而,即使在如此可怕的环境中,许多囚犯仍然会根据自己的道德良知来行事。阿伦特认识到,根据道德行事可以让囚犯保持一种道德完整性,产生自尊感和自豪感。由于这种原因,她提出,除非"良心的决定"本身变得"可疑而模棱两可",对道德之人的摧毁就仍然没有完成(1951c,452)。阿伦特提出,在集中营里,当道德困境无法用道德的方式来解决时,这种对良知的破坏才最终完成。她说,在铁丝网后面,囚犯们面临的"不再是善与恶之间"的选择,而常常是"一种谋杀与另一种谋杀之间"的选择(1951c,452)。这时候,囚犯们该如何选择?比如,"纳粹让一位希腊母亲在她的三个孩子中选择杀哪个""谁能解决她的道德困境呢?"(1951c,452)由于没有可靠的道德戒律来指导人类的行动,所以"道德之人"最终也土崩瓦解了。

阿伦特认为,对于极权统治者来说,即使摧毁了道德之人,还仍然不能令人满意。在摧毁了"法律之人"和"道德之人"后,一个人还能保持由生物性、意志和过往经验塑造的独特身份。也就是说,在经历了政治排斥和彻底的道德毁坏后,人仍然是一个人。只有彻底毁灭了一个人的意志和个人身份,极权统治才算达到了自己的目的,即把独一无二的人变成毫无差别的群体之一员。阿伦特写道:"消灭人的独特性的方式是多种多样的"(1951c，453); 就纳粹来说，首先是"在运往集中营途中的恶劣条件: 几百个人被塞进一节运牛的车厢"; 继而是"在抵达集中营后头几个小时里精心组织的震撼: 剃光头发，穿上奇形怪状的囚服"; 最后是"完全无法想象的折磨，这种折磨经过精心计算，目的是不让人痛痛快快地死"，而是要摆布"人的身体，看它到底能承受多大的痛苦，并用这种方式摧毁人的人格"(1951c，453)。这样一来，在进入集中营后，一个个具有自发性、不可预测性的独一无二的人，就变成了阿伦特借鉴古代术语所说的"劳动动物"，即一种仅仅为生存而活的动物。

阿伦特提出，随着集中营最终将"人的人格"转变成"某种连动物都不如的东西"(1951c，438)，就连人身上的动物性也被破坏了。动物也按自己的需要而活: 饿了就吃，累了就睡。与之相比，集中营里的囚犯却被剥夺了这种回应其基本需求的权利。阿伦特认为，在纳粹集中营里，囚犯变得像巴甫洛夫实验中的狗一样——它是一种"被扭曲的动物"，被训练成不是饿了才流口水，而是听到铃声就流口水。在阿伦特看来，"人的人格"总是"自发性和受控性的混合"，现在，它却"完全变成了受控制的存在"(1950b，240)。

纳粹的暴力让阿伦特明白，人的身份既不是与生俱来的权利，也不是上帝赐予的权利，而是一种可以被剥夺的政治权利。"享有权利的权利，或每个人都属于人类的权利"(1951c，298)并不是靠个体自己的人性来保障的。阿伦特总结说: 在集中营里，通过对受害者的肉体折磨和精神摧残，施害者对受害者的反应会变得麻木不仁。对囚犯的极度贬低，使施害者成功压制了"常识"——这些囚犯也是人，也希望得到人道的待遇——使他们的谋杀"像踩死一只蚂蚁一样冷酷无情"(1951c，443)。

阿伦特关于极权主义和全盘统治(total domination)的许多观点至今仍饱受争议。她将纳粹德国描述成一个绝对恐怖和全面控制的政权，历史学家对此提出了批评和异议。克劳迪娅·康兹(Claudia

Koonz)指出:"虽然第三帝国具有极权政体的特点,但它也有崩溃的民主国家的痕迹。当时德国人已经习惯参与活跃的公共文化。纳粹掌权并没有破坏这种文化,而是改造了这种文化。希特勒当上总理时,德国还没有出现极端的整齐划一。"(2003,13)

但阿伦特的核心观点——恐怖和意识形态成功地扭曲了施害者对现实的感知——仍然没有被推翻,并在后来研究种族灭绝和大规模暴行的社会科学著作中得到了回应。阿伦特提出,非人化使种族灭绝的实施者变得盲视,看不到他们的行为在道德方面和人性方面意味着什么,她的这一观点已被广泛接受。她还提出,非人化使杀戮行为失去了人格特征和情感色彩,这一观点通常被视为种族灭绝心理学的基本事实。此外,在阿伦特看来,非人化既是一个驱逐、去个人化的社会过程和心理过程,又是种族灭绝的本体论前提,她的这些看法在社会科学中启发了很多关于种族灭绝的思考。

自从阿伦特提出她的分析以来,非人化概念的影响已经扩展到众多人文和社会学科,并产生了多种多样的意义。本章只关注社会学和社会心理学对这个概念的使用。在社会学视野中,非人化是指剥夺受害者的法律权利、将他们排除到道德考虑之外的一系列行为或做法。同时,非人化也指一种话语,在这种话语中,一个群体开始以一种非人类的、次人类的、不人道的方式来描述另一个群体。在社会心理学层面,非人化是指一种排除了道德和感情的认知机制,使施害者可以心安理得地去杀人(例如,Bandura 1999)。

克服道德约束:阿伦特与非人化的社会学

阿伦特注意到,纳粹"本能地感到,不管是在宗教中,还是在人文传统中,人性观念都包含普遍责任的义务",而这是他们"不愿承认"的。她写道，施害者"越来越远离人性观念"，而"更倾向于接受否定共同人性的种族学说"（1945a，131）。种族思想使纳粹摆脱了与人道原则联系在一起的传统规范的束缚；种族主义的等级观念为严重的不平等和大规模屠杀提供了合理性。

社会学家罗恩·萨维奇（Rowan Savage 2013）近来提出，这种对共同人性的否定是种族灭绝的必要条件（而不是充分条件）。他主要有两个根据。第一，在现代社会，使用暴力必须看起来是合法的、正当的。第二，在现代社会，故意大规模屠杀平民百姓被认为是不合法的。换句话说，现代性带来一种强大而普遍的规范，反对故意大规模屠杀手无寸铁的平民，因此，一个现代国家要想推行种族灭绝政策，就必须找到破除这种规范的方法。萨维奇的言外之意是，只有非人化才能完成这一任务。他的观点与赫伯特·科尔曼（Herbert Kelman）和李·汉密尔顿（Lee Hamilton）相似，后者提出，"禁止杀害人类同胞的律令通常都十分强大，如果要有计划地杀人，就必须剥夺受害者的人类身份"（Kelman and Hamilton 1989，19）。在萨维奇看来，非人化是"使种族灭绝得以发生"（2013，147）的机制；它"使杀人合法化了，否则，杀人就是不可接受的"（2013，151）。

萨维奇提出，非人化通过"将受害者排除出人类，排除出人类道德义务的范围"，从而达到了这种效果（2013，155）。这也就是阿伦特所说的摧毁法律之人。在社会学家齐格蒙特·鲍曼看来，这种排除行为将受害者置于"社会领域的边界之外，在此，一切道德问题都变得毫无意义了"（1989a，27）。鲍曼提出，在这些边界之外，"道德戒律不再起作用，道德判断也失去了意义"（1989a，27）。从这个角度看，将受害者界定为完全不值得道德考虑的人，"抹杀了行为的道德意义，也避免了施害者的暴力行为与其个人的道德准则之间的冲突"（1989a，25）。因此，对于我们此处讨论的问题来说，道德标准完全不适用。鲍曼总结道，受害者的"人性"变得"不可见了"（1989a，27）。

我们该如何理解奥斯维辛的那位科学家注视普里莫·莱维的眼神呢？或许，我们已经接近了答案。社会学对种族灭绝非人化的研究，与阿伦特关于纳粹摧毁受害者的法律人格的论述非常相似，它很有说服力，在大屠杀研究和种族灭绝研究中被广泛接受。但不能忘记的是，阿伦特并没有将摧毁法律之人等同于全面统治或非人化。在这一过程中，对受害者的道德排除和身体排除是重要的一步，但这仅仅是第一步，它最后的结果是，受害者和施害者都非人化了。对阿伦特来说，非人化不仅仅是一种社会政治现象，不仅仅是剥夺受害者享有权利的权利。在她那里，非人化作为一个现象，既有道德维度，还有存在维度和主观维度。前文已经提到，在阿伦特看来，纳粹种族灭绝不仅涉及对受害者的道德排除，还有对人类生存的本体论条件的摧毁。综合阿伦特的分析与社会科学的术语，我们或许可以说，摧毁法律之人是非人化的必要条件，但不是充分条件。要想彻底实现非人化——在这个词的完整意义上——就不能止步于道德排除。

我们看到，阿伦特对全面统治的论述包含双重的非人化概念——既指一个过程，又指这一过程的最后结果。非人化的双重含义向我们提出一个问题，即解释种族灭绝意味着什么？或者，就此处而言，解释非人化意味着什么？当社会学理论将非人化描述为种族灭绝的前提条件之一，或者大规模屠杀过程中不可或缺的第一步时，它们是将非人化视为种族灭绝的原因，而不是结果。在这一点上，阿伦特的论述更加复杂，也更有现象学色彩：它旨在揭示非人化现象本身，而不只是将它当成一个追根溯源的手段。对阿伦特来说，非人化不仅仅是一个排除过程，也不仅仅是大规模屠杀过程的一个步骤，同时，也更根本的是，它是人类境况本身的转变，一种由于暴力才可能发生的转变。

社会学将种族灭绝的非人化等同于道德排除，忽视了阿伦特在非人化的道德维度和存在维度之间所做的概念区分。这种社会学方法假定：在公共话语与个人的主观性之间，或者在社会现实与个人判断之间没有重要差别。而阿伦特的出发点是：这种差别是存在的。在她看来，我们必须坚信，个体对他们接收到的真理的正确性和价值有积极怀疑的能力。追随康德的观点，阿伦特认为，启蒙的标志就在于拒绝被动地接受社会现实，而试图批判性地审视这种现实的条件和可取性（Arendt 1982）。正是这种对个体的批判性判断能力的信念，使阿伦特坚持一种有意义也至关重要的区分：一方面是摧毁法律之人；另一方面是摧毁道德之人和个体之人。如果我们认真对待这种区分，那么，就非人化明显破坏了特属于人的存在条件而言，我们就不能只关注非人化现象的社会学方面，还要关注它的存在论方面和主观性方面。要想理解非人化现象学，而不仅仅把它当成因果解释中的一个变量，我们就必须去理解，作为一种主观经验模式，同时也作为非人化存在的本体论条件，非人化是如何运作的。

这就再次将我们带回阿伦特关于非人化步骤的论述，并引出了下面的问题：为什么只摧毁受害者的法律人格还不够？为什么还要不遗余力地摧毁受害者的道德人格和自发性？在阿伦特看来，这其中的部分原因就在于：为了让受害者变成施害者不再能够辨认的动物，从而使谋杀变得似乎与个人无关，这种极端的迫害是必要的。这与今天的社会心理学家的观点相近。他们告诉我们，人类具有移情能力，在与他人的接触中，这种移情能力很容易被激活（Epley 2014）。因此，施害者与活生生的受害者的实际接触，能够动摇关于受害者是次人类、非人类或没有人性的抽象宣传。社会心理学家提出，一旦意识到受害者也有个性和人性，就不可避免地会引起对他的苦难的同情。阿伦特（1963f，86）写道：同情"消除了人与人之间的距离"。因此，如果说非人化话语的社会功能是解除对受害者的道德责任，那么，非人化的社会心理学功能就是消除对那些行将被杀之人的同情心。

克服移情作用：汉娜·阿伦特与非人化的社会心理学

　　人们通常认为，恻隐之心是人类的基本境况。在古典拉丁语中，"人性"（humanus）一词带有"与人为善"的意思（Giustiniani 1985, 168）；古罗马政治家、哲学家西塞罗用"人性"（humanitas）一词"表示一种对他人的回应能力，主要是想象他人感受的能力"（参见 Nussbaum 2010, xviii）。与之类似，在17、18世纪的欧洲启蒙运动中，以大卫·休谟、亚当·斯密为代表的重要思想家也认为，对他人做出情感反应——他们称之为"同情"——应被视为"人类情感"的特征（参见 Moyn 2006）。在他们看来，人者，仁也。如果想达到人性标准，就必须有恻隐之心。根据历史学家塞缪尔·莫恩（Samuel Moyn）的描述，这种具有恻隐之心的人性观开启了一种"新的道德世界"和一种"情感人文主义"（2006, 402）；用乔伊斯·卓别林（Joyce Chaplin）的话说，许多欧洲人"开始相信，他们应该同情所有其他人，甚至包括那些在自己的家庭和共同体之外的人"（1990, 301）。

　　在莫恩看来，这种情感人文主义仍然是"现代社会的道德境界"（2006, 402）。种族灭绝中的非人化正是在这种环境中运作的。这些理论依赖的是关于人性的规范标准，并将一些态度和行为视为非人的。正如我们所见，关于种族灭绝的非人化的社会学理论假定：从社会和政治角度对一个群体的人性的承认，会伴随一系列道德责任，包括同情他们的苦难的责任。同样，关于非人化的社会心理学理论提出，施害者移情于他人的能力以及感受他人苦难的能力，通常都会引起同情心或恻隐之心。像休谟和斯密一样，种族灭绝的非人化理论也承认，人都有仁爱之心，都有同情或恻隐之心。

　　从历史上看，同情心与移情能力紧密相连，以致它们之间的区别常常变得模糊不清（Wispé 1986）。但移情（empathy）和同情

（sympathy）在概念上的区别是至关重要的。同情既是指在情感上对他人的苦难很敏感，又指为减轻这种苦难必须做点什么的意识；而移情则是指试图站在他人的立场上看问题。当代心理学认为，移情是一种理解他人想法的能力，这种能力既可以通过人的身体感知激发出来，又可以通过认知推理激发出来（参见 Epley 2014）。生理学方式的移情是一种模仿：一个人从他人的脸上看到了恐惧，自己也会感到一阵恐惧。在这种方式中，移情是一种情绪传染，它源于一个人对他人感受的强烈认同；移情使一个人沉浸在他人的情感中，并暂时模糊了自我与他人之间的界限。移情的第二种方式更加理性，更不受情感的影响。在这种方式中，移情不是模仿另一个人的感受，而是从他人的处境和行为去推知他们的主观感受。比如，一个人看到另一个人脸红了，就可以推断他不是感到害羞了，就是感到气愤或尴尬了。

关于种族灭绝的非人化的社会心理学理论认为，这两种移情方式都需要认同感，即对相似性的感知。艾伯特·班杜拉（Albert Bandura）提出，非人化是"残暴犯罪的基本要素"，因为它将受害者变成了一种施害者不再能够与之相认同的动物。雅克·塞姆林（Jacques Semelin）写道，非人化、羞辱和极端的暴力能够"防止产生认同的风险"，从而"抑制了刽子手和受害者之间的移情"（2003, 207）。班杜拉提出，如果施害者认识到他们的受害者"也有共同人性"，这种相似感就会激发"移情的情感反应"和"一种社会责任感"（1999, 200）。

换言之，非人化的社会心理学理论主张，对相似性的感知引发认同感；认同感激发移情作用；而移情作用能产生恻隐之心（如同情）；而这些情感反应激发了社会责任感和道德责任感。根据这种看法，非人化破坏了恻隐之心和道德责任产生的根源——相似感。如果没有对受害者和施害者之间的相似性的感知，就不会产生认同感；没有认同感就没有移情作用；没有移情作用就不会有同情，不会有共同体意识和道德责任感。社会心理学理论中的非人化观念就建立在这种从认同感到移情作用、再到恻隐之心的因果序列上。不过,所有这些因果关系都不应被视为理所当然的。

对移情的批评:汉娜·阿伦特与非个人的想象

首先,认为移情作用需要认同或对相似性的感知似乎是站不住脚的。哲学家丹·扎哈维(Dan Zahavi)写道:"在移情过程中""一个人通过移情而获得的经验仍然是他人的经验。重点仍在他人身上,而不在自己这边,它不同于穿上他人鞋子的感受。也就是说,自我与他人之间的距离并没有消失,而是仍然存在"(2010,291)。理解另一个人,本质上并不是试图与这个人相认同。借助作家弗拉基米尔·纳博科夫(Vladimir Nabokov)对"好"读者与"坏"读者的区分,我们可以更好地澄清这一点。

在纳博科夫看来,至少存在两种不同的想象。第一种属于"比较低级的层次:它只是寻找个人感情的寄托,具有明显的个人特征"(1980,4)。运用这种想象的读者常常被书中的某个情节深深打动,因为这本书让他想起了发生在自己身上的事情,或发生在他认识的某个人身上的事情。这种读者喜欢一本书,要么是因为这本书让他"回想起""自己的过往",要么是因为"他把自己当成了"书中的一个或几个人物(1980,4)。纳博科夫提出,这是"一种最糟糕的阅读"(1980,4)。在他看来,只有一种等而下之的想象才会将读者自己代入作品中,才会将移情建立在认同的基础上。

相比之下,阅读中真正需要的是纳博科夫所说的"非个人的想象"。纳博科夫写道:好读者"应该知道他需要在什么时候,什么地方抑制他的想象,而要做到这一点,他就要弄清楚作家为我们呈现了一个什么样的世界"(1980,4)。在阅读文学作品时,这类读者会在他们自己的想法和作家的想法之间寻求一种"完美的平衡",如此一来,不管是对这本书中他熟悉的部分还是不熟悉的部分,他都能有所领会。

阿伦特去世后出版的《康德政治哲学讲稿》中也有类似的观点。在这本书中,阿伦特详细阐述了康德关于"扩展"一个人的心智"以考虑别人的想法"的观点(1982,42)。阿伦特认为,这种扩展的心智是批判性思考的前提。"只有充分考虑到所有其他人的立场",阿伦特写道,"才能进行批判性思考",而"使这一切成为可能的心理机能就是想象"(1982,43)。"以一种扩展的心智去思考"就是鼓励"一个人的想象离开自己"(1982,43)。阿伦特认为,这种扩展的心智并不存在于移情能力中,即了解他人头脑中"实际怎么想"这种能力中(1982,43),而是存在于想象他人观点的能力和意愿中。这种想象恰恰与认同相反;它需要有超越自己观点和利益束缚的能力,将自己置于他人的位置上。阿伦特认为,在理想情况下,这是一种"不偏不倚的"想象——这让我们联想到纳博科夫所说的"保持一点点超脱"的能力(1980,4)。

不管是纳博科夫所说的非个人的想象,还是阿伦特所说的不偏不倚的想象,都意味着至少存在两种不同的移情——一种需要认同,另一种不需要。种族灭绝的非人化理论只认识到了第一种想象,它们假定人都类似于"坏"读者,只能对他们认同的人产生移情。这就忽略了另一种移情想象,这种移情想象既不需要认同,又不会模糊自我与他人之间的界限。如此一来,非人化理论就没能认识到,施害者即使没有对受害者的认同,也完全可以想象受害者的感受;这些理论也不承认,移情是一种想象的壮举,而不仅仅是一种需要压抑的情感冲动或准本能冲动。

从生理学上讲,移情可能类似于阿伦特所说的"动物性怜悯:看到身体的痛苦,所有正常人都不会无动于衷"(1963a,106),这是一种对暴力的生理性厌恶。但纳粹集中营的真相表明,移情不一定会产生这种情感效果。在集中营里，猜测囚犯的动机这种移情能力成了警卫手中的一件武器，也是他们权力的来源，提高了他们操纵和折磨受害者的能力（参见 Lang 2010）。集中营里的大规模屠杀系统正是为了欺骗受害者，这表明种族灭绝的组织者有移情能力，他们能够从受害者的角度想象这个世界。

种族灭绝的非人化理论让我们看不到人类心理的这一更阴暗的一面。这些理论让我们很难想象，一群人会故意去伤害另一群人。阿伦特和莱维认为，极权主义和纳粹意识形态是处于人类境况之外的，也是与人类境况相对立的；而种族灭绝的非人化理论则认为，从社会学角度和心理学角度看，人类有抵制这种暴力的倾向，因此，他们必须战胜自己的抗拒和犹豫。强调非人化的重要性掩盖了一个事实，即施害者可能已经认识到了受害者的人格和痛苦感受，只是他们丝毫没有表现出恻隐之心。

纳粹施害者认同一种"铁石心肠"（toughness）的伦理观。对奥斯维辛集中营司令鲁道夫·霍斯（Rudolf Höss）来说，"人类情感几乎就等于对领袖的背叛"（1947，163）。他的下属经常找到他，"倾诉他们的沮丧和焦虑"，并问他，"消灭几十万妇女和儿童有必要吗？"霍斯就开导他们。据他自己说，他也"无数次""有过同样的疑问，为了开导他们，他不得不提醒他们这是希特勒的命令"，"为了一劳永逸地将德国和我们的后代从最危险的敌人那里解放出来，就必须消灭所有犹太人"（1947，161）。

霍斯将犹太人和其他"以自我为中心的元素"都视为国家的敌人。他声称自己并不恨犹太人，不过他同意犹太人是一个凶残而危险的对手。很明显的是，这位指挥官也对受害者的感受感到好奇。霍斯写道，他"常常想知道他们在想什么"（1947，19），"面对集中营里发生的一切"，他"也并非没有同情心"（1947，95）。有一次，当他命令下属将两名又哭又喊的犹太儿童带进毒气室时，霍斯说自己"因为同情差点儿站不稳了"（1947，162）。但他必须冷酷无情。

霍斯的回忆录暴露出他的移情是有局限的。比如，他一方面说自己"仔细地"研究过犹太人，另一方面又得出结论说，"犹太人的生活方式和死亡方式"是一个他"无法解开的谜"（1947，161）。谈到受害者孤注一掷的行为，以及有时候出现的自私自利的行为，霍斯认为这是由他们的犹太人身份决定的，而不是将它看成一种绝望求生的挣扎。显然，他已经接受了这些人是次等人的意识形态。当他的姐夫问他"非人"（Untermensch）这个词是什么意思时，"霍斯叹了一口气。'你总是不停地问来问去'……'来，你可以自己看。他们不像你和我。他们是不同的。他们看起来不一样。他们的行为不像人类。他们的手臂上有编号。他们来这里是为了等死'"（引自 Segev 1987，213—214）。

霍斯的回忆和反思出现在战后不久，显示了非人化作为一种意识形态辩解工具、心理合理化工具和情感抑制工具的效用。不过，霍斯的叙述也表明，他的个人经验一次又一次偏离了关于犹太人是次等人的抽象宣传。面对就在他眼皮子底下反复上演的人间悲剧，意识形态也不能使他完全不受触动。霍斯和他的下属不得不经常遭遇突如其来的对受害者的认同。霍斯回忆说："很多个夜晚，当我站在铁路站台、毒气室旁，或者面对熊熊燃烧的大火时""我就会不由自主地想起我的妻子和孩子"，尽管我竭力不让自己"将他们与正在发生的事情联系起来"（1947，163）。他还记得，"那些在火葬场或露天焚烧场工作的已婚男人经常对他说，他们也有过同样的想法。当看到妇女领着孩子走进毒气室时，他们就不由自主地想到自己的家人"（1947，163）。

这种将受害者与自己的家人联系起来的倾向并非为奥斯维辛的党卫军人所独有。历史学家克里斯多弗·布朗宁（Christopher Browning 1998）曾经提到，在东欧的一个杀人团中，一些成员请求退出杀人任务，他们提出，他们也是孩子的父亲，对杀害妇女和儿童感到很为难。众所周知，在大屠杀期间，杀人方式之所以从机枪扫射变成毒气，一部分原因就是为了应对这个现实问题，即很多东部特种杀人部队的成员在杀害包括妇女和儿童在内的手无寸铁的人时，受到了强烈的心理刺激。党卫军头目海因里希·希姆莱得到的报告称：大规模扫射造成的不是神经病就是畜生（Rhodes 2002）。杀害手无寸铁的人造成的心理创伤成为一个严峻的现实问题。

结语：移情与解释

以上对施害者心理的讨论让我们再次面对一个问题，即解释种族灭绝意味着什么？移情问题（包括施害者的移情和我们自己的移情）与解释有什么关系？

布朗宁断定，对施害者的"一定程度的移情"，对于"理解他们"是"必不可少的"（1998，xx）。他提出，移情使历史学家或社会学家从施害者角度认识这个世界，只有采用这种视角，我们才有望解释发生的事情。布朗宁认为，这种移情方式在一定程度上依赖于与施害者的认同。"我必须认识到，"他写道，"在同样的处境中，我要么是一个凶手，要么是一个逃兵——他们都是人"（1998，xx）。布朗宁提出，如果没有移情和认同，就不能充分理解历史上的施害者。

布朗宁从历史学角度对移情的使用，意味着我们与施害者有共同的理性。他坚持认为，刽子手并非"与我们全然不同"；他们"为一种文化所塑造，这种文化尽管有其自身的特殊性，但仍然处在西方、基督教和启蒙运动的主流传统中"（1998，222）。与阿伦特相反，布朗宁的历史观认为，施害者的很多道德信念和道德准则都与我们一致。

阿伦特强调全面统治和非人化，这在认识论上的风险是完全否定了对施害者的认同。与布朗宁相比，阿伦特不认为我们与施害者都有普遍的人类理性。布朗宁和许多社会学家使用非人化概念，是为了模糊"我们"与"他们"的区别，以解释"像我们一样"的人怎么就变成了像他们那样的刽子手；而阿伦特的非人化观念是为了将她自己和读者与纳粹施害者拉开距离。那些刽子手"甚至处于人类因为原罪而结合的范围之外"（1951c，459）。正如普里莫·莱维后来提出的那样，"任何一个正常人都不可能认同希特勒、希姆莱、戈贝尔、艾希曼和无数其他纳粹分子"（2001，204）。

但是，这种观点能让我们放弃将移情当成一种解释方法吗？作为一种理解方法，移情的作用真的依赖于我们与施害者的认同能力吗？本章坚持对移情和认同这两个概念进行区分，这种区分意味着以上问题的答案是否定的。其实，这种区分突显出，以自我为中心的认同实际上会阻碍移情想象。移情这种解释方法向我们提出的最大要求是，我们要尽量从历史当事人的角度想象这个世界，而不能从我们自己的视点出发。我们必须努力成为纳博科夫所说的"好读者"，在理解他人的行为和意图时，要使用一种不偏不倚的想象。可以说，这就是阿伦特在分析纳粹施害者时想要做的事情：她试着想象他们的观点，而又不把他们当成人类的同胞。不过，这种方法本身也有潜在的陷阱。

在阿伦特对非人化的论述中，最终受到危及的是现实自身。阿伦特明白这一点。正如我们所知，她认为现实是主体间性的——对现实的真实感知依赖于个体考虑他人的视角，以形成一种对世界的共同理解的意愿和能力。这种对现实的主体间性的感知，需要有一个运转良好的公共领域。在阿伦特看来，极权主义恐怖之所以非常有效，就因为它破坏了公共领域；它不让人自由地行动和言说，使他们无法形成公开可见的多样化观点和意见。这种对公共讨论的消除使人难以形成一种对世界的真实把握，因为对现实的充分感知离不开他人的确证、质疑或纠正。

极权政体破坏了阿伦特所说的真正的"共同感觉"（common sense），而代之以一种她所嘲弄的意识形态"超级感觉"（super-sense）或"胡说八道"（non-sense）；这些政权怂恿人们不要相信事物表面的样子，而要在现象世界之外和现象背后寻找真正的真相。如此一来，意识形态阴谋论就"不再受制于我们的感官所感知的现实"（1951c，470），因为它认为经验本身是不可靠的，所以直接的现实经验就不再能够纠正那些理论。阿伦特对极权主义的论述最终得出的结论是，恐怖破坏了"人与人之间的一切联系"，而意识形态化的思考则破坏了人们"与现实的联系"（1951c，474）。在意识形态的蒙蔽下，纳粹刽子手不再认为他们面前的受害者是无辜的。他们可能看起来是无辜的，但这种无辜的表象不再被信任——因为它掩盖了一个非常危险的敌人的真相。

非人化理论呼应了阿伦特的观点，即施害者不再相信表象：受害者可能看起来是人，但实际上他们不是。非人化带来了施害者与受害者之间的主体间性的崩溃，同时也意味着共同的社会现实的崩溃。如此一来，施害者就丧失了与现实的接触。比如，社会心理学家约翰·萨比尼（John Sabini）和莫里·西尔弗（Maury Silver）写道：集中营警卫"在面对那些他们不得不耳闻目睹，有时甚至要直接接触的人时，却看不到他们的所作所为实际上意味着什么"，因为"对于纳粹来说，这些人并不是真正的人；他们是一种低于人类的物种"（1993，206）。刽子手完全意识不到他们行为的严重后果。

这种观点将施害者视为患有妄想症的。在阿伦特笔下，纳粹在情感上和认知上都是有缺陷的，这极大地促成了对刽子手做一种病态描述。在一个充满恐怖和意识形态灌输的噩梦般的世界中，这些人失去了对现实的把握，并最终失去了人性。施害者的恻隐之心、他们健全的道德判断力、他们在意识形态思想桎梏之外进行思考的能力，都消失不见了；他们不可预测的自发性和个人特征也消失不见了。这些人不再把自己当成一个行动者；而是放弃了自己的意志，成为极权政体中的一具行尸走肉。讽刺的是，这种论述的效果是使施害者本身非人化了。阿伦特从社会学角度讲述的恐怖故事否认施害者具有正常心理：他们的想法和感受只是意识形态的投射。

但故事并没有到此结束。或者，就像阿伦特所说，这只是其中一个故事的结局。因为"还有一个真相",她总结说,"历史的每一次终结都必然包含一个新的开端"(1951c,478)。阿伦特坚信,开创新事物的能力"是人的最高能力;从政治上说,它就等同于人的自由"(1951c,479)。《极权主义的起源》最后一句话非常有名:"每个人的出生都会带来一个新的开端;每个人都是如此。"(1951c,478)在阿伦特的描述中,极权主义创造了一种噩梦般的非人图景,但是最后,她却为自己和我们提供了一个逃离这一噩梦的出口。阿伦特认为,20世纪的极权主义几乎彻底摧毁了人类的个体性和自发性;但她同时也强调,极权主义是一种彻头彻尾的虚假制度,它不断与人类的境况相冲突,并一直有分崩离析的危险。阿伦特暗示,极权主义者不得不偏执,因为如果极权主义敌视人类境况,那人类境况也同样敌视极权主义。极权主义者狂妄地认为,"一切都是可能的,"阿伦特指出,"这只能证明一切都能被摧毁"(1951c,459)。人性既不能被彻底改造,也不会被完全控制,极权政体必须不停地与人类自发的、不可预料的行动能力做斗争。面对人类自主思考能力和自我决断能力的挑战,意识形态宣传从来都不可能安然无恙。通过压制人的思考能力、判断能力和行动能力以实现非人化,从来都无法摆脱来自这些能力的潜在威胁。

  人类的想象、移情和批判性思考不断揭穿非人化的谎言。现实经验一再侵蚀意识形态的抽象教条。在一部关于党卫军军官的虚构故事中,作家乔纳森·利特尔(Jonathan Littell)写道:不管施害者变得多么"残忍和杀人成性",他们都表现出酗酒、精神崩溃、自杀和沮丧的倾向,这"表明他们还有另一个自我,这个自我仍是一个人,不管什么意志或意识形态,也不管他有多愚蠢或喝了多少酒,他与这个自我的联系纽带都是切不断的,它微弱却牢不可破"(2009,147)。如果利特尔是对的,那我们就不得不面对一个事实,即人都有杀人不眨眼的意志和能力。施害者知道自己在做什么。别的不说,这让我们有理由去追究他们故意造成的苦难和迫害的责任。

(陈国战 译)

参考文献

Adorno, Theodor W. 1967/2003. "Education after Auschwitz." In *Can One Live after Auschwitz? A Philosophical Reader*, edited by Rolf Tiedemann, 19–33. Stanford, CA: Stanford University Press.

Agamben, Giorgio. 1998. *Homo Sacer: Sovereign Power and Bare Life*. Stanford, CA: Stanford University Press.

Alvarez, Alexander. 1997. "Adjusting to Genocide: The Techniques of Neutralization and the Holocaust." *Social Science History 21* (2) : 139–178.

Arendt, Hannah. 1945a/1994. "Organized Guilt and Universal Responsibility." In *Essays in Understanding: 1930–1954*, edited by Jerome Kohn, 121–132. New York: Schocken Books. Originally published in Jewish Frontier 12, 1945, as "German Guilt."

——. 1950b/1994. "Social Science Techniques and the Study of Concentration Camps." In *Essays in Understanding: 1930–1954*, edited by Jerome Kohn, 232–247. New York: Schocken Books. Originally published in Jewish Social Studies 12 (1) , 1950.

——. 1951c/1967. *The Origins of Totalitarianism* (3rd ed.). New York: Harcourt.

——. 1961b. *Between Past and Future*. New York: Viking Press.

——. 1963a. *Eichmann in Jerusalem: A Report on the Banality of Evil*. London: Penguin.

——. 1963f. *On Revolution*. London: Penguin.

——. 1982. *Lectures on Kant's Political Philosophy*, edited by Ronald Beiner. Chicago, IL: University of Chicago Press.

——. 1994b. "On the Nature of Totalitarianism: An Essay in Understanding." In *Essays in Understanding: 1930–1954*, edited by Jerome Kohn, 328–360. New York: Schocken Books. Previously unpublished manuscript originally composed in the early 1950s.

Arendt, Hannah and Karl Jaspers. 1992. *Correspondence, 1926–1969*, edited by Lotte Kohler and Hans Saner. New York: Harcourt Brace & Co.

Baehr, Peter. 2010c. *Hannah Arendt, Totalitarianism, and the Social Sciences*. Stanford, CA: Stanford University Press.

Bandura, Albert. 1999. "Moral Disengagement in the Perpetration of

Inhumanities." *Personality and Social Psychology Review* 3 (3) : 193–209.

Bauman, Zygmunt. 1989a. *Modernity and the Holocaust*. Ithaca, NY: Cornell University Press.

Blatman, Daniel. 2011. *The Death Marches: The Final Phase of Nazi Genocide*. Cambridge, MA: The Belknap Press of Harvard University Press.

Browning, Christopher. 1998. *Ordinary Men: Reserve Police Battalion 101 and the Final Solution in Poland.* New York: Harper Perennial.

Chaplin, Joyce E. 1990. "Slavery and the Principle of Humanity: A Modern Idea in the Early Lower South." *Journal of Social History 24* (2) : 299–315.

Epley, Nicholas. 2014. *Mindwise: How We Understand What Others Think, Believe, Feel and Want*. London: Allen Lane.

Giustiniani, Vito R. 1985. "Homo, Humanus, and the Meanings of 'Humanism.'" *Journal of the History of Ideas 46* (2) : 167–195.

Goldhagen, Daniel J. 2009. *Worse than War: Genocide, Eliminationism, and the Ongoing Assault on Humanity*. New York: Public Affairs.

Höss, Rudolf. 1947/1992. *Death Dealer: The Memoirs of the SS Kommandant at Auschwitz*, edited by Steven Paskuly. New York: Da Capo Press. Memoirs originally composed in 1946–1947.

Kelman, Herbert C. and V. Lee Hamilton. 1989. *Crimes of Obedience*. New Haven, CT: Yale University Press.

Koonz, Claudia. 2003. *The Nazi Conscience*. Cambridge, MA: Harvard University Press.

Kressel, Neil. 2002. *Mass Hate: The Global Rise of Genocide and Terror*. New York: Westview Press.

Lang, Johannes. 2010. "Questioning Dehumanization: Intersubjective Dimensions of Violence in the Nazi Concentration and Death Camps." *Holocaust and Genocide Studies* 24 (2) : 225–246.

Levi, Primo. 1947/1996. *Survival in Auschwitz: The Nazi Assault on Humanity*. New York: Touchstone. Originally published in English under the title *If This Is a Man*.

——. 2001. *The Voice of Memory: Interviews, 1961–1987*, edited by Marco Belpoliti and Robert Gordon. New York: The New Press.

Littell, Jonathan. 2009. *The Kindly Ones*. New York: Harper.

Michelet, Marte. 2014. *Den største forbrytelsen: Ofre og gjerningsmenn i det norske Holocaust* [*The Greatest Crime: Victims and Perpetrators in the*

Norwegian Holocaust]. Oslo: Gyldendal.

Moyn, Samuel. 2006. "Empathy in History, Empathizing with Humanity." *History and Theory 45* (3) : 397–415.

Nabokov, Vladimir. 1980. *Lectures on Literature.* New York: Harcourt.

Niremberski, M. 1946. "Psychological Investigation of a Group of Internees at Belsen Camp." *Journal of Mental Science 92* (1) : 60–74.

Nussbaum, Martha C. 2010. *From Disgust to Humanity: Sexual Orientation and Constitutional Law.* New York: Oxford University Press.

Rhodes, Richard. 2002. *Masters of Death: The SS-Einsatzgruppen and the Invention of the Holocaust.* New York: Vintage.

Sabini, John P. and Maury Silver. 1993. "Destroying the Innocent with a Clear Conscience: A Sociopsychology of the Holocaust." In *Political Psychology: Classic and Contemporary Readings*, edited by Neil J. Kressel, 192–217. New York: Paragon House.

Savage, Rowan. 2013. "Modern Genocidal Dehumanization: A New Model." *Patterns of Prejudice* 47 (2) : 139–161.

Segev, Tom. 1987. *Soldiers of Evil: The Commandants of the Nazi Concentration Camps.* New York: Berkeley Books.

Semelin, Jacques. 2003. "Toward a Vocabulary of Massacre and Genocide." *Journal of Genocide Research* 5 (2) : 193–210.

Singer, André. 2014. *Night Will Fall.* London: Angel TV.

Stanton, Gregory. 1998. "The 8 Stages of Genocide." Online: http:// www. genocidewatch. org/ aboutgenocide/ 8stagesofgenocide. html (accessed 7 November 2014).

Vetlesen, Arne Johan. 2005. *Evil and Human Agency: Understanding Collective Evildoing.* Cambridge: Cambridge University Press.

Waytz, Adam and Nicholas Epley. 2012. "Social Connection Enables Dehumanization." *Journal of Experimental Social Psychology* 48 (1) : 70–76.

Wispé, Lauren. 1986. "The Distinction between Sympathy and Empathy: To Call Forth a Concept, A Word Is Needed." *Journal of Personality and Social Psychology* 50 (2) : 314–321.

Zahavi, Dan. 2010. "Empathy, Embodiment and Interpersonal Understanding: From Lipps to Schutz." *Inquiry* 53 (3) : 285–306.

第八章 阿伦特论权力与暴力

圭多·帕列蒂（Guido Parietti）

传统上，权力（power）不仅被视为政治事务中的核心概念（Morgenthau 1965, 4—5）[1]，而且经常直接或间接地被贬低为某种形式的强制性暴力（violence）。澄清这种混同是《论暴力》（Arendt 1970b）的目标，也是汉娜·阿伦特尝试对我们的世界性（worldliness）进行总体性描述的一部分，而世界性是基本的政治境况。

初看起来，阿伦特的"定义"言简意赅又隐晦难测：

> 权力对应于人类不仅能够行动，而且能够协调行动的能力。（1970b, 44）

> 权力绝不是达到目的的手段，而是使一群人能够根据手段—目的范畴来思考和行动的条件。（1970b, 51）

> 暴力……的突出特征是工具性。从现象学角度看，它类似于强力（strength），因为像所有其他工具一样，暴力工具也是为了成倍地增加自然强力而被设计出来并付诸使用的，直到在其发展的最后阶段，它们能够取代自然强力。（1970b, 45）

> 暴力本质上是工具性的；像所有手段一样，它总是需要通过

---

[1] 目前尚不清楚这种核心地位能否继续下去，因为社会科学对精确性和标准化的要求日益增高，在这种趋势下，要给权力下一个合适的定义非常困难。

它所追求的目的来引导并获得正当性。(1970b,51)

不过,在解开这些定义的含义之前,我们至少要对阿伦特提出这些定义的立场有一个基本了解,即到底什么是对一个概念的界定,为什么在她看来这非常重要。遗憾的是,或许因为阿伦特对方法论问题不怎么关心,所以我们在她的著作中找不到一个简明的描述;但我认为,通过仔细阅读,我们可以利用零散的碎片拼凑出一幅忠实于作者原意的图画。经过这种方法论的讨论,我们更容易在以下两者之间架起桥梁:一方面是权力和暴力在阿伦特论述中的含义;另一方面是今天我们更熟悉的它们在日常语言和学术语言中的含义。在澄清了阿伦特这些概念的含义后,我们会将其与尤尔根·哈贝马斯政治理论和社会理论中的"交往权力"(communicative power)概念进行比较,并进而将其与社会科学中主要由史蒂文·卢克斯(Steven Lukes)发起的关于权力定义的主流论争进行比较。

关于方法:旁观者、现象学与世界性

纵观阿伦特的所有著作,她始终毫不动摇地聚焦于对概念的理解,试图辨析概念之间的细微差别,并坚持不同概念之间的区分。她的所有重要著作都是以一种更复杂、更新颖的方式回答一些简单的概念问题,比如,权威(1993a),自由(1993b),革命(1990),行动、制作、劳动(1998),思考、意志、判断(1978b),极权主义(2009),以及我们这里讨论的暴力和权力的含义是什么?首先关注定义本来就是哲学家的典型特征,从苏格拉底到霍布斯,一直到当代的分析哲学都是如此,因此,从社会科学的角度看,首先关注定义很容易被纳入理论方法和实证方法之间的对立。

如果我们认真对待阿伦特关于自己不是一个哲学家（1978b，3），而是一个政治理论家（2000，3—4）[1]的声明，这种误解就可以避免。然而，由于没能准确理解她说这句话的意思，我们常常一方面清楚地知道这一点，另一方面又不把它当回事。这带来了对阿伦特作品的批评，好像这些作品是在创造或重新定义一些概念，以使它更适用于具体的政治行动，更有助于科学地／历史地理解它，或者兼而有之。如此一来，我们就将把概念视为"工具"（或者对行动有用，或者对解释性理论有用）的常见方法运用到阿伦特身上了，而她所有的著作都建立在对这种方法的拒绝之上。

虽然她的著作确实很有影响，人们可以各取所需地运用她的思想，但阿伦特的意图明显不是为了有用，也不是为了影响他人。相反，她声称自己关注的是理解本身（2000，4—5，Kohn 2005）；至少从这个意义上说，她是一个名副其实的古典意义上的哲学家（Stemberger 1977）。事实上，尽管她高度赞扬行动，但她却明确地将自己的成熟归因于非政治性的沉思生活（2005c；Hill 1979，311 ff.）。那么，她在何种意义上不是一个哲学家？除了对那种轻易就向纳粹屈服的知识分子的特殊敌意外，阿伦特之所以拒绝这个标签，还与哲学家难以克服的痼疾有关，即将政治化约为其他事务、贬低表象世界、否定复数性这一人类境况。从阿伦特的观点看，这三种哲学痼疾是一致的，因为它们都贬低行动，认为行动都是为了达到一个非政治性的目标，这个目标对于每个人来说都是一模一样的，通常位于彼岸世界或一个非世界性空间[2]（因为，如果承认目标的多样性，就没有理由将其中任何一个当成共同目标了）。

阿伦特所说的政治理论家不是积极的参与者（至少在他们从事理

---

[1] 高斯（Gaus）的采访视频现在在互联网上很容易找到，值得一看。

[2] 在这里，古典哲学与现代社会科学的不同之处在于，最终的决定因素据说从形而上学领域转向了社会领域；但从阿伦特的角度看，将外部标准运用于政治同样是错误的。

论工作时不是），但也不是象牙塔中的思想家（从他们的个人视角出发，告诉每个人什么是好的和合理的），或客观的外部观察家，就像典型的社会学家那样。相反，阿伦特所说的政治理论家虽然不直接参与行动，却认为自己与那些参与行动的人是同一类人，与那些政治空间中的人拥有相同的兴趣。一个超越单一共同体的空间依然可以是公开的、平等取向的——就像康德在法国大革命中观察到的那样（Kant 1979，153—155），这也明显影响了阿伦特的立场[1]——因为每个人的特殊地位并不影响他们对真理或技术问题的主张，他们只能通过自己的言行来维护自己的观点。[2]

这种"超然介入"（detached involvement）的立场让很多人感到困惑。但是，即使我们在此不谈它的内在一致性，[3] 至少也可以看到它与尊重政治自主之间的一致性。政治自主性既会受到行动者党派观点的侵害，也会受到哲学家（或社会科学家）超然态度（将外部理解标准强加于政治之上）的侵害。对于我们的分析来说，这意味着道德化的方法（从总体上或在特定情境中对暴力和权力进行价值评判的意图）和社会科学中典型的功能主义态度（也就是说，通过一个"事件"或社会现象在社会中发挥的作用来解释其意义），都不是理解阿伦特的正确方式。

然而，从这个角度来看，我们仍然不知道阿伦特所采用的方法。根据她的传记作者所说，阿伦特曾经说："我是个现象学家……但不

---

[1] 阿伦特所说的理论家的"超然介入"立场，与康德哲学中的"扩大的心智"（enlarged mentality）或"扩大的思想"（enlarged thought）概念关系最为密切（1982，especially 39—46）。

[2] 对于阿伦特来说，这种"开放性"（openness）的一个活生生的例子是卡尔·雅斯贝尔斯（2005d，183；1970a）。

[3] 阿伦特关于判断的观点，以及她对康德的特殊接受，几十年来一直是学者争议的焦点（Beiner 1982; Benhabib 1988; Steinberger 1990; Ferrara 1998; Passerin d'Entrèves 2000; Kateb 2001; Zerilli 2005; Deutscher 2007; Marshall, 2010）。近来的同情立场和批判立场分别参见 Degryse（2011）；Weidenfeld（2013）。

是黑格尔式的,也不是胡塞尔式的。"(Young-Bruehl 1983,405)她没有明确告诉我们自己到底是哪一种现象学家,但我们很容易猜到,她是在拐弯抹角地说自己的老师海德格尔。海德格尔反对他的导师胡塞尔,他的非凡之作从一开始就重新定义了现象学的意义(Heidegger 1996,§II.7)。[1] 简而言之(当然有些简单化),海德格尔早期的现象学是一种从我们的实际行为出发揭示我们最基本的存在方式的方法,而不是借助理论抽象——在这种意义上,它颠覆了胡塞尔所说的"悬置"或暂停对外部世界的判断。这种探索揭示了一系列存在事实,被认为描述了我们存在方式的先验性,就像人们认为康德哲学界定了客观感知的先验性。

阿伦特认识到这种方法的力量,并深受其影响。但她提出,不管海德格尔最初的动机是什么,但他的唯我论倾向最终让他重蹈覆辙,走向了哲学中典型的无世界性(unworldliness)。[2] 对阿伦特来说,即使在其存在主义的意义上,世界也不能被简化为一个人的在世问题,因为世界首先应该被理解为介于人们之间的(1998,53—54,182—183)。也就是说,它主要不是人与世界的关系问题,而是世界只能存在于人与人之间的关系中,并通过人与人之间的关系而存在,它们的可能性条件也是如此。从这种意义上说,复数性是我们所有实践经验

---

[1] 关于阿伦特与海德格尔的哲学关系和个人关系,目前的研究著作很多,如 Canovan(1990);Villa(1996);Bernstein(1997);Birmingham(2002)。到目前为止,最好的短篇论文依然是 Lewis P. Hinchman and Sandre K. Hinchman(1984)的《在海德格尔的阴影下:汉娜·阿伦特的现象学人文主义》,《政治学评论》46,183—211。此文能够帮助我们了解他们之间的联系与区别。

[2] 这本身是一个有争议的定性,但这正是阿伦特的观点,因此也与我们的讨论相关。她对海德格尔最尖锐的批评或许是这样概括海德格尔的观点:"既然我不能成为一个创造世界的人,那也许我就是一个破坏世界的人。"(Arendt 2005d,177)此后(《什么是存在哲学》发表于1946年),阿伦特对她的导师再也没有这么刻薄过,但她仍然批判哲学的无世界性,仍然将海德格尔视为这种哲学的集大成者(Villa 1996, ch. 7)。的确,阿伦特赞美"公共世界的恢复"(Hill 1979),这在很大程度上可以理解为是要把这个概念从海德格尔对它的破坏中挽救回来。

的组成部分（因为我们存在于世界中，而不是抽象的主体。在这一点上，阿伦特显然与海德格尔保持了距离）。这不是一个纯粹的哲学命题，因为这样一个复数性的世界要想获得稳定性，就必须通过政治和法律手段组织起来。这显然意味着，如果没有法律，也就没有这里所说的世界（2005b，190）。

虽然这种现象学方法不能再生产康德范畴的所谓先解释的普遍性（pre-interpretive university），但海德格尔存在论中激进的"以此在为中心"也不能。为了与政治相关，也就是说，为了具有世界性，阿伦特的概念不得不选择中间路线：既以主体间的效度为目标，又承认变化、扭曲甚至遗忘的可能性。同时，这些概念也不同于在今天的社会科学中司空见惯的建构主义图景，因为它们既不是任意创造的，也不能被还原为社会历史条件（这两种情况都会妨碍我们正确理解权力概念和暴力概念，而将其当成众多概念中的一个）；相反，只要不是一个人居住在这个世界上，它们就取决于我们交往的基本结构。

这种人类境况不是一种形而上学的设定，也不是不可改变的（比如，如果我们能成功离开地球，我们的境况就会发生彻底改变[Arendt 1998，前言]）。尽管如此，它还是比我们的文化和社会不断变化的方式更为根本——后者可以为社会学家所研究。阿伦特考察的主要概念都具有如下特征：既是绝对性的，因为它们声称定义了人类生活和互动的客观模式；但也是情境性的、与存在相关的，因为人们可以扭曲或遗忘它们，从而丢失或减少他们自己的可能性。正是由于这些原因，概念问题和定义问题对阿伦特来说才显得如此重要，这与社会科学和当代政治理论中占主导地位的态度形成了鲜明对比。

这种特殊的立场（尽管我希望本章能够使它显得更合理，但我在此不打算为它做更多辩护）是让阿伦特的很多读者感到晕头转向的主要原因，他们无法理解她怎能如此坚信自己对这些概念的特殊理解，反对她所看到的同代人的疑虑，除了她自己（经常有争议的）对同样具有偶然性的历史用法和历史经验的解释，她并没有任何其他根据。这种态度可能是(对阿伦特的)"本质主义"指控反复出现的原因(Benhabib 1996,123—124;Pulkkinen 2003;Schaap 2011),否则就会显得很奇怪,因为阿伦特明确持有反形而上学立场(1998,10—11)。我们应该能够理解,这里并没有暗示或引入"本质";相反,阿伦特的定义提出的这些规范性主张基于一种超越性的(在康德和海德格尔的意义上,既区别于"经验主义",又区别于"形而上学")考察,这种考察始于"思考我们正在做什么"(1998,5)。

这些初步的探讨将有助于我们从总体上理解阿伦特,尤其是她的权力和暴力概念,因为不同于其他概念,权力和暴力不只是存在于世界中,而且还定义了世界的建造和维持方式,我们下面将会认识到这一点。

制作者的暴力、行动者的权力以及它们在世界中的位置

阿伦特清楚地表明,权力对应于行动能力。正如我们所见,"协调行动"(act in concert)几乎可以被视为一种赘述,是她为了强调而选择的表达方式,因为行动需要众多的人,在孤立状态下完全不可能行动。的确,我们也可以做一种更细致的区分:一个独自反对众人的人仍然可以算作一个行动者(只要他的行为没有完全被对手忽视,哪怕他彻底失败了),但他却完全没有权力。在这种意义上,有权力的行动只是全部行动的一个组成部分。但这是一个非常大的部分,因为它包含所有有意义的行动,这些行动包括开端和维系,需要发起者和其他愿意协调行动的人联合起来(2005b,45—46;1998,189)。

暴力和工作之间的对应关系略微不那么明显,但通过仔细阅读还是能够看出来。每一种工作都包含"一种侵犯因素"(1998,139),

因为它意味着把某物变成其他东西——从某种意义上说,暴力的原型是将自然改造成某种非自然之物。这让人回想到古希腊语中 nomos 和 physei 的区别(1998,15),前者是指为了人类的使用而强加于土地上的边界(Schmitt 2006)、为使这些边界牢固清晰而建立的人造物,以及为了强化这些边界而创立的"法律"[1](1998,63—64)。在这种意义上,生产/制作与法律之间的相似之处是,它们都改变了自然进程:前者(生产/制作)涉及无生命的物质、植物和动物,后者(法律)涉及人的行为。从小处来看,即使是很琐碎的事情,也包含一种暴力因素,因为它们都轻微地改变了自然界,比如,用笔在纸上画。关于这种例子,我要稍微多说几句(在我们今天的语言中,除非强制运用法律的情况,我们很少提到暴力),因为,根据阿伦特的定义,暴力内在于每一项工作,这有助于消除一种简单化的看法,即认为对阿伦特来说暴力完全是消极的,只要有可能就应该消除暴力。

当然,阿伦特强调暴力与权力之间的区别,也主张应该将暴力与政治分离开。但是,正如她在《人的境况》中试图恢复行动概念的本来意义的尝试不能被理解为对工作和劳动的贬低一样(Cooper 1976; Flynn 1991; Markell 2011),她对暴力的批评也不能混淆为对暴力的谴责,她对权力的重新定义也不应被视为一种(为权力的)辩护。诚然,阿伦特严厉批评一些知识分子(最明显的是萨特)对暴力的错误迷恋,因为她不相信如下错误观念:某些暴力具有创造性,它能创造一个新世界,同时又能神奇地修复它所造成的伤害(1970b,12—13,20—21)。但同样不容忽视的是,阿伦特强调暴力在达成目的过程中

---

[1] 阿伦特区分了"法律"的各种含义,最重要的是区分出了两种含义,它们都是阿伦特反对的:一种是将法律当成命令的一般观念,这种"像作品一样的法律"是前政治性的;另一种是将法律当成必要的暴力,即 nomos,它来自作为行动结果(因此也是权力结果)的 lex 概念(1998,63;1990,186—187,210;1970b,39—40)。虽然所有法律都离不开暴力,以强迫人们遵守,但对它们的起源进行区分与政治/法律共同体固有的排他性这一令人烦恼的问题相关(Honig 1991; Lindahl 2006; Parietti 2009; Volk 2010)。

的工具性（1970b，79）。所有工具都面临一个问题：作为一种手段，它们只有借助目的才能获得合法性，但它们一直都有僭越目的的危险（1970b，3），如此一来，手段就失去了意义，甚至有可能失控。这种风险要求对工具、暴力和工作进行限制，但这并不是对它们的谴责，它们依然是人类境况不可分割的组成部分——实际上，对于暴力本身，并不存在任何有意义的规范性立场，而只有关于暴力的具体运用的立场。

权力也是如此，我们不应把它看成权力—暴力这对概念中肯定性的/积极的那一个。虽然暴力总会带来某种程度的破坏，但它本质上并不是错误的或邪恶的；同样，虽然权力能够开辟自由空间，带来各种可能性，但它本身并不是好的或正义的。我们不应该忽视，为了说明即使专制统治也不能仅仅依靠暴力而不借助权力而存在，她提到了主人对奴隶的有组织压迫（1970b，50—51），不管是阿伦特还是其他人，恐怕都不认为这种权力是好的。[1] 总之，权力和暴力都不是评价性概念。因为它们对应于行动能力和工作能力的运用，所以它们本身并不能被界定为好的或恶的。因此，如果存在规范问题，那它也不是为了一个概念的有效性而牺牲另一个概念，而是理解它们之间的适当关系，以避免错误的概念化导致实际可能性的减少。

然而，我们需要考虑一种不对称性，以帮助我们解释为什么人们会顺理成章地将阿伦特的这两个概念视为相互对立的。实际上，暴力可以摧毁权力，它在与权力的直接对抗中总是占上风（1970b，53）——即使行动自身也内在具有一种扩张倾向（1998，§32）——但

---

[1] 据阿伦特所说，极权主义也是以最低限度的、由秘密警察组织及其告密者形成的权力为基础的。然而，这可能会突显出一种矛盾，因为极权主义的逻辑是让现实完全服从抽象的发展规律，这似乎就排除了这种权力出现的可能（Arendt 2009, chs. 12—13）。同样，在集中营里实现的全面统治如果得以普遍化，那么，所有权力也都将被吞噬进暴力的必然性结构中。或许，通过将现实中的极权主义看成其自身逻辑的"不完美"实现，可以缓和这种矛盾，如此一来，虽然极权主义从逻辑上排除了权力，但是，在其实施过程中却不可能完全排除权力。

是，相应的权力战胜暴力的风险却不存在。正如我们所知，这不是因为暴力在我们的境况中完全不应该有其位置，而是因为它对应于无法消除的必然性（只要我们需要居所和衣物，以保护我们的财产和生命，如此等等）。显然，我们从共同行动中得不到任何物品，而"显现空间"（1998，§28）本来就是转瞬即逝的，为了让它变得稳固，我们既需要物质性的暴力，以建造城市让人们住在一起；又需要强制性的法律以维持秩序。因此，暴力没有被消除的可能，只有失控扩张的危险。

同时，虽然暴力可以摧毁权力，但权力却明显高于暴力（1970b，50），因为要实施有组织的暴力，就必须拥有权力，以将实施暴力的群体团结在一起。这种群体可以是战争中的士兵、大街上的警察或压迫奴隶的主人。真正重要的是，一个有行动能力的集体在一起就意味着权力。但是，并非所有暴力都需要这样的集体。这在暴力的一般意义中非常明显（单个罪犯也可以对受害者实施暴力），在阿伦特的定义中同样如此，因为暴力被视为工作中不可或缺的工具，而工作作为一种建造世界的能力，是一个人就可以实施的。虽然权力本身与复数性和协调行动内在相关，但却被界定为根据手段—目的范畴而行动的条件；而一旦暴力通过其工具性而得到界定，那么，这就意味着没有权利就没有这种所谓的暴力。但同时，"暴力的极端形式是一个人对抗所有人"，而权力的极端形式是"所有人对抗一个人"（1970b，42）。

阿伦特试图既忠实于日常语言，又坚持自己的理论立场，这里可能有一种张力，甚至矛盾。但是，如果对阿伦特主张的权力与工具理性的可能性之间的联系做一种更灵活的理解，这种张力就会有所缓解。在阿伦特看来，权力不仅是工具性行动的条件，还是以这种方式进行思考的条件。这意味着即使是那些在阿伦特看来不是"行动"的活动，如工作，也要依靠权力以一种有意义的方式设定它们的目的。工匠或杀人犯在孤立状态下也能完成他们的工作，但他们设定目的并为此而行动的能力却离不开一个共同的政治世界，如果没有这个世界，手段和目的的链条就会无限延续下去，因而是没有意义的（"目的本身"

具有一种悖论性：1998，§21）。关于人在异化状态下从事对他们自己毫无意义的工作的经验，在阿伦特之前和之后都有详尽的探讨，从中更容易看到这种经验与极端的无权是多么一致。

因此，即使暴力并不总是直接需要权力，以将实施暴力的群体联合起来（虽然这可能是更常见的情况），但为了获得意义，它还是需要权力的背后支持，这种权力作为一种政治秩序，至少允许存在一定程度的自由。也就是说，虽然从理论上说暴力可以完全不借助权力而存在（一个人对抗所有人），但那种能（至少能）恪守边界的暴力（能够达到其目的，又不超越其目的）仍然以权力为必要条件。我认为，这就是人们所说的权力高于暴力的深层意义，虽然在任何一次直接对抗中，暴力总能轻而易举地摧毁权力。

我们刚才讨论的不对称性植根于权力与暴力的关系结构中，而不是因为我们偏爱其中一个而不喜欢另一个。尽管阿伦特并没有明确指出，但我认为这种结构来自一个事实：权力指的是一个人能够处于其中的状态；而暴力是一种达到目的的手段，它指的是一件已经完成或正在做的"东西"。这也是本章开头引用的几段话的意思，其中提到，暴力是一种手段，而权力是使我们能够根据手段—目的范畴来思考和行动的条件。一旦强调权力的这种类型的或典型的意义，那么下面这点就非常明显了：如果没有丝毫权力，我们就不能工具性地（或者通过其他任何方式）思考和行动。也就是说，彻底的无权显然意味着不能行动，而不能行动甚至最终会影响到我们的思考能力，因为我们的心智不能够摆脱肉体而存在（1998，324—325）。

因此，虽然（暴力和权力）这两个概念分别对应于工作和行动，但这却是两种不同的对应方式，这与阿伦特对上述活动的描述是一致的。暴力是工作过程中的一种手段；而权力是由协调行动创造的条件，它既不能被视为一种工具，也不能被视为一个与其显现相分离的结果。只有得到他人的合作，一个人才有权力；一旦这种协调行动的意向消失了，他的权力就不复存在了。一个典型的例子是，一旦遭遇强有力的挑战，从而明显失去实际的支持，一些政权就会出乎意料地迅速垮台（1970b，49—50）。这或许就是权力的吊诡之处，即权力始终是一种"潜力"（1998，200），它的维持需要借助人们持续不断的行动。暴力的情况正相反，它内在于技术工具中，在需要的时候可以被任意召唤出来，只要一个人有权这么做（1970b，48—49）。

正确把握阿伦特对暴力和权力（分别对应于工作和行动的实现）的论述，为我们认识她对现代性和政治的总体态度提供了合适的视角。传统上，阿伦特被认为是现代性的批评家，与韦伯和海德格尔一样，她把现代性看作一个工具理性时代；她批评的标准是没有外在目的的理想化政治。她的后一点，以及与之相关的对"社会"的批评，已经受到广泛的、各种各样的批评（Canovan 1978；Pitkin 1981；Bernstein 1986；Schwartz 1989；Pitkin 2000）；而前一点则经常被用来区分"现代主义者"（Biskowski 1995；Benhabib 1996）、"反现代主义者"或"后现代主义者"（Honig 1988；Villa 1992）。在这两方面，我要再重申一遍，重要的不是弄清阿伦特支持什么或反对什么——不管是现代性、工具理性或两者兼而有之，而是理解这种研究的潜能，这种研究不是从做出对现象或处境（它们不能被简化为任何一种诸如此类的单一特征）的规范性判断开始，也不以此为终点。

虽然阿伦特对现代工具理性的批评类似于海德格尔对技术思考的鄙视——认为技术思考主导了当今时代；但是，理解阿伦特态度的细微差别仍然非常重要。我们应该注意到，她指出了现代社会中工具的垄断倾向这一问题，但却认为这只是一种过渡现象，随着劳动取代工作成为主导活动，以及相应的生物性欲望的膨胀，这种现象已经被克服了（1998，§43—45）。她不是要通过贬低劳动和工作来恢复行动的声望，她的深层意图一直是拯救多样性，为此，她才试图描述每一种活动的适当位置，以及它们之间的适当关系。

工作必然需要一定程度的暴力，即使我们希望将暴力限制在一定的界限之内；工作的作用是建立一个世界，以减轻劳动并为行动准备必要条件，这两方面是相互一致的，因为一个在生物必然性驱使下的人不可能自由行动。这应该从两方面来理解：一方面是创造物质对象；另一方面是创造故事、文化、法律和制度，后一方面更抽象，但同样重要。此外，这两方面还应该从它们与劳动和行动的关系上来理解（Markell 2011）。显然，工具和器具有助于减轻我们的劳动，更好地满足我们的需要；但物质性的墙壁、私人住宅和公共空间同样为政治行动所必需。另一方面，法律、制度以及共同文化显然关乎我们能否协调行动，但它们也有助于我们更好地组织劳动，为了更有效率地劳动，我们必须遵守各种明文规定和行为准则。这些"工作"的完成都需要不同形式、不同程度的暴力。由于暴力与工作所需存在内在联系，它是建造世界的必要手段。

另一方面，权力是使人工世界保持完整的条件：既通过支撑持续不断的努力以保证持久性工作的有序进行，又通过赋予它意义——这两者还可能是一回事，因为被认为没有意义的工作很容易被忽略。正如我们所见，权力是任何有意义地使用暴力的必要条件，也是任何有目的的事业的必要条件，但我们应该在更深刻的层面上来理解这一点，而不能仅仅将它当成一种组织能力。不管是出于理论的原因，还是出于道德／实践或技术的原因，都需要有待实现的权力的存在。实际上，在假定的"非世界"（non-world）中，由于完全没有权力，并因而完全由必然性支配，按照定义，那里的所有人都不具备追求某种目的的思考能力、意志能力和行动能力。

因此，阿伦特对极权主义、革命这些具体的历史现象的分析，并不是为了展示权力是如何创建的或暴力是如何走向失控的，而是对我们的世界境况的可能性的现象学（根据她的特殊理解）研究。因此，举例来说，《论革命》的主旨并不是"赞美美国革命和指责法国大革命"（Dish 2011），也不是做一种泛泛的历史评价，而是为了考察一些历史事件（对这些历史事件的解释仍然是可以质疑的）如何为自由和权力开辟了空间。[1] 它不是运用权力理论、暴力理论或其他理论来解释历史、政治或社会（就像政治哲学和社会科学所做的那样）；相反，这些具体的事件是为了揭示可能向我们开启或已经向我们开启的可能性。

的确，从《人的境况》到《心智生活》，阿伦特的著作越来越明确地致力于理解可能性与必然性，以及它们在界定我们自己的世界境况时的区别与联系。从这个角度说，权力和暴力是至关重要的，因为它们是"世界性的"，这不仅是说它们是我们的现实的不可或缺的组成部分，也不仅是说它们像其他人类概念一样是属于这个世界的，而是说它们界定了建造和维护世界的条件；在阿伦特看来，海德格尔忽视了这一至关重要的细节。

关于某些流行的"权力"观念

正如我们所见，阿伦特定义其概念的根据会让大多数理论家和社会学家感到不适。此外，现象学方法也经常遭到如下指责：如果人们不认可作者对现象的描述和解释，也就没有理由认同随后的结论。虽然从结构上说这样的挑战不会有直接的答案，但它至少可以通过呈现主流方法的不足，提出寻找替代方案的可能。因此，通过对政治理论和社会科学定义权力的方式进行一种内部批评，能够帮助我们认识到阿伦特研究的意义，尤其是，如果主流方法的问题正是由它们自己的方法论假设造成的。

在评估主流的定义，并将其与阿伦特的定义进行比较时，我将

---

[1] 在阿伦特看来，这两场革命都做到了这些，只不过它们程度不同，而且都不彻底。这也就意味着，人们通常认为这两者在阿伦特那里是互相对立的，这其实是对她的思想的歪曲，尽管以我们今天的后见之明看，她在解释历史时的确犯了一些错误。

侧重于权力,这既因为权力的定义问题更突出,也因为暴力概念的问题相对较少。实际上,即使阿伦特理论中的框架导致了一些我们不熟悉的结果,也不意味着它不同于通常的概念化类型。无论是对于阿伦特来说,还是对于其他人来说,暴力都是人所完成或实施的"某种东西",其实施过程会造成一种威胁和损害。相反,权力的定义则需要进行更多改造,因为它一般都被混同于暴力及其类型,即被解释成一些人用以统治或对抗他人的"某种东西",有人行使权力,有人承受其后果,如此等等,而不是被理解为一种我们须臾不能离的处境。

如前所述,我在这里将首先考察尤尔根·哈贝马斯对阿伦特权力概念的接受(1977),这种接受不仅深刻影响了后来的解释,而且在哈贝马斯自己的理论发展过程中也至关重要。然后,我会讨论史蒂文·卢克斯对"权力的三个维度"的重建(2005),这一点特别有用,因为它囊括了大部分关于权力的主流论争,同时也代表了关于这一问题的最新研究成果。

哈贝马斯与经验判断的规范功用

在过去四十年中,哈贝马斯在政治理论和哲学领域的声望主要归功于他为认识论、社会和政治领域建立规范的不懈努力。在这一过程中,他最突出的特点是坚持不懈地对各种不同的、经常是相互矛盾的方法进行综合与调停。在政治方面,他试图在经验性的社会学、政治学观点与那些规范性理论之间进行调停,这些规范性理论包括社会主义、自由主义、共和主义和激进民主主义等。这一复杂的尝试在《在事实与规范之间》(Habermas 1996)一书中得到了最充分的展开,其中,"交往权力"这个来自阿伦特(Habermas 1977)同时又有"创造性误读"(Canovan 1983)的概念扮演了至关重要的角色。

简言之(当然不可避免会有些简单化),哈贝马斯的核心观点是,国家为发挥其整合社会不同"子系统"的作用(Parsons 2005;Luhmann 2012)而行使的"行政权力",只有通过法律的中介才能形成（Habermas 1996，150，299），由公民之间的自由互动所形成的"交往权力"必须不受国家的控制（Habermas 1996，ch. 8）。哈贝马斯通过提出生活世界的理性潜能理论（1984；1987），同时也通过纠正他所说的阿伦特观念的片面性，发展了阿伦特的基本主张，他将此解释为，只有通过非工具性的交往互动才能产生合法权力（1977）。实际上，在哈贝马斯看来，阿伦特持有一种规范性的权力观念，这使她没有认识到现代政治的战略性、工具性和意识形态性面向（1977，14 ff）。

我们已经看到，这种对阿伦特权力观念的"道德化"解读是一种错误解释。但问题不仅仅在于解释，因为哈贝马斯提出的阿伦特存在的主要问题，实际上都是他自己对"交往权力"的解读问题。我们已经知道，在阿伦特看来，权力并不是与工具性截然对立的，它实际上是有目的行动的条件，其中就包括一些非交往性的（在道德上应该受到谴责的）集体行动，如主人对奴隶的统治。不管人们如何评价这种权力观念，但认为它在严峻的政治现实面前显得天真幼稚是站不住脚的。指责阿伦特忽视了意识形态的危险，也同样让人感到奇怪，这一方面是因为，意识形态话题在她关于极权主义的著作中占有非常重要的地位（2009，ch. 13）；另一方面是因为，她的权力概念，考虑到其类型特点以及与"显现空间"存在的明确联系，明显地考虑到了舆论的有组织扭曲这个主题。

换言之，阿伦特的"权力"概念存在的问题（哈贝马斯认为它需要与社会学和政治学的经验结论结合起来）其实是哈贝马斯自己的解读问题。然而，如果哈贝马斯的二元论权力观能够自圆其说，人们也可以原谅他的解释问题，依然将其视为一个切实可行的结构。不过，它能否做到这一点是可疑的。实际上，除了对哈贝马斯的计划有没有真正取得成功存有异议外（这是一个非常有争议的话题，我们在此无法评价），从对权力的理解这一角度看，哈贝马斯的主要问题是缺少一个统一的权力概念。也就是说，根据哈贝马斯的重构，权力可以分为"行政性的"和"交往性的",但我们不明白的是,既然它们之间几乎没有什么共同之处,为什么还要把它们统称为"权力"。因而,哈贝马斯仍然没有为我们提供一个统一的权力定义,[1]以解释这两种权力之间的关系。

此外,即使分开来看,这两个权力概念内部也是有问题的。"交往权力"既与权力的一般意义不符,也不能被归入后者,这就使得其使用的正当性完全来自其理论内部。从这个角度看,尽管所谓走向公正和理性结果的趋势从经验上可能得到肯定也可能不能得到肯定,但在哈贝马斯自己的话语结构中,它不能被当成统一的规范性基础。我们可以借助卡尔-奥托·阿佩尔(Karl-Otto Apel)对哈贝马斯的批判来说明这一点(Apel 1992;1998)。阿佩尔批评的要旨是自然主义谬误的复杂版本:我们不能用经验观察来支撑规范本身,因为我们能获取的任何知识都取决于交往实践,而这种交往实践必须已经确立了自己的有效性(因为我们已经不再相信能够从某种理想化的外部立场获得真理)。因此,即使从经验上看,交往能够产生权力,这种权力来自公民社会/生活世界,并将产生好的、理性的结果,但是,这一事实仍然不能证明哈贝马斯提倡的协商民主对二元论体系的规范承诺是合理的。

通过交往权力与生活世界之间的关系,成功地赋予这种权力以规范性内容的唯一方式,是赋予后者一个走向理性的终极目标,这个目标既是事实性的(即不是超越性的或仅仅是规范性的),又是通过理论确定性建立起来的(即超越了经验观察的变化莫测)。但这样一个出路显然与哈贝马斯的"后形而上学"立场(1992)相冲突。在阿佩尔看来,这是"一些未被认识或承认的思辨性历史哲学的遗存"(1992,131),它隐藏于将规范价值归因于所谓的经验倾向的自然主

---

[1] 的确,社会学家使用的权力概念多种多样,哈贝马斯自己的"交往权力"也可以做出不同解读,它们的意义都非常不明确(Flynn 2004)。

义谬误之下。阿伦特活得不够长，没有看到哈贝马斯成熟时期思想的发展，[1]但她大概会同意这种批评，因为这种批评与她的思想一样根源于康德哲学，同时二者都激烈地批判历史哲学。

"行政权力"的情况比较简单，因为哈贝马斯采纳了社会学和政治学的观点，接受了其中的现成概念以描述权力的实施过程，其唯一的重要缺陷是没有看到交往权力体现出的规范性面向。在将"行政权力"对应于社会科学中常见的经验图景时，哈贝马斯实际上结合了结构（或系统）方法和"行动理论"方法。它们是相关的，因为后者（比如，权力经常被界定为一些人对另一些人的统治）虽然不完全符合权力的定义，但它仍然被视为一种权力；而前者通过将互动降低到功能性的或维护系统所必须的程度，实际上带来了对权力的否定。[2]然而，正如我们以下将会看到的那样，哈贝马斯最大的问题是这些定义（除了哈贝马斯掩盖的内部差异之外）本身无法提供一个一致的权力概念，以避免陷入同义反复。

哈贝马斯将阿伦特的"权力"理解为与权力的"生成"相一致的东西——依其规范，它指向相互理解，这种权力可以根据策略性行动的模型被有目的地加以使用。这时，他似乎还接近阿伦特的思想结构，正如我们所知，这种思想结构将权力视为维护政治秩序的必要条件，甚至是使用暴力的必要条件。然而，由于哈贝马斯忽视了在阿伦特影响下出现的类型转变，他回到了关于权力的老一套学术讨论，将权力视为一个可以拥有和使用的"东西"（用哈贝马斯采用的系统论术语来说，就是一个"媒介"），尽管这种权力话语为人所熟知，但实际上并不能抓住权力在我们日常语言中的意义。

---

1 据我所知，阿伦特只引用过一次哈贝马斯。鉴于后来的发展，这一注释既是赞赏性的，同时也是否定性的，这很有意思。它提供了一个例证，表明从"陈旧的（马克思主义）理论和口号"中解脱出来是多么困难（1970b，96—97）。

2 尼克拉斯·卢曼是哈贝马斯重点参考的理论家，实际上，他明确质疑这种权力概念的相关性（1982，107）。

卢克斯与社会科学中关于"权力"的论争

为了了解社会科学中的权力概念,我们可以关注由史蒂文·卢克斯(2005)重建的关于权力的"三个维度"(或"面向")的论争。让我们从达尔(Dahl)1957年提出的定义说起:"A 对 B 拥有权力,就是 A 能让 B 去做他本来不会去做的事"(1957,202—203),尽管这一定义遭到了严厉批评,但仍然被广泛采用。在巴克拉克(Bachrach)和巴拉茨(Baratz)看来,达尔这个定义的问题是,它只看到了在可见的决定中行使的权力——后来被贴上了"行使谬误"(exercise fallacy)(Morriss 2002,§ 3.2;Dowding 2011,229—230)的标签,但权力不一定是可见的,因为拥有权力的人可以在不明确显示其权力的情况下排除一些结果,而促成其他结果。权力的"第二面向"的一个关键例子,是秘密地形成议程的能力,这种能力仅仅是处于支配地位的结果,而不必采取任何具体行动。卢克斯1974年出版了他的重要著作,在他看来,这种批评还不到位,因为他发现,在形成对选项的感知的过程中,还存在权力的第三个维度(2005,25ff.)——它是一种系统性的歪曲,不仅不能用行为主义或个人主义方法来分析,而且如果不预先假定反事实的条件(counterfactual condition),它甚至无法被识别(2005,144—150)。[1]

正如卢克斯后来承认的那样,整个论争都误解了"power to"(指做某事的各种权力)和"power over"(一些人对另一些人的统治)之间的逻辑关系,好像它们是两个相对的概念,"后者只是前者的一个亚类型"(2005,69—74)。实际上,最近对权力的分析虽表现方式不同,但依据的都是"做……的权力"("power to")——潜在能力或实际能力(Morriss 2002;Lukes 2005,69—85;Altini 2010)。这些成

---

[1] 这可以被称为"意识形态"或"虚假意识",但这些术语在卢克斯正在讨论的实证主义方法中一直声名狼藉。

果与阿伦特的观点有共同之处，表明她的观点越来越为人所接受，[1]但是，由于没有认识到我们之前所说的阿伦特带来的类型转变，即转向对权力的类型和模式的理解，他们仍然没能提供一个定义，这个定义要与权力概念的日常使用既具有内在一致性，又具有内在连贯性。

由于他们的基本假设是，权力是某种可以通过经验观察的东西（无论是对他人的统治，还是某个人拥有的能力），而不是指我们与世界之间的关系，因此，这些论争尽管存在内部差异，但最后都是回答权力是如何运作的，而不是界定什么是权力。换言之，他们一本正经地认为自己在讨论一个"对象"，但实际上他们主要是从功能方面来定义它。正如一个人要给一部机器下定义（我们可以清楚地看到它，尽管我们对它一无所知），但他采用的方式是解释它的运作方式和功能。于是，他们提出了各种操作方面的定义以衡量权力及其效果（而且在这方面也可能是失败的[Isaac 1987, 19—21]），而不是将权力当成一个概念来界定。对于卢克斯的问题："当我们对权力感兴趣时，我们感兴趣的到底是什么？"（1986, 17）最常见的答案并不是"它的概念"。相反，"什么是权力"已经被理解为"哪些现象是权力的实例（以及它们是如何运作的）？"这是一个明显相关的问题，或许是最相关的问题，但如果我们不先有一个可靠的权力定义，它就不会有答案。

但是，他们提出的权力定义是一种解释循环或同义反复，因此是无用的，这主要是因为他们没有把权力的类型意义理解为一种我们会身处其中的境况。如果我们考虑一下"能"（can）常常被等同于"有权力做"（having the power to），这一点就非常明显了，因此，达尔的定义就可以被简化为：

> 如果一个人能让他人去做其原本不会做的事，那这个人就有权力。

---

[1] 在卢克斯最初的论述中，他把阿伦特的权力概念与帕森斯的权力概念归为一类，并提出了尖锐的批评（2005, 30—34）。

可以发现，在这里"能"（"can"，或"be able to""be capable"）与"有权力"（having the power to）被等同起来，这不仅暴露出解释的循环，而且清楚地表明"power over"从属于更宽泛的"power to"。在这一问题上，人们长期争论不休，其中，彼得·莫里斯（Peter Morriss 2002, §5.3）说得最清楚，现在我们应该解决这一问题了。近来，围绕着"对……拥有权力"（"power over"）、"有权力做……"（"power to"）、"随/与……的权力"（"power with"）这三个女性主义理论家经常使用的概念，也出现了相似的混乱。[1]尽管埃米·艾伦（Amy Allen）小心翼翼地解释了这些概念，[2]但它们仍被理解为似乎代表着行动的不同进程和/或不同的现实境况，这些理解通常都带有道德色彩（Mansbridge 1996; Kraft 2000; Berger 2005）。但从概念的角度看，非常清楚的是，统驭性的权力观念只有一个，那就是"power to"，无论是"power over""power with"还是其具体的道德意义，都是一种"power to"：如果你得到的权力不是能做（或不做）某事的权力、能达成（或阻止）某事的权力，那它就根本不是权力。但需要再次重申的是，"权力是……的权力"（power is the power to…）是一种同义反复，不能促进我们对这个概念的理解。

需要指出的第二点是，即使这些定义不是同义反复，它们仍然不是在界定"权力"，而是在界定一种条件——我们据此条件可以正确地说某人拥有权力。如果权力是一个看得见、摸得着的对象，那这种说法是成立的——达尔的意图实际上就是如此，即把权力变成一种可测度的对象（Dahl 1957, 202—209），但这不等于界定了一个概念。实际上，要获得具有坚实经验基础的结果，某物出现的条件必然不能

---

[1] "power with"一词最早出现在1925年的一篇论文中，见Follett（2003）。

[2] "在我描述的三种含义中，'power-to'或许是最基础的，但它与'power-over'或'power-with'并不是对立的……它们不应被理解为权力的不同类型或形式，而是为了分析方便，从同一种形势中区分出来的三个特征。"（Allen 1998, 37）还可参见Pansardi（2012）。

等同于对它的完整定义，否则，这种研究就不会产生任何新知识；它只是纯粹的数据收集，而不是归纳科学。

结果是，即使我们的确可以更好地把权力概念化为一种可以经验地观察到的"东西"（Dahl 1957，201），我们仍然没有理解这个"东西"到底是什么（不同于我们可以在其中发现权力的一系列事实）。这种同义反复是由以下难题造成的：我们可以从一系列条件中获得操作性定义，但这个条件清单必须囊括所有可能。[1] 这个清单显然会很长很长（这是我们使用一般概念的原因），但是，把同一个概念用作其定义的一部分，则可消除对这个清单的需要。因此，"能"（意谓"有权力做"）就囊括了所有权力的例子，产生了定义权力的错觉——这个定义保证了一个不可能的目标——既在概念上做到了无所不包，又可应用于实证检验。

通过这些考察，我们发现关于权力的大多数定义（实际上是高度概括的理论）都有三个基本要素：

1. 同义反复："权力就是……的权力"
2. 引入拥有权力的主体"A"
3. 引入"A"的权力实施对象"B"

可以说，这三个要素划定了讨论权力的框架。正如我们通过对卢克斯的考察所总结的那样，第 2 点和第 3 点已经得到充分讨论，并遭到各种各样的批评。对第 2 点的反驳，即权力的去主体化或权力的隐秘化（Hayward 2000），是福柯哲学的主题，也是更宽泛的"后现代主义"的主题（Digeser 1992；Brass 2000；Widder 2004；Hörnqvist 2010）。从另外的角度看，在系统理论中也可以看到类似的去人格化趋势（Borch 2005），在社会学和政治学中的功能主义方法中，这种趋

---

[1] 这会否定苏格拉底最初对何为概念的界定，即概念不是实例的罗列，但是，如果这个列表真能无所不包，对于大多数社会科学家来说，由于他们感兴趣的是实证，所以这也同样可行。

势也依稀可辨。总体来说，在这些视角下，权力不再是"某人"的财产（既不是个人的或群体的，也不是一个机构的），而是内在于整个社会关系系统中。

关于这种"极度激进的"（Lukes 2005, 88）方法，我们还可以借用卢克斯的观察。他注意到，如果认真对待他们的观点，就会导致权力含义的泛化，它将等同于大多数甚至全部的社会关系（Foucault 1988, 3）。因此，这样一个概念作为一个分析工具几乎是没用的，也没那么激进了（Lukes 2005, 97 ff）。这种对权力概念的重新思考造成的结果将是权力概念的自行消失。对我们来说最重要的是，这些权力概念仍聚焦于经验和操作层面，虽然避免了第一点中的同义反复问题，但仍然没有给它下一个定义。

困扰着这些论争的混乱表明，我们在理论上需要给权力下一个定义。其中最重要的原因是，"权力"不仅是我们在研究政治和社会时所使用的概念之一，而且正如很多参与论争的人已经指出的那样，我们认识和理解权力的方式对实际的政治行动也有特别重要的意义，由于阿伦特的观点，我们现在更清楚地认识到了这一点。如果没有一个清晰的权力概念，那些纯粹描述性的社会科学或许不受影响（这就是为什么一门纯粹描述性的社会科学不可能是真正的政治研究），但那些想要行动的人却会受影响。一个合格的概念为了追求清晰，其自身不会涉及经验事实，也不涉及具体的行动。相反，它只界定在权力这个标签之下包含哪些事件、不包含哪些事件。因此，一个合格的概念的功用是否定性的——不是为了生产知识，而是为了避免错误，这也就是康德意义上的批判，而阿伦特的权力概念就是如此。

结论

在本章中,我试图以阿伦特的方式重建权力概念和暴力概念。我先从阿伦特没有怎么提及的方法论问题入手,因为要理解阿伦特所做的工作,大部分问题都可以追溯到方法论层面。在澄清了阿伦特的立场后,我们就可以把阿伦特的暴力概念和权力概念理解为工作和行动的实现,而工作和行动的能力则定义了我们的世界性。在这种意义上,暴力和权力能够将一些有关阿伦特思想的争议联系起来——她对海德格尔现象学的有选择挪用、她的非道德化的政治观念、她对现代性和工具理性的态度。

如果我们常用的关于权力和暴力的概念框架是恰当的,那我们再讨论阿伦特的权力观和暴力观就只是出于阐释的兴趣。但正如我简略地呈现的那样,事实并非如此——尽管很多人都敏锐地认识到权力概念之于政治和政治思想的核心作用,但他们几乎都没有以一种连贯的方式界定它或使用它。作为过去40年中最重要的政治理论家,哈贝马斯既没有一个清晰的权力概念,也没有以一种连贯的方式使用它,其中的部分原因在于,他没能抵挡住将规范性元素植入所谓的描述性概念中的诱惑。从更大的范围看,正如卢克斯的研究所表明的那样,社会科学领域中的论争也没能给出一个避免同义反复的权力定义。

由于方法论上的巨大鸿沟,从社会科学的角度看,我们很难说接受阿伦特的观点能够带来什么直接后果。然而,鉴于当前人们对权力概念的思考还很不够,阿伦特的观点至少为我们提供了一种批评视角,为常见的因果关系研究模式和功能主义研究模式提供一种限制。权力意味着偶然性,是与必然性相对的,这是阿伦特批评社会科学的核心之处。在她看来,社会科学无法理解根本性的创新或无法预料的灾难(Baehr 2002;2010c)。在讨论了概念界定在阿伦特思想中的地位之后,我们现在更能理解,问题不在于弄清社会学家是否能够解释无法预料的现象,而在于这种社会科学没有为阿伦特意义上的权力、政治和创新留下多少空间。

因此,权力的类型意义发挥着一种至关重要的限制作用,但正如我们所见,阿伦特的概念植根于经验境况,这种境况只有一部分是由物质对象组成的。在这一领域——不能还原为经验分析的境况的事实背景——阿伦特与政治学家和社会学家之间可能会有一场富有意义的(即使是有限的)碰撞。

诚然,阿伦特的观点与政治理论和社会科学中的主流观点相去甚远,也许在他们的理论框架中,阿伦特的观点是不可接受的,甚至是无法理解的。但是,我们在定义诸如"权力"这样的基本概念时发现的问题,至少能促使我们思考现有学术研究的局限性,并唤起我们对其他不同思考方法的好奇。

(陈国战　译)

参考文献

Allen, Amy. 1998. "Rethinking Power." *Hypatia* 13, 21–40.

Altini, Carlo. 2010. "' Potentia' as 'Potestas': An Interpretation of Modern Politics between Thomas Hobbes and Carl Schmitt." *Philosophy & Social Criticism 36*, 231–252.

Apel, Karl-Otto. 1992. "Normatively Grounding 'Critical Theory' through a Recourse to the Lifeworld? A Transcendental-Pragmatic Attempt to Think with Habermas against Habermas." In *Philosophical Interventions in the Unfinished Project of Enlightenment,* edited by Axel Honneth, Thomas McCarthy, Claus Off e and Albrecht Wellmer, 125–170. Cambridge, MA: MIT Press.

——. 1998. "Auflösung der Diskursethik? Zur Architektonik der Diskursdifferenzierung in Habermas' Faktizität und Geltung." In *Auseinandersetzungen. Erprobung des transzendentalpragmatischen Ansatzes,* 727–838. Frankfurt: Suhrkamp.

Arendt, Hannah. 1970a. "Karl Jaspers: A Laudation." In *Men in Dark Times*, 71–80. New York: Harcourt, Brace & World.

——. 1970b. *On Violence.* New York: Harvest Books.

——. 1978b. *The Life of the Mind.* San Diego, CA, New York: Harcourt.

——. 1982. *Lectures on Kant's Political Philosophy.* Chicago: University of Chicago Press.

——. 1990. *On Revolution.* London, New York: Penguin.

——. 1993a. "What Is Authority?" In *Between Past and Future*, 91–141. London, New York: Penguin.

——. 1993b. "What Is Freedom?" In *Between Past and Future*, 143–171. London, New York: Penguin.

——. 1998. *The Human Condition.* Chicago: University of Chicago Press.

——. 2000. "What Remains? The Language Remains: A Conversation with Gunter Gaus." In *The Portable Hannah Arendt*, edited by Peter Baehr, 3–22. London, New York: Penguin.

——. 2005b. "Introduction into Politics." In *The Promise of Politics*, 93–200. New York: Schocken Books.

——. 2005c. "Prologue." In *Responsibility and Judgment.* New York: Schocken Books.

———. 2005d. "What Is Existential Philosophy?" In *Essays in Understanding, 1930–1954: Formation, Exile, and Totalitarianism,* edited by Jerome Kohn, 163–187. New York: Schocken.

———. 2009. *The Origins of Totalitarianism.* San Diego, CA, New York, London: Harcourt.

Bachrach, Peter and Morton S. Baratz. 1962. "Two Faces of Power." *The American Political Science Review* 56, 947–952.

Baehr, Peter. 2002. "Identifying the Unprecedented: Hannah Arendt, Totalitarianism, and the Critique of Sociology." *American Sociological Review* 67, 804–831.

———. 2010c. *Hannah Arendt, Totalitarianism, and the Social Sciences.* Stanford, CA: Stanford University Press.

Beiner, Ronald. 1982. " Interpretive Essay." In *Lectures on Kant's Political Philosophy*, Chicago: University of Chicago Press.

Benhabib, Seyla. 1988. "Judgment and the Moral Foundations of Politics in Arendt's Thought." *Political Theory* 16, 29–51.

———. 1996. *The Reluctant Modernism of Hannah Arendt.* London: SAGE.

Berger, Bruce K. 2005. "Power Over, Power With, and Power to Relations: Critical Reflections on Public Relations, the Dominant Coalition, and Activism." *Journal of Public Relations Research* 17, 5–28.

Bernstein, Richard J. 1986. "Rethinking the Social and the Political." In *Philosophical Profiles: Essays in a Pragmatic Mode.* Philadelphia: University of Pennsylvania Press, 238–259.

———. 1997. "Provocation and Appropriation: Hannah Arendt's Response to Martin Heidegger." *Constellations* 4, 153–171.

Birmingham, Peg. 2002. "Heidegger and Arendt: The Birth of Political Action and Speech." In *Heidegger and Practical Philosophy*, edited by François Raffouland and David Pettigrew, 191–202. New York: State University of New York Press.

Biskowski, Lawrence J. 1995. "Politics Versus Aesthetics: Arendt's Critiques of Nietzsche and Heidegger." *Review of Politics* 57, 59–89.

Borch, Christian. 2005. "Systemic Power: Luhmann, Foucault, and Analytics of Power." *Acta sociologica* 48, 155–167.

Brass, Paul R. 2000. "Foucault Steals Political Science." *Annual Review of Political Science* 3, 305–330.

Canovan, Margaret. 1978. "The Contradictions of Hannah Arendt's Political Thought." *Political Theory* 6, 5–26.

——. 1983. "A Case of Distorted Communication: A Note on Habermas and Arendt." *Political Theory* 11, 105–116.

——. 1990. "Socrates or Heidegger? Hannah Arendt's Reflections on Philosophy and Politics." *Social Research* 57, 135–165.

Cooper, Leroy A. 1976. "Hannah Arendt's Political Philosophy: An Interpretation." *The Review of Politics* 38, 145–176.

Dahl, Robert A. 1957. "The Concept of Power." *Behavioral Science* 2, 201–215.

Degryse, Annelies. 2011. "Sensus communis as a Foundation for Men as Political Beings: Arendt's Reading of Kant's Critique of Judgment." *Philosophy & Social Criticism* 37, 345–358.

Deutscher, Max. 2007. *Judgment After Arendt*. Aldershot: Ashgate.

Digeser, Peter. 1992. "The Fourth Face of Power." *The Journal of Politics* 54, 977–1007.

Disch, Lisa. 2011. "How Could Hannah Arendt Glorify the American Revolution and Revile the French? Placing On Revolution in the Historiography of the French and American Revolutions." *European Journal of Political Theory* 10, 350–371.

Dowding, Keith (ed.) (2011). *Encyclopedia of Power*. London: SAGE.

Ferrara, Alessandro. 1998. "Judgment, Identity and Authenticity: A Reconstruction of Hannah Arendt's Interpretation of Kant." *Philosophy & Social Criticism* 24, 113–136.

Flynn, Bernard. 1991. "The Places of the Work of Art in Arendt's Philosophy." *Philosophy & Social Criticism* 17, 217–228.

Flynn, Jeffrey. 2004. "Communicative Power in Habermas's Theory of Democracy." *European Journal of Political Theory* 3, 433–454.

Follett, Mary P. 2003. "Power." In *Dynamic Administration: The Collected Papers of Mary Parker Follett*, edited by Henry Metcalf and Lyndall Urwick, 72–95. New York: Routledge.

Foucault, Michel. 1988. "The Ethic of Care for the Self as a Practice of Freedom." *In The Final Foucault*, edited by James Bernauer and David Rasmussen, 1–20. Cambridge, MA: MIT Press.

Habermas, J. 1977. "Hannah Arendt's Communications Concept of Power." *Social Research* 44, 3–24.

——. 1984. *The Theory of Communicative Action, Vol. 1. Reason and the Rationalization of Society*. Boston, MA: Beacon Press.

——. 1987. *The Theory of Communicative Action, Vol. 2. Lifeworld and*

System: A Critique of Functionalist Reason. Boston, MA: Beacon Press.
——. 1992. *Postmetaphysical Thinking.* Cambridge, MA: MIT Press.
——. 1996. *Between Facts and Norms.* Cambridge, MA: MIT Press.
Hayward, Clarissa R. 2000. *De-facing Power.* Cambridge: Cambridge University Press.
Heidegger, Martin. 1996. *Being and Time.* Albany: State University of New York Press.
Hill, Melvyn A. , ed. 1979. *Hannah Arendt: The Recovery of the Public World.* New York: St. Martin's Press.
Hinchman, Lewis P. and Sandra K. Hinchman. 1984. "In Heidegger's Shadow: Hannah Arendt's Phenomenological Humanism." *Review of Politics* 46, 183–211.
Honig, Bonnie. 1988. "Arendt, Identity, and Difference." *Political Theory* 16, 77–98.
——. 1991. "Declarations of Independence: Arendt and Derrida on the Problem of Founding a Republic." *The American Political Science Review* 85, 97–113.
Hörnqvist, Magnus. 2010. *Risk, Power and the State: After Foucault.* New York: Routledge-Cavendish.
Isaac, Jeffrey C. 1987. "Beyond the Three Faces of Power: A Realist Critique." *Polity* 20, 4–31.
Kant, Immanuel. 1979. *The Conflict of the Faculties.* New York: Abaris Books.
Kateb, George. 2001. "The Judgment of Arendt." In *Judgment, Imagination, and Politics: Themes from Kant and Arendt,* edited by Ronald Beiner, 121–138. Lanham, MD: Rowman & Littlefield.
Kohn, Jerome. 2005. "Introduction." In *Essays in Understanding, 1930–1954: Formation, Exile, and Totalitarianism*, edited by Jerome Kohn. New York: Schocken.
Kraft, Julia. 2000. "Power-With, not Power-Over." *Peace News* 2439: 35.
Lindahl, Hans. 2006. "Give and Take: Arendt and the Nomos of Political Community." *Philosophy & Social Criticism* 32, 881–901.
Luhmann, Niklas. 1982. *Trust and Power. Two Works by Niklas Luhmann.* New York: John Wiley & Sons Inc.
——. 2012. *Introduction to Systems Theory.* London: Polity.
Lukes, Steven. 1986. "Introduction." In *Power*, edited by Steven Lukes. New York: New York University Press.

———. 2005. *Power: A Radical View*. New York: Palgrave Macmillan.

Mansbridge, Jane. 1996. "Using Power/ Fighting Power: The Polity." In *Democracy and Difference*, edited by Seyla Benhabib, 46–66. Princeton, NJ: Princeton University Press.

Markell, Patchen. 2011. "Arendt's Work: On the Architecture of *The Human Condition*." *College Literature* 38, 15–44.

Marshall, David L. 2010. "The Origin and Character of Hannah Arendt's Theory of Judgment." *Political Theory* 38, 367–393.

Morgenthau, Hans J. 1965. *Politics Among Nations*. New York: Knopf.

Morriss, Peter. 2002. *Power: A Philosophical Analysis*. Manchester: Manchester University Press.

Pansardi, Pamela. 2012. "Power to and Power over: Two Distinct Concepts of Power?" *Journal of Political Power* 5, 73–89.

Parietti, Guido. 2009. "Osservazioni circa diritto e mondo in Hannah Arendt." *La Cultura* 47, 495–516.

Parsons, Talcott. 2005. *The Social System*. London: Routledge.

Passerin d'Entrèves, M. 2000. "Arendt's Theory of Judgment." In *The Cambridge Companion to Hannah Arendt*, edited by D. R. Villa, 245–260. Cambridge: Cambridge University Press.

Pitkin, Hanna F. 1981. "Justice: On Relating Private and Public." *Political Theory* 9, 327–352.

———. 2000. *The Attack of the Blob: Hannah Arendt's Concept of the Social*. Chicago: University of Chicago Press.

Pulkkinen, Tuiia. 2003. "Hannah Arendt and the Politics of Philosophy." *Alternatives: Global, Local, Political* 28, 215–232.

Schaap, Andrew. 2011. "Enacting the Right to Have Rights: Jacques Rancière's Critique of Hannah Arendt." *European Journal of Political Theory* 10, 22–45.

Schmitt, Carl. 2006. "Appropriation/ Distribution/ Production." In *The Nomos of the Earth in the International Law of Jus Publicum Europaeum*, 323–335. New York: Telos Press.

Schwartz, Joseph. 1989. "Arendt's Politics: The Elusive Search for Substance." *Praxis International* 9, 25–46.

Steinberger, Peter J. 1990. "Hannah Arendt on Judgment." *American Journal of Political Science* 34, 803–821.

Stemberger, Dolf. 1977. "The Sunken City: Hannah Arendt's Idea of Politics." *Social Research* 44, 132–146.

Villa, Dana R. 1992. "Beyond Good and Evil: Arendt, Nietzsche, and the Aestheticization of Political Action." *Political Theory* 20, 274–308.

——. 1996. *Arendt and Heidegger: The Fate of the Political*. Princeton, NJ: Princeton University Press.

Volk, Christian. 2010. "From Nomos to Lex: Hannah Arendt on Law, Politics, and Order." *Leiden Journal of International Law* 23, 759–779.

Weidenfeld, Matthew C. 2013. "Visions of Judgment: Arendt, Kant, and the Misreading of Judgment." *Political Research Quarterly* 66, 254–266.

Widder, Nathan. 2004. "Foucault and Power Revisited." *European Journal of Political Theory* 3, 411–432.

Young-Bruehl, Elisabeth. 1983. *Hannah Arendt. For Love of the World*. New Haven, CT and London: Yale University Press.

Zerilli, Linda M. G. 2005. "We Feel Our Freedom: Imagination and Judgment in the Thought of Hannah Arendt." *Political Theory* 33, 158–188.

第九章 极权主义领袖理论

彼得·贝尔（Peter Baehr）

导论

希特勒具有什么特征，使他能够成为极权主义政体的最高领袖？他在其极权主义生涯中取得了哪些成就？希特勒是他领导的政体所必需的抑或只是辅助性的？确切地说，极权主义的领袖所做的哪些东西是特属于极权主义的，而不同于单纯的专制或威权？阿伦特回答了所有这些问题，但是她的极权主义领袖理论在她的全部作品中却是最不出名和难以捉摸的。她不是直接面对领袖问题，而是通过构成《极权主义的起源》（1951d/1973）第三部的、超过150页的篇幅，来拆解这个问题。阿伦特的基本理论将马上得到解释，但这无疑对那些不知道阿伦特核心主张的读者提出了极大的要求，去努力理解阿伦特迷宫似的复杂解释。

本章考察阿伦特的极权主义领袖理论。[1] 我将从阿伦特对"大众"

---

[1] 我聚焦于希特勒，即德国的最高统治者，而不是更大数量的一批部级领导、将军，以及其他军事将领。这与阿伦特本人的用法是一致的。

的描述开始，然后进入其对作为纳粹德国统治者的希特勒的解释，最后讨论作为一个隐形社会学家的阿伦特：一个不断诉诸社会学解释的思想家，尽管她表达过与作为一个学科的社会学的对立。贯穿本章的阿伦特的领袖观都是和韦伯的卡里斯玛统治观相对立的，阿伦特认为卡里斯玛的统治观被应用于极权主义统治状况时是荒谬的。

大众

> 如果一个阶级足够数量的成员被谋杀，那么，任何一个这样的阶级都能够被灭绝。（《极权主义的起源》，320）

汉娜·阿伦特的极权主义领袖理论是《极权主义的起源》第三部的有机组成部分，但是其核心地位很容易被低估。[1] 尽管她关于"暴民"和"大众"的观点在《极权主义的起源》的第四章、第五章和第十章得到了明确表达，但是极权主义领袖却没有得到这样明确的关注。怎么解释这种不对称？对阿伦特而言，领袖不是和大众截然不同的；他们完全是重叠纠缠的。阿伦特不断地把极权主义领袖——用的例子都是上层领导——描述为大众的"代理人"、"模拟演员"（impersonator）、"公务员/功能（functionary）"，这样，在极权主义的语境中，说到大众时，也在说领袖。同样，极权主义运动就是大众组织（323）。[2] 在一个似乎是贬低领袖的不可或缺的重要性的段落，阿

---

[1] 就我所知，本章是关于阿伦特极权主义领袖理论的第二篇专门的研究，第一篇是玛格丽特·卡诺万的研究（2004）。我关于"大众"的讨论很大程度上依赖于我的另一个研究成果（Baehr 2007）。

[2] 为避免笨拙地重复文献细节，所有来自《极权主义的起源》的引文仅用圆括号注明页码。

伦特主张：希特勒"依赖他所象征的大众的'意志'恰如大众依赖他"。没有领袖，大众将"缺少外在代表"。而如果没有大众，"领袖就是无足轻重的"（325）。阿伦特赋予大众的重要性要求我们相信阿伦特通过这种或那种同根术语所意指的东西。

阿伦特主张，极权主义只有在阶级已经消融为大众的社会才是可能的。在这样的社会，政党政治被还原为意识形态姿态，公民责任在很大程度上被冷漠取代。阶级是以利益为基础的型构，受其在生产过程中的位置决定。它们为个体提供了社会成员关系和社会团结的感觉。传统的政治政党不同程度地代表了阶级力量。而大众是某种非常不同的东西，而且也不能被混同于放荡不羁者、流寇、无赖、阴谋家等组成的群体——阿伦特称之为"暴民"。

大众通过两种互补的方式产生。首先，他们由存在于阶级社会和政党政治的裂缝中的个体构成。被剥夺了机构化的归属、无法经验到传统政治、缺乏信念的大众，像瘟疫一样蔓延。由于之前从来没有得到政党系统的组织，或被政党系统的花言巧语说服，大众为极权主义运动提供了可以开垦的处女地。

与这第一种意义上的"大众"——现代社会的必然伴生物——并列的，是阶级型构所不能整合的人口中的许多部分，阿伦特认为这是大众的另一个来源。由此推断，大众是特定系列因素的产物；他们由所有社会阶层的碎片组成，这些社会阶层丧失了其以前的社会身份和情感定位，而这种丧失是突发的政治、地缘政治和经济脱位的结果，涂尔干和帕森斯认为这同一种脱位现象导致了失范（anomie）（这是阿伦特努力避免的一个术语）。在欧洲大陆，这个意义上的大众通过下面两种方式得以产生。首先，他们是第一次世界大战之后的社会混乱的结果：革命、军事失败、经济萧条、帝国瓦解、具有新伦理基础的国家的建构，以及因此而发生的那些不见容于社会者的流离失所。这个模式在中欧和西欧的绝大部分地方是显而易见的。社会灾难击碎了大多数的阶级系统，原先的阶级位置被一种"新的、令人恐怖的消极团结占据,"他们是喧闹的个体组成的无阶级大众",由彻底多余的人组成:失业的工人、被剥夺的小商人、"原属于中产阶级和上层阶级的成员"(315)。他们的共同点是彻底的绝望、痛苦感、背叛感,以及对政党现状的憎恶——尤其是对那些以前声称代表他们的党派的憎恶。

在德国和奥地利,希特勒利用了这个危机,动员起那些在两次世界大战期间政治上被剥夺了权利、经济上被削弱的大众,并把他们组织为运动。大众极大地扩大了纳粹专制极权政体的社会基础。但是,需要强调的重点是:他们先于极权主义统治而存在。

阿伦特主张希特勒是大众领袖,也就是说,"外在于体面的欧洲社会的阶级和国家体系"(327),她把他的出身准确地定位于越轨的、犯罪的或准犯罪的社会边缘地带。希特勒的青少年时代看起来像一部野心勃勃又默默无闻、鲁莽蛮干的历史,他在气质上像一个社会的格格不入者,曾经参与组建一个政党,该党清一色地由那些不合时宜者、失败者和冒险家组成。"职业和社会生涯方面"的失败,"私人生活方面的扭曲与不幸",远没能影响希特勒做大众领袖的资格;相反,只能增加其感召力,因为这使他显得像一个更深广的灾难性命运的先驱,准备为了运动的发生而牺牲一切(327)。尽管国家社会主义的统治者具有不容置疑的大众性,但他们与大众又是不同的。希特勒比他所代表的大众更年长,而且他本来就不是大众出身。那么,一个真正的大众领袖看上去是什么样的?也就是说,一个由大众实际培育而不只是通过下层社会与大众联系的领袖,看起来是什么样的?这样的人可能更类似于"顽固愚钝的莫洛托夫",而不是"充满歇斯底里幻想的希特勒"(327)。海因里希·希姆莱这个"1936年之后德国最有权力的人"(337—338),在阿伦特看来是一个有代表性的大众形象:"谨小慎微,精打细算,规规矩矩。"(327)希姆莱

> 不是一个戈培尔那样的波希米亚式的人,也不是一个像施特赖歇尔(Streicher)那样的性犯罪分子,或者希特勒那样的狂想

家，或者格林那样的冒险家。他通过假定大多数人既不是波希米亚式的人，不是狂想家、冒险家、性犯罪分子、怪异者，也不是社会失败分子，而首先是有固定工作的人和顾家之人，而证明了自己把大众组织进极权统治中的超级能力。希姆莱为历史上最大规模的犯罪而组织的那个大众人，带有市侩阶层而不是暴民的特征，他是一个资产阶级，当他的世界处于毁坏中时，他担心的不过是私人的安全，随时准备牺牲一切——信念、荣誉、尊严。最容易被摧毁的莫过于那些只想着保卫自己的私人生活之人的隐私和私人道德。(338；关于这种刻画的一个更早的版本，也见于Arendt 1945a/1994，128)

说希姆莱是"1936年之后德国最有权力的人"，这个评论似乎与阿伦特坚持的观点，即希特勒在德国是超级领袖的说法相矛盾。但是，她的观点不是说希姆莱是比希特勒（他的技巧我后面再说）更重要的人物。她的意思是：希姆莱是纳粹政权"不断变化的战斗核心"的主要实际组织者（370），是持续扩张的激进主义的枢纽，这种激进主义监视随国防军进入纳粹占领的外国领土的移动杀人小组，那是比纳粹党卫军还要极端的杀人组织。[1]但是阿伦特强调的是："是希特勒本人——而不是希姆莱，也不是鲍曼或戈培尔——总是发明更'激进的'措施；这些措施总是比他的当前环境要求的更加激进；即使是希姆莱，当他被委托以犹太人问题的'最后解决'时，他也吓坏了。这一切现在都得到了无数史料的证实。"(375，fn. 89)

---

[1] 阿伦特还说警察头目希姆莱占据了"最强有力的公共地位"(405)。

没有卡里斯玛的魅力

在发展其关于极权主义领袖的理论时，阿伦特明显偏离了大量当时流行的关于国家社会主义的解释。她相信，这些解释总体而言是错误的（它们把国家社会主义类比于过去的政体——独裁、专制、暴行等——因而不能抓住极权主义领袖的真正新颖性）。比如，它们错误地把希特勒描述为受国家理性驱动的（321）。在黎塞留和梅特涅的传统中，对国家利益的追求假定了一个理性的目标和对于国家所效忠的民族的有限承诺；相反，极权主义统治者却蔑视民族的或其他的界限。他们的野心是全球统治——不是一个国家的统治而是一个运动的统治。为了达到这个目的，必须在一场旷日持久的斗争中以统治者自己国家的安全作为赌注。由于意识形态的紧迫需要削弱了工具理性，这些国家的经济常常陷入混乱，统治者自己国家的成千上万的公民被清除、处死，陷于饥饿，被驱逐出境，沦为奴隶，或者在战斗中被杀。

> 我们对于极权主义国家体制的反实用主义特点的迷惑不解，源自这样一个错误的观点，即我们正在处理的毕竟是一个常规国家——官僚制、专制、暴政，源自我们忽视了极权主义统治者的一个明确的主张，即他们把自己正巧掌权的国家视作通向征服世界道路上的国际性运动的一个临时总部，他们是依据数个世纪或千年这样的长度来思考胜利和失败的，而全球利益总是高于自己国家的地方性利益。作为"不可思议之精神错乱的一部分"而让外部观察者感到震惊的，不过是这样一种逻辑：不仅对于国家，而且对于民族、人民乃至统治者自己的权位，运动都有绝对的优先性。（411—412）

认为极权主义领袖为强烈的权力欲——它在传统上被视作邪恶——所驱动，同样是不正确的。极权主义领袖寻求的不是谦卑的敬意,也不满足于垄断国家机器。[1]极权主义领袖寻求"从内部统治人类"(325),这是一种通过他们释放的恐怖和精心阐释的意识形态而实现的、无所不包的统治类型。所谓领袖原则,是另一个加诸极权主义领袖的错误标签。虽然极权主义不是帮派统治或团伙统治(407),虽然领袖统治是不容挑战的(405),但是领袖原则本身不是一个极权主义的概念,而是一个权威主义的概念,纳粹运动从中不无误导性地、修辞性地借用了这一概念。严格地说,领袖原则意味着等级和权威。等级意味着权威通过一系列委托和责任的层级从上至下渗透;权威则假定了对于领袖和被领导者的同时制约。一旦结合起来,等级和权威就使得它们所做的安排规范化和稳定化。但是,这恰恰是极权主义要抵制的东西:稳定会使一往无前地向外扩张的、狂风暴雨般的运动平静下来。

  这些标准的关于极权主义领袖的阐释因为过于宽泛和时代错位而误入歧途。但它们也是容易被识别和抛弃的。然而,阿伦特还特别解决了另一个至少迂回地来自社会学的棘手问题,即主张极权主义的领袖之一阿道夫·希特勒类似于卡里斯玛领袖。虽然卡里斯玛这个术语具有漫长的历史,而且原初带有明显的宗教印记,但是在阿伦特的时代,就像在我们的时代一样,它与韦伯的作品(尤其是1922/1978)具有关键性的联系。阿伦特特别警惕不用韦伯的卡里斯玛理论解释希特勒。但我们有理由说,她提供的领袖理论比韦伯自己的理论具有更加深刻的社会学性质,而且从社会学角度看更精微。韦伯著名的纯粹卡里斯玛类型是为了适应各种各样的例子而设计的:军事的、宗教的、政治的、艺术的。这个视角敏锐的概念是一个受历史启发的抽象概念。但是,请注意:关于任何个案,它告诉我们的是多么少得可怜。阿伦特的视角更加聚焦。由于卡里斯玛这个术语应用混乱,所以阿伦特对它

---

[1] 在其关于斯大林的最后一次演讲中,阿伦特指出了斯大林同时羞辱其敌人和自己同僚的欲望(1972/2015)。

持怀疑态度，转而强调极权主义领袖史无前例的特点。迄今为止，已经出现的极权主义领袖的例子只有两个。她的工作是仔细地描述他们，而不把他们两个或其中一个用作关于领袖的一般理论的平台。

为了理解阿伦特对比研究的特征，一个有助益的方法是回忆一下韦伯描述的卡里斯玛的基本要素。

韦伯认为，纯粹的或"真正的"卡里斯玛具有双重的超凡性：其承载者"被视作充满了超自然的和超人的，或至少是特别超常的力量或品质"（1922/1978，241）；至少在一开始，其充满血泪的一生是人类激动、热情或悲伤的心理条件——它们或者与更大的社会危机相关，但也可能不相关。渴望献身于卡里斯玛领袖，蔑视传统，反对墨守成规，由此，"卡里斯玛式的信仰'从内部'彻底改造人，为了其革命意志而改造物质和社会条件"（1978，1116）。然而，不管是（与卡里斯玛领袖）关系亲密的人，还是一般大众，他们的忠诚都不是无条件的，也不是不加批判的。领袖必须带来必需的物质和情绪满足，以让其追随者保持对自己使命的献身。为了保持其对心灵的控制力，卡里斯玛必须持续展示其力量。如果短暂的胜利之后就是灾难，向信徒承诺的好生活没有能够实现，领袖就会发现自己被抛弃，被嘲弄，而最坏的还是，发现自己不过也是庸人一个。因此，归根结底，卡里斯玛形象是他人忠诚的俘虏。当这种忠诚转向冷漠和敌意时，卡里斯玛的魅力也就烟消云散了（1978，242，1114）。

因此，虽然演示各种奇迹的能力是卡里斯玛持久性的条件，但却不是其合法性要求的基础。这种合法性的基础是这样的观念："臣服于卡里斯玛权威的人，有责任承认其真实性并依此而行动。"正是这样的道德律令，这个代表领袖的忠诚要求，使人相信他或者她是神的化身、天意的体现，相信建构卡里斯玛合法性的"权威主义原则"（Weber 1978，242，266）。相反，君主政治、波拿巴主义等则反映了这样一种情境：在这种情境中，卡里斯玛沿着理性化的漫长道路降入世俗之途，以至于其原初的合法性主张的前提被颠倒；简言之，卡里斯玛的合法性从属于"一种反权威主义的解释"（1978，266）。领袖的权威不是建立在一个使命上——追随者只要承认他，就必须承认这个使命（最纯粹地显示的卡里斯玛）；相反，领袖的合法性现在来自追随者本身的意志——（政治的）卡里斯玛领袖宣称是这种意志的体现。通过这种方式，合法性获得了一种民主色彩。

表面上看，韦伯的两个主题重新出现在阿伦特对于极权主义领袖的讨论中：对于传统的不敬、不在乎是否合乎成文法；领袖的神圣使命和革命意志。但是，阿伦特赋予这些特性的含义以及她阐释它们的方式，不带有对于韦伯理论的实质性参考。正如我在别的地方表明的（Baehr 2001），阿伦特的政治思想在所有重要方面都是反韦伯的。但是为了避免冒犯雅斯贝尔斯——对于雅斯贝尔斯而言，韦伯是一个神圣的形象——阿伦特没有公开表达与韦伯的分歧。这样，当阿伦特对作为解释性概念的卡里斯玛进行攻击的时候，韦伯没有成为她炮轰的对象是可以理解的。相反，是倒霉的汉斯·格特（Hans Gerth，1940）这位社会学家和曼海姆以前的学生，成为阿伦特批判的对象（361—363，n. 57；1951—1952/1994，388）。阿伦特同样反感明言的或暗含的认为希特勒是卡里斯玛的观点，这种观点在战后的德国变得非常时髦，其例证之一就是历史学家格哈德·里特尔（Gerhard Ritter）的《希特勒的桌边谈话》（*Hitler's Table Talk*）的"导言"（Picker and Ritter 1951）。不仅这种用法带有辩护色彩，好像希特勒的卡里斯玛可以帮助解释其倾听者的轻信，而且卡里斯玛的透镜扭曲了对于希特勒周围环境之特殊构成的明智评价。那么，阿伦特提供的是什么样的不同解释呢？

在阿伦特评论《希特勒的桌边谈话》（1951—1952/1994）的长篇文章中，以及在更加简洁的《极权主义的起源》的注释中，她承认希特勒"作为大众演说家的杰出才华"。现在，这个观点与见证者对于希特勒人格魅力的描述形成直接冲突。[1]但阿伦特不以为然。魅力是一个同义反复的概念。人民被那些有魅惑力的人魅惑。她回应说，希特勒的魅力的秘密不在于某些不可言喻的有吸引力的品质，或者某些击中听众的"神奇的符咒"剥夺了他们的独立思考。希特勒的感召力根植于某些远为世俗的东西：迎合听众的社会癖好。她的论辩完全是社会学的。"魅力是一种社会现象，希特勒对其环境实施的魅力必须通过陪伴在他身边的特定的人得到理解"（305，fn. 1）。在她的解释中，希特勒的追随者是那些彻底失去了明智判断力的人，他们屈服于"观点的混乱"，而这种混乱正是犬儒化的、流行偶像崇拜的两次世界大战期间的时代病症。但是，在别人都没有主见、迷惑不解的地方，希特勒是坚强不屈的、坚定如一的，是铁铸的尖塔，耸立在被践踏得一片狼藉的田地，相应地，

> 希特勒的卡里斯玛问题相对容易解答。在很大程度上，它等同于里特尔教授说的"这个人（希特勒）对自己的狂热信念"，它依赖于人所共知的经验事实（希特勒想必在其早期生涯中就意识到了这个事实），亦即现代社会令人绝望的无力做出判断，这使得每个个体接受他（希特勒）自己所坚信不疑的一切，并在这个基础上做出判断。因此，超常的自信以及自信的展示激发了他人的信心；自命为天才激发了对他人的说服力，以至于他们真的以为他是天才。（1951—1952/1994，291—292）

尤其是两个特点使希特勒获得了声望——在其他时代和其他民族，人民会把这种声望贬低为危险的胡说八道。第一个特点是他的"毅然决然的语调"，带着极端教条主义传达的信念。阿伦特解释说，希特勒非常了解现代人深深地卷入了意见的大漩涡，了解其对确定性

---

[1] 我 1977 年对希特勒的建筑师与军备部部长阿尔贝特·施佩尔（Albert Speer）进行访谈的时候（在他从施潘道［Spandau］监狱释放不久），他也谈到了希特勒的"卡里斯玛"。

的渴望。希特勒理解"一个持续扮演的角色"毫无疑问会被接受为事实本身(1951—1952/1994,292)。其次,他通过形式化的、逻辑的连贯性——它具有文字上的强大说服力——来规划这个角色。事实上,如果"逻辑被界定为全然不顾所有事实和经验而坚持结论的能力,那么,希特勒这方面的才能——他的成功全依赖这种才能,而他的失败也因为它——就是纯粹逻辑的才能"(1951—1952/1994,292—293)。

我将在后面部分回到被极权主义统治者滥用的逻辑性。但是此刻值得注意的是,阿伦特对于魅力的分析和韦伯式的或受到韦伯启发的卡里斯玛统治理论的阐释之间的多重差异。卡里斯玛领袖沉迷于自己的天命,把自己和自己的追随者视作两种类型的人,而极权主义领袖对于其追随者的行为负全部责任。在韦伯的卡里斯玛理论中,领袖的灵韵依赖于他们提供的个人证据:奇迹、军事胜利等,而这些证据说明了其独特的作为拯救者的品质;与此相反,阿伦特认为,极权主义领袖的可信性本质上依赖于他们领导的组织。只要那个组织完好无损,领袖就不会受到责备(387—388)。而且,他们充分发展的才能并不是宗教的、艺术的或军事的先觉者的魅力,而是纯粹逻辑的才能,一种"天衣无缝的"世界观,领袖的统治基础不是依赖于合法性而是依赖于"虚构世界"的荒谬性。极权主义的统治者不是向世界发出新信息的超常个体,能够从情绪上转化那些其所接触的人。相反,"一般极权主义运动的最有特色的东西,同时也是其领袖的名声之本质的最有特色的东西,不过是他们令人震惊的被遗忘的速度,以及同样令人震惊的轻而易举地被取代"(305)。阿伦特使用的语言也充分表明其不同于韦伯。当韦伯借助卡里斯玛统治这个术语时,他通常意指一个特殊的统治类型；关于卡里斯玛的权威性，他写得更少。[1]对于阿伦特，"极权主义的权威"是一个矛盾的术语，而统治（Herrschaft）——她用于《极权主义的起源》的德文版标题的一个术语——意味着所有粗野的强制，今天的统治常常与这种粗野强制联系在一起。最后，极权主义领袖没有提供通向韦伯说的常规化的道路：从卡里斯玛魅力向持久的机构——比如教皇职位或王位——的转化。正如已经指出的，常规化将否定领袖领导的运动的激进本质。常规化创造的不是一种弱化的或升华的极权主义，而是一种完全不同的政体类型。

因此，阿伦特（1951d/1994）坚持认为，汉斯·格特把国家社会主义描述为官僚制和卡里斯玛——对韦伯而言，两者是方向相反的两种权威类型——的结合，明显是错误的。格特理论（1940）的问题不是未能忠实于韦伯的本意从而陷入矛盾。问题是：当他和其他社会学家把同一个概念用于希特勒和耶稣基督时得了音聋症。这样使用社会学家的工具——在这里就是卡里斯玛——抹平了基督这样的宗教形象和希特勒这样的疯狂煽动家之间的至关重要的差别，前者的博爱把一切人都视作上帝的子民，而后者则寻求统治世界并清除被妖魔化为非人的那些人。阿伦特认为，社会学家似乎失去了更为普遍的分辨鉴别的判断力，把同样的观念用于不同的群体，从而不能分辨人的特殊性并因此而深受其害。这话说得很重，但就我的目的而言，似乎不必深究。更为有趣的是，与明确的声明相反，阿伦特即使在批评社会学家时也不断地回到社会学的推理方式。依据她的解释，领袖是大众的蒸馏物和人格化。魅力是一种群体而不是个体的属性。领袖是在一个

---

[1] 维姆斯特（Sam Whimster）在电子邮件中（2014年11月22日）提出：除了一些早期片段外，韦伯用的术语"一直是 Herrschaft（德语：统治）。我提醒你注意，在我（维姆斯特）翻译《合法统治的三种纯粹类型》（'The three pure types of legitimate rule'）的时候，我变换使用'权力''权威''统治'等概念来翻译 Herrschaft。考虑到卡里斯玛才能的不稳定本质，尽管卡里斯玛领袖显然是一个 Beherrscher（德语：控制器），但'统治'这个概念太强劲了"。

机构中发挥作用的。如果它们不是社会学的观点，又能是什么呢？

极权主义领袖做些什么？

至此，我对阿伦特的概括强调的是她的如下主张：领袖是大众的一个矢量（vector）。但她也反复说极权主义领袖是行动者，他们的行动对于他们领导的运动至关重要。我们看到，极权主义领袖实际上通过摧毁所有坚固的社会群体而创造了大众，他改变了谚语"不打碎鸡蛋你就做不出煎蛋"所表达的旧政治信念、特别是革命信念，并把它变成名副其实的教条——"不做煎蛋你就不能打破鸡蛋"（Arendt 1950a/1994，275—276）。希特勒是组织和意识形态虚构的一个有才能的创造者，是他领导的运动的实验者，对"在可能的领域的可怕发现"负责（436），特别是这样的一种发现：人类的自发性在特定的条件下可以被彻底清除。而且，极权主义领袖使人相信，"迄今为止，还没有可靠的统计数字和可以获得的事实"，可以使人们相信集中营和死亡营的"骇人听闻的"事实（436）。

如果意志是行动的源泉，那么，希特勒就是具有超强意志的存在。和法律不同，法律是文明化的人工制品，它界定了什么是被允许的，并确立了程序和边界；而意志是人的能力，它本质上是反复无常的——除了在极权主义例子中它为了实现全球统治而实施的持续努力。阿伦特问道："有什么比人的意志更加没有边界，又有什么比只受意志支撑的秩序更任意专断？"（1966a/2003，244）"用纳粹的语言说，永不停息的、动态的领袖意志——这个短语可能意指一个固定不变的权威，而不是他的秩序——成为极权主义国家的'超级法律'。"（365；阿伦特引自纳粹文献）同样，"领袖的意志可以体现在任何地方、任何时候，他自己却不固定于任何等级，即使可能是他自己确立的等级"

(405)。正是他们的"简单明了的目标追求"和"坚强意志",推动希特勒"从现存的意识形态中选择了最适合的基本元素来建造另一个子虚乌有的世界"。这个全然虚构的世界是托派分子的阴谋世界,也是《锡安长老议定书》的世界。(362)

在《极权主义的起源》做出的很少的一个让步中,阿伦特承认希特勒是杰出的极权主义领袖。阿伦特认为,极权主义领袖应对西方最基本的伦理律令的颠倒负全部责任。"正如希特勒的'最后解决'实际上意味着给纳粹党的精英下达'你必须杀人'的命令。这些人当然是极度邪恶的。但是,作为运动的制造者和塑造者,他们显现出近似于天才的某些特征。

让我们考虑一下他们更为突出的成就。他们都设法摆脱党纲对自己的约束,以便让他们的激进主义不受教条限制(324)。他们都是发明家:"正是比他的精神教父舍内雷尔(Schoenerer)更精明的希特勒,懂得如何去使用种族主义的等级原则,如何利用关于'最坏'人种的反犹主义观点,以适当地组织'最好'人种以及处于两者之间的那些被征服者和被压迫者,如何把泛运动的优越情结普遍化,以便除了犹太人之外的每一个民族,都能够蔑视比自己更低贱的民族。"(241)

一直到他们的统治结束为止,他们都享有"大众的信任"(306),都喜欢把自己等同于大众的代理人:

> 领袖的最高使命就是发挥双重功能(扮演双重角色):既是与外在世界对抗的运动的神奇捍卫者,同时又是运动与外在世界联系的直接桥梁。领袖代表运动的方式完全不同于那些常规政党的领袖;他宣称自己对每个行动或错误行动负责。这个全盘责任是所谓的领袖原则的最重要的机构化方面,依据这种原则,每一个公职人员都不仅是由领袖委任的,而且是领袖的活化身,每一个命令都被认为是从这个永不枯竭的源泉发出的。(374)

希特勒还要求其追随者的绝对忠诚,最高的公职人员——"政策制定者"（386）——不同于那些远离统治中心的人，他们的忠诚不是因为他们相信领袖个人无所不知和永远正确，这是与卡里斯玛权威的又一个差异。精英们也不相信大众深信不疑的宣传式的废话。统治者的最紧密合伙人是可信赖的，这不是因为他们被领袖的超常品质所震撼，而是因为他们害怕领袖的事实上的统治。"他们（合伙人）的忠诚不是由于他们相信领袖是永远正确的，而是由于他们相信每个通过极权主义组织的超常方法垄断暴力工具的人，都可以变得绝对正确。"（388）而这种确信本身就联系于另一个观念："对于人的无所不能的坚定信念。（合伙人的）道德犬儒主义，他们相信没有什么是不能做的，建立在下述顽固信念上：一切都是可能的。"（387）

  阿伦特对极权主义的修辞（或她所说的风格）特点非常敏感，演讲时的词汇——希特勒偏于华美——的作用是双重的：它建构了一个"全然虚构的世界"——犹太人的阴谋世界——这个虚构世界为大众提供了意识形态参照；它诱使非极权世界认为极权主义的领袖只是纯粹的、头脑简单的煽动家，从而极大地低估了他们危险的独创性。姑且承认这些领导运动的恶人是机会主义者，他们恬不知耻地利用了一些流行的大众愿望，比如民族的伟大，而实际上他们追求的却是对世界的统治或者托洛茨基正确地描述的"永远革命"（317）。希特勒是高明的说谎者，他能够通过令人难忘的华丽辞藻把"大众焊接为一个集体单位"（333）。统治者比任何人都更理解"可怕的、非道德化的魅力"，通过这种魅力，"巨大的谎言最终确立为不可质疑的事实"（333）。

  统治者的艺术存在于在所选择的虚构中，利用同时又超越现实的各种要素，能够证实的经验的各种要素；存在于把这些要素推广到下属领域，即确定无疑脱离了个体经验的可控制领域。伴随这样的推广，极权主义宣传确立了一个足以与真实世界相媲美的世界，而这个真实世界的主要缺陷就是：它是不合逻辑的、不

连贯的、缺少组织化的。(362)

阿伦特相信,预言历史和自然的发展道路的能力,是下述主张的核心:极权主义领袖是一贯正确的。所有挫折和曲折都是暂时的,"领袖的行动永远正确"(383),固执己见,不愿意承认在任何重大问题上的错误。这是因为所有表面的挫败,事实上都是一个更伟大过程的一部分,是通向历史性凯旋——一旦人们找到了打开世界奥秘的钥匙,那么这个凯旋就是必然的和显而易见的——的重要阶段。领袖的"带有预测科学性质的语言"反过来对应于大众的需要,也就是那些"在世界上失去了自己的家园、现在已经准备好被整合进一个永恒的、战无不胜的力量的人们"的需要。"这种力量本身将带领逆境中苦苦挣扎的人类走向安全的彼岸"(351)。而且,极权主义领袖并不需要等待事件发生以便"验证其预言的真实性"(349)。他们知道:现实本身可以制造出来以便实现这些预言。在他们的概念中,事实并不是一个可以独立为真的数据;它是一段可以通过充分的权力而变得真实的情节,这样,正如"资产阶级是垂死的阶级"这样的断言通过清除其成员而变得真实,"犹太人是低能的"这个主张也通过制造死亡营的恐怖、饥饿、无序的境况而得到阐明,这种境况破坏了犹太人的团结,把他们降格为受尽折磨的困兽(349—350)。

运动机制

本文的前面部分辨析了极权主义领袖拥有的一系列能力,这些能力总是被阿伦特理解为是联系于大众和运动的本质的,运动就是组织起大众并使他们适合极权主义政体。极权主义领袖的最后一个特点也是阿伦特认为最重要的特点,还有待探索。这个特点关系到极权主义发动机的角色：发动变化，保证运动保持持久的、疾风暴雨式的压力，连根拔除文明的防护墙，好像它们不过是不堪一击的花园格栅，对此，极权主义领袖比任何人都负有更大的责任。极权主义包含了一场（大众）运动，而它本身就是一场运动。希特勒的"统治理想是这样的：没有任何国家、没有任何单纯的暴力机器可以达成这个理想。能够达成这个理想的只有永不停息的运动，亦即在每一个生活领域对于个体的长久统治"（326）。或者用她自己的话说："我们不应该忘记，只有一个建筑物才能有结构，只有一场运动……才能有一个方向，任何法律的或统治的结构形式，都不过是向特定方向加速推进的运动的障碍。"（398）

许多学者注意到：阿伦特不喜欢把自然界的因果模式应用于人类行为。社会科学中的"现实主义"理论家喜欢的、关于发生机制的结构模式也与她无缘。在受到自然主义类比的诱惑时，她偏爱结晶进而形成新现象的化学元素的意象，因此，她把极权主义描述为一系列元素——比如帝国主义、种族主义、反犹主义——的结晶。她偶尔也会拿有机体做比喻，把极权主义组织比作洋葱（413，430），比作病毒（306），把极权主义领袖比作"活组织"（living organization）（361，362，386；这个术语直接来自《我的奋斗》）；或者，她启用气象学的比喻，极权主义类似毁灭性的沙漠风暴（478），席卷大地，从大众社会的"组织化孤独"中汲取力量。[1] 然而，在阿伦特对于自然/物理比喻的敌意中，有两个重要的例外。第一个是她经常提到国家或行政"机器"（machine），我用kindle查到的情况是：在《极权主义的起源》中，"机器""机器的"使用了60次。另一个例外词汇是她用来理解极权主义领袖残忍的、无休止的干涉的。下面是一段著名的陈述：

---

[1] 沙漠类比也出现于阿伦特的《政治的应许》（2005a，202）。"心理学是让人类生命适应沙漠的学科，而极权主义则是一种风暴，在这种风暴中，错误的或虚假的行动突然从死一般的寂静中爆发出来，它们都代表对两种能力的内在威胁，这两种能力耐心地使我们转化沙漠而不是我们自己，这是激情和行动结合的能力。"

领袖作为让运动开始的发动机,位于运动的中心,他与由内部新成员的循环组成的精英的型构,是隔离的,这些新成员散布在他的周围形成神秘的光晕,而这光晕则对应于他的"不可估量的优势"(参见鲍里斯·苏瓦林[Boris Souvarine]撰写的关于斯大林的书的一段)。(373)

先搁置阿伦特对韦伯意义上的卡里斯玛观念的另一个背离——极权主义领袖的号召力来自内部圈子而不是来自其人格魅力——阿伦特要求我们考虑两个观念:第一,领袖或许更像暴风眼,处于运动的中心,而不是运动之上。第二,他是一个发动机,"制造、组织和扩散关于极权主义运动的巨大谎言机器,而这个机器依赖于领袖的位置。"极权主义领袖是一个这样的人,只有他能理解种族或历史的法则,他的预言——通过几个世纪或千年来表达的预言——从来不能用事实加以证伪(383)。阿伦特说,领袖的"真正作用"是不惜任何代价发动运动并加速其发展(375,fn. 89)。阿伦特不开车——很难想象她满身是油,穿着工作服,在汽车维修站仔细检查发动机的内部构造。但是,她所借助的发动机意象意味着类似于引擎传动轴的东西,维基百科将之界定为"传动的机器零件,通常用以联系其他不能直接关联的传动系统的零件"。[1] 如果阿伦特生活在互联网时代,她或许会把极权主义的领袖与调制解调器、路由器或以太网集线器进行比较。但是,她多次使用的自然/物理比喻,是把极权主义统治比作"传送带"(transmission belt)(408,409,418,421)(她从艾萨克·多伊彻[Isaac Deutscher]那里借用了这个术语)。阿伦特写道:"通过神秘的代理人网络,极权主义统治者为自己创造了直接的执行传动带,它不同于洋葱式的表面上的等级结构,而是与其他全部机构彻底分离隔绝

---

[1] http://en.wikipedia.org/wiki/Drive_shaft

的。"（43）

最后，我们可以通过辨析她使用比喻力图表达的东西，而不是通过过度阐释她的比喻，来最有效地把握她的意思。如果看看阿伦特特别归之于极权主义领袖的那些运动源泉和推进能量，这点就变得非常清楚了。这些运动机制是大量存在的。它们是极权主义领袖对于他所统治的社会的独特贡献，而不是卡里斯玛式的人物带来的。

被提及最多的机制是规律化的血腥的党内整肃活动。这种整肃是一个意在保证持久运动的设计。整肃妨碍了稳定的例行程序的确立，推翻了论资排辈的原则，切断了同事之间的忠诚和团结纽带，创造了大量的新岗位，为处于较低地位的党员提供了迅速上升的机会，巩固了所有职员对于领袖的依赖（323，390，431—432）。在纳粹那里，在迅速处决恩斯特·罗姆（Ernst Röhm）之后，与这种整肃对应的，是"关于'永不停止的筛选'（阿伦特引自海因里希·希姆莱）的激进观念"，这种筛选要求"筛选——这种所谓筛选实际上就是淘汰那些不合时宜者——所依据的标准的持续激进化"（391）。早期的帝国记录表明，清除四分之三犹太人之后就是彻底清除犹太人，清除病入膏肓者之后就是清除精神病人，这样的筛选原则一直扩展到大量不如雅利安种族纯洁的其他国家和种族的人。

运动的另一个机制是公职部门的增加以及它们之间和内部有计划的竞争的增加。国家社会主义滋生了大量的机构，以便反复增加、复制每个机构的功能。纳粹政权为学生提供了两个机构，为妇女提供了其他两个机构，为律师又提供了其他两个机构，还有教授、物理学家等。阿伦特说："从技术上讲，极权统治机构内部的运动动力来自这样的事实：领袖持续转移实际的权力中心，经常把它转到其他机构，但又不解除甚至不公开暴露那些已经被剥夺权力的群体。"（400）所有这些隐蔽机构都相信他们"体现了领袖的意志"，因为它们都没有被剥夺其存在，即使在它们身边新涌现出了另一套机构。这是"一种显然可以永远进行下去的游戏"。但是领袖的意志是变化不定的，而且常常秘而不宣。极权主义者唯一可靠的经验法则是：在"有意计划的无规则"条件下，权力与机构的公开性成反比关系（400—401）。至于领袖，他们参与到一种无休止的双重使命中去：一方面，他们必须建立一个充满阴谋和千年目标的虚构世界，这是极权主义运动的标志性符号；另一方面，他们又必须

> 防止这个新世界发展成一种新的静止固定之物；因为其法则和机构的固定化肯定会终结运动，与此同时也终结了最终征服世界的希望。极权主义统治者必须不惜任何代价阻止正常化达到这样的程度——在这里，一种新的生活方式能够发展出来：这种生活方式在经过一段时间之后会摆脱其不正当性，成为世界各民族的新生活方式中的一种。革命机构成为一种民族的生活方式的那一刻，极权主义将失去其"总体的"性质，并且服从于民族的法则，依据这种法则，每个民族都拥有特定的领土、人民和历史传统，这种传统把它联系于其他民族——因此这种多样性拒绝承认任何特定的政府形式具有绝对的有效性。（391）

我们已经看到，大清洗和诸部门的竞争性重叠原则，是运动的两个动力源。第三个是恶意归罪以及与之相伴的、推翻了所有常规成文法标准的司法概念。

阿伦特注意到，秘密警察是专制政体的一个支柱，其职责是追查并消灭"嫌疑犯"，所谓嫌疑犯就是带有危险思想和目标的人。但是，极权主义政体的秘密警察却并不追捕嫌疑犯，盖世太保有自己的目标："客观敌人"的"可能罪行"。客观敌人是那些除了存在之外没有犯任何罪的人（如果说有罪，他活着就是罪），他们是犹太人、吉卜赛人、地主、牧师，实际上是政体试图清除的任何群体。他们因身为某类人（如犹太人、吉卜赛人、地主、牧师）而被认为有罪，或因为有某些倾向而被认为有罪。他们的身份，更准确地说是他们的身份标识是持续变化的。由于预见到犹太人的灭绝，纳粹开始准备清洗波兰人，以及

某些类型的德国人。被剥夺了专制政体的常规手段——挑衅——之后,极权主义国家的秘密警察失去了其大部分权力,他们不再追捕不满者或煽动个体攻击政权。他们的职责只限于抓捕和执行。极权主义领袖所要做的事情,是依据环境需要决定哪些人是等待被处决的变化多端的敌人。"极权主义的警察……完全服从领袖的意志,领袖单独就可以决定谁是下一个潜在的敌人,他也可以挑选秘密警察部门的核心成员加以清除。"而这个主动权反过来又"恰好与极权主义统治者反复重申的实际情境相一致,即他们的政体不是任何传统意义上的政府,而是一场运动,其推进总是会遭遇新的、必须被清除的阻碍"(424—425)。

领袖发动运动的最后一个机制,在《意识形态与恐怖》中得到了最充分的讨论。这原是一篇论文,附加在《极权主义的起源》第二版以及此后的各种版本。[1]这篇文章进一步展开了一个萌芽于阿伦特对于魅力的分析的观点。阿伦特声称,希特勒是意识形态的先驱,在他出现以后,"意识形态的巨大潜力才被释放出来"(468):求助于"严格的逻辑性"是他们"专擅的"工作(472)。希特勒没有发现什么伟大的或新颖的观念。实际情况是:他把意识形态的逻辑推向了极端。极权主义意识形态不是"对于"'是什么'(what is…)而是对于'要成为什么'(what become)的总体解释,"无论在什么情况下,它们都只与运动的元素有关"(470)。而且可以无视经验而向前推进。极权主义领袖对自己在"冰冷的推理"和"无情的辩证法"方面的"超级天赋"深感自豪,"并进一步把意识形态的含义转化为逻辑一贯的极致"。仅就此而言,希特勒必须被视作最重要的意识形态家。这些新的极权主义意识形态专家与先驱者的区别是:吸引他们的首先不是意识形态的"观念"——阶级斗争和对工人的剥削,或者种族斗争与关爱日耳曼民族——而是可以从中发展的逻辑过程。马克思认为,当观

---

[1] 最先发表于《政治学评论》,15/3(1953a):303—327。

念抓住了群众，就产生了力量，这种力量不是存在于观念本身，而是存在于其逻辑过程，它"好像一种强有力的触角从四面八方抓住你，你好像被老虎钳夹紧了，无力逃脱；你必须要么投降，要么被彻底打败"（471—472）。

意识形态的内容"被逻辑吞没，'观念'通过逻辑而得到执行"。因此，国家社会主义的逻辑有助于摧毁大量的德国人。这种内在的逻辑性是通过"希特勒十分喜欢的论证"显示出来的：如果你说了A，你就不能不接着说B和C，直到最后一个字母（472）。

不可或缺—非不可或缺的领袖

或许阿伦特关于极权主义领袖的讨论中最难以把握的部分，是她对极权主义领袖的不可或缺—非不可或缺功能的解释。她一再蔑视那种把极权主义领袖视作富有独特才能和魅力的观点。领袖的光晕完全是策划的产物。"在真正的神秘权威和伪装的公开表征之间的持续而变化不定的划分，使得实际的权力宝座变得神秘兮兮。"（400）极权主义的统治者是大众的代理人和扮演者，他们并不寻求把自己的权力常规化，这是因为权力的常规化就意味着它的静态化，并创造出一种新的、保守的政体。与上述描述显然存在紧张的是：阿伦特把统治者的特征概括为拥有绝对权力，[1]这种权力对他们所统治的政体至关重要，一旦确立就很少受到来自内部的威胁——不管是来自军队还是秘密警察的威胁。这两个观点如何调和？

---

[1] "在第三帝国，只有一个人做出决策和能够做出决策，因此他是政治上充分负责的。这就是希特勒。因此，他可以非常正确地把自己描述为仅有的不可取代的德国人，而没有一点自大狂的嫌疑。"（1964c/2003, 30）我们必须回忆一下阿伦特这个陈述的背景：她反对宏大的历史叙事，这种叙事把人类还原为潮流的象征。

阿伦特区别了领袖政治生涯的两个阶段：第一阶段，即前全盘权力阶段；第二个阶段，领袖牢固确立了其在运动中的中心地位。在第一阶段，

> 领袖在亲密圈子中的位置取决于他在（亲密圈子的）成员之间耍阴谋的能力，以及他不断变换其人员构成的能力。他获得领导地位要归功于他控制党内权力斗争的高超能力，而不是他的煽动能力或官僚组织能力。他区别于早先的专制者之处在于：他很少通过简单的暴力赢得胜利。希特勒实际上既不需要党卫军，也不需要救世军来确保其作为纳粹运动领袖的地位；相反，救世军的头目罗姆依靠的是救世军对他个人的效忠，而他恰恰是希特勒的党内敌人之一。……另一方面，希特勒是处理具体问题的能手，其在政治生涯早期专注于人事工作，所以几年后，留在重要岗位上的人几乎全依仗他的恩赐。（373—374）[1]

领袖在第一阶段易于受到攻击，但是在第二阶段他的地位是牢不可破的。希特勒通过他无与伦比、成效显著的权谋能力——一种对人进行洗牌以把不安全感最大化的能力，一种操纵党内权力斗争的技能——保持了自己的优势。但是，在第二阶段，这些才能并没有决定性的作用。领袖统治他的圈子是因为"他们（圈子中人）真诚相信没有领袖一切将即刻烟消云散"（374）。每个人，包括随从和圣职人员，都知道他们的短暂权力没有独立的合法性基础，它直接来自"领袖，而没有正常的等级制中的中间层次"（405）。领袖的超级权力就是他关于"迷宫式的传动带"的知识（408）。

而且，"领袖是不可替代的，因为没有他的命令，整个复杂结构将失去其存在理由"。自然，领袖的亲信非常了解他的弱点。没有什

---

[1] 中译参考了《极权主义的起源》，林骧华译，生活·读书·新知三联书店，2008，第477—478页。——译注

么神奇的法宝，领袖"实际上不是作为人，而是作为一种功能而显得不可缺少"（387）。然而，领袖的功能性质非但没有削弱他对最高层运动的重要性，反而增加了他的重要性。极权主义的随从"从组织角度来理解一切事和人"，他们意识到：削弱领袖的重要性，或者寻求通过政变来取代他，无异于集体自杀（374）。即使想到了一致对抗，那也是非常困难的，因为任务重复和"持续的免职、降级和升迁，使得可靠的团队合作变得不可能，并且阻碍了经验的发展"（409）。领袖理所当然地认为组织将服从自己的接班人，不管他是谁。但只要他还活着，他就声称自己是天命的化身（408），声称自己正确地解释了"历史或自然中真实可靠的力量，不管是胜利还是失败，都不能证明这种力量是错误的，因为从长远看，它们最终会证明自己"（349）。阿伦特认为，领袖的变换或替代会损害大谎言（Great Lie）的可信性，以及领袖描绘的虚构的阴谋世界的可信性，而极权主义就建立在这个世界的基础上。实际上，一旦领袖上台，"系统的谎言"就会"更为一贯地和在更大的程度上被实施"[1]（413）。一场宫廷政变会暴露出危险或不稳定性；它将"打破围绕领袖办公室的永远正确的神魅，以及所有那些与运动相关者注定具有的神魅"（387）。最高层发生的瓦解或骚乱将使得整个虚构大厦遭遇"真实世界的事实性"，运动只有沿着领袖操控的、绝对正确的方向前进，才能阻止这样的事件发生"（387）。

极权主义领袖与警察头目的关系，对其垄断绝对权力至关重要（405—406）。他们（警察头目）都不曾挑战其领袖的至高权力，他们

---

[1] 阿伦特认为，希特勒采用民族主义修辞就是这样一个谎言的例子（413）。说它是谎言，是因为希特勒并不相信它——希特勒常常反对作为一种狭义教条的民族主义。同时也因为民族主义必然导出以下结论：国家社会主义不是用来出口的，而是满足于修正凡尔赛条约——归还失去的德国领土，德国和奥地利重新统一，吞并其他的领土，吞并其他说德语的土地。这些都是"一战"后德国外交政策的传统要求。正因为这样，它们对于希特勒而言就太不够了。

也都随领袖的垮台而死亡。在活着的时候，他们掌握着惊人的经济和暴力资源。但是，他们都"完全臣服于领袖的意志"（425）。是领袖而不是警察部门决定下一个"客观敌人"应该是谁。由于敌人是"客观的"——一个几乎是胡乱选择的范畴——这使得运动政体的持续激进化成为可能，因此，非极权国家中那种传统的警察工具也就成为多余。因为不太可能有真正的阴谋，所以秘密信息也就相对不太重要了。更经常的情况是，领袖占据了唯一能够预见未来的位置，因此，对于命运的阐释使得他变得绝对不可或缺（382—383）。"传送带的多样性、等级的混淆保证了领袖完全独立于他的所有下级，并使得政策的迅速和惊人的变化——这已经成为极权主义的显著特征——成为可能。"（409）这个事实也同样使领袖变得绝对不可或缺。

到这里，读者可能被这部分内容搞糊涂了。它似乎和此前的一些部分很难协调。总体上看，阿伦特的分析犹如禅宗一样迷惑难解。领袖似乎是一切，同时又什么也不是；他拥有绝对权力，同时似乎只是大众的化身；他是不可或缺的，同时又没有提供常规化的途径并被迅速忘却。我们到底该得出什么结论？可能至少有两个阐释选择。一种是把这种奇怪的现象当成阿伦特混乱的证据；她陷于自相矛盾。另一种阐释则是想象她知道自己在说什么，她意识到我刚刚提出的那个迷惑，并认为她已经充分表达了自己的观点并解释了这个谜惑。现在，（解释的）责任不是落在阿伦特身上，而是落在我们身上了。这个担子并非没有先例。

在罗马诺·瓜尔迪尼（Romano Guardini）的《上帝》（*The Lord*, 1954）中，信徒们被传授道:《圣经》记录的耶稣基督如格言所说的那样说话算数。因此，如果耶稣说到上帝因为信众的善行而"奖赏"他们，我们必须珍视并接受这个奖赏，无论在康德和后康德的伦理学系统——在这个伦理学系统中，我们受命为了做善事而做善事（做善事没有别的目的）——看来这是多么奇怪。瓜尔迪尼坚称，如果上帝谈到了奖赏，这不是因为他的标准比我们的标准更原始或天真，而是因为现代人傲慢地假定他们知道得更好更多。因为，"由于善本身的内在价值而向往善，这种向往是如此的单纯，以至于善的快乐是我们美德的唯一和全部令人愉快的动力——这是只有上帝才能做到的事情"。耶稣的奖赏观是"一个提醒，对谦逊的一个呼唤"。[1]

伟大的作者不是上帝，甚至也不是诸神。但我们因为作者的阐释的丰饶，因为作者比我们伟大而称作者为"伟大的"。我们可能会批评他们的观点，我们或许能表明他们误解了事实。我们或许可以说他们的主题已经被现代的或经过修正的学术研究取代。但是一旦说到论述的连贯性、复杂性和深刻性，评论者最好谨慎谦虚一些。正如柯林伍德（R. G. Collingwood 1939/1978: 28—43）说的，作者作品中的一个所谓混乱，是我们不能理解其所探寻的问题的结果。阿伦特持续地揭示了极权主义统治的奇特性。她的天才表现在不用卡里斯玛之类的陈旧范畴来描述它（极权主义统治），而尝试一种新颖的、能够抓住极权主义的悖论的解释。我所能做的是提出下面这个我偏爱的关于（极权主义）领袖的不可缺少的可缺少性这个难题：不是领袖，而是特定的领袖才是非必需的。（极权主义的）领袖不管具体是哪个人，都是极权主义运动的核心。但特定的领袖是可以置换的。离开了领袖角色，必将危及整个极权主义统治的大厦；离开了他所代表和依赖的组织，领袖也不能出现或存续。领袖、大众和运动是内在地相互关联的。从根本上看，这是一种借助角色而非具体的人而进行的结构性论证。换言之，这是这样的一种论证，1940 年代和 1950 年代的美国功能主义者将会发现它原则上完全符合社会学解释。

---

[1] 这段话在我的 kindle 中未标页码。它来自"Sincerity in Virtue"这章，即第二部第二章。

阿伦特与隐在的社会学

阿伦特的极权主义故事终结于1953年，我也将终结于此。1966年，当她为《极权主义的起源》第三版写前言的时候，阿伦特相信：极权主义政体已经发展为一党专制的非极权政体。

利用本章对阿伦特的极权主义理论的重温，来回答一连串显而易见但又非常重要的问题将是可能的，这些问题是：她的理论多大程度上符合极权主义政体的见证者以及现代历史学家在1951年后给出的解释？它们支持、修正还是否定了她的理论？而对于希特勒，阿伦特的解释可能稍差一些。盖世太保的人手不够（Johnson 2000）。除了后来面对狂轰滥炸的暴怒的俄国军队，德国人并不处在一个对于自己安全的持久恐怖状态。反纳粹的批评是非常普遍的（Klemperer 1995/1999）。阿特伦也知道这一点。伊恩·克肖（Ian Kershaw 2008, 320—357）对于"向元首看齐"的分析，在阿伦特引述纽伦堡文件时已经有所预言：希特勒的命令"有意模糊不清，并且是带着这样的期望发布的：它们的接受者将会意识到该命令的意图并做出相应的行动"（399）[1]。

尽管如此，对阿伦特的极权主义领袖理论的批判性阅读，并未对其研究有多少推进，亦非本章的目的。我的目的是不同的。首先，我尽可能通过全面和连贯的形式呈现阿伦特的理论。其次，我试图表明：一个对社会学持不留情面批判立场的人，如何一再地依赖具有社会学特点的解释，即使在她全面拒绝韦伯的理论时也是如此。这一工作的关键不是挑阿伦特的毛病，而是意在表明一种社会学的解读——它当然是非常独特而且极富想象力的——仍然包含在她的论证结构之中。阿伦特对卡里斯玛这个社会学概念——由一个真正的社会学家创

---

[1] 肖克（Kershaw）的希特勒传（2008）的第十三章和第十四章，即"持续激进化"和"激进化的动力"，也大致概括了她的观点，并提供了比阿伦特所知的更多的例子。

造的概念——的批评,掩盖了这个事实但不能否定这个事实。阿伦特也不能掩盖她自己对社会学的借用。在《极权主义的起源》中,西美尔对秘密社会的描述构成了其对于入会仪式、连续性谎言、领袖崇拜、极权主义运动的阴谋论虚构等的分析的基石;阿伦特对此直言不讳(376,n. 91)。从更一般的意义上说,《极权主义的起源》中出现了宫廷社会、资产阶级、暴民与大众等社会学概念。在阿伦特的理论建构中,所有这些都是在社会中真实存在的,都对政体有影响,都可以通过其自身得到分析。在一个新颖的构想中,领袖"代表了"极权主义运动;领袖作为他们所服务的组织的"化身"而扮演角色和发挥"功能",做出行动(374)。而且,如果我们把社会学的思考方式追溯到苏格兰启蒙运动,或者孟德斯鸠、托克维尔,就像阿隆理解的那样(1965b),我们就会相信这样的思考方式并不需要自觉的学科标签。[1]

那么,社会学的推理不可缺少的东西是什么呢?从形式上说,社会学的解释是这样的:在这种解释中,人类主体的某些方面被归之于集体实践和集体资源的影响、压力和推助的结果,比如互动仪式、宣传模式、处罚操演以及语言符码。[2] 社会——不管如何描述它——被认为影响了人类行为。在此意义上,阿伦特对社会概念的解释本质上就是一种社会学解释。用一种阿伦特自己的惯用话语之外的语言,我们

---

[1] 阿伦特同意这种说法。在康奈尔大学的一次讲座中,阿伦特认为,托克维尔作为"第一个社会科学家",他"预见到了大多数"社会科学后来的"发现"。见阿伦特的《从马基雅维利到马克思》(1965),《国会图书馆阿伦特文集》(演讲与手稿,1923—1975),图片 50。

[2] 例如,《艾希曼在耶路撒冷》包含了对良知泯灭的纳粹供职人员的语言的社会学解释。纳粹的标语口号和警句——党卫军的座右铭"我的荣誉就是我的忠诚","最后解决""特殊处理""重新安置"等委婉说法——其功能既是为了掩盖其所犯下的弥天大罪,也是为了赋予责任以道德意味。战争期间,纳粹的口号是"为了德意志民族的天命而战",它是希特勒也是戈培尔创造的,正如阿伦特观察到的那样,它"在三个方面使得自我欺骗变得更为容易:首先,战争不再是战争;其次,它是受天命而不是德国驱使的;第三,它是德国人的生死大计,德国人必须歼灭敌人,否则就会被敌人歼灭"(1963c/1994,52)。

或许可以说，阿伦特的"社会的（领域）"范畴是一个有待解释的词，即某种必须通过其他东西加以解释的东西，这个其他东西即古代世界的衰落和官僚—资本主义世界的出现。进一步说，社会的（领域）也是一个解释要素，亦即自身具有重要解释力的某种东西（比如一种力量，一种先在条件，一种诸要素的混合），其他事物（比如顺从主义、无人统治的统治、劳动社会的兴起等）需要通过它得到阐明。当社会（the social）得到清楚界定，一种社会理论得到清楚阐释的时候，社会学的解释就是有力的。当社会的（领域）被恰当地描述为生产出人类主体，亦即引导、强化或者妨碍他们活动的规范性力量的时候，一个社会学的解释可能就是成功的。

现在，让我们承认阿伦特在其著作中对"社会的（领域）"和"社会"的多方面参照（1958a，1963g）是间接的而不是系统的（Pitkin 1998）。这样的判断质疑的是她的社会学专业技能而不是她隐含的社会学本身。在阿伦特的解释中，"社会"（society）和"社会的（领域）"（the social）发挥的功能常常并不重要。但是它们及其同源词足以假定一种建构性形式——它们在《极权主义的起源》中就是如此。如果我们把她的著作视作一个整体，那么，我们就会发现社会和社会的（领域）这些术语从多个方面意味着市场关系，意味着必然性的领域，意味着公共领域和私人领域之间、上流社会和大众社会之间的混合地带。在一种语境中，阿伦特把它们视作虚幻的，而在另一种语境中，又把它们视作有效的。"社会的"这个术语交替地发挥一种隐喻功能——隐喻无思想的顺从、无差别、势利和等级制，肆意的内省，以及一种单维度的身份，一种孤立的身份。社会的领域有时是本体论的和无时间性的，如同海德格尔的人（das Man），有时则是历史性的和新颖的。作为市民社会，它与国家相对立，但又与国家联合。依据阿伦特的论证，"社会的"似乎是非本真性的别名，是非本真性的基础或结果。阿伦特关于犹太人同化的讨论所使用的范畴——特别是新贵和贱民——本身就是社会身份分层的模式。更常见的是，阿伦特的犹太人书写显示出浓重的社会学色彩。阿伦特解释说,犹太人的地位,是由其与国家的关系以及其社会边缘处境所界定的独特阶层(被剥夺了公民身份),犹太新贵是外围集团的成员,他们通过"印象管理"把压迫者的社会标准内化,去适应一个异化的世界,并因此而被人瞧不起。[1] 在书写启蒙晚期的德国犹太人时,阿伦特明言:在他们的理解中,"过去无情地紧紧抓住作为一个共同群体的他们;他们只能作为一个个体才能摆脱它"——换言之,即使是逃逸也需要他们对于其社会状况的敏感性(1957/1997,106)。同样,她以社会建构主义的风格承认,事实"有自己成其为真实的方式:它们的真理总是必须通过这种方式而被承认和证实"[2](1957/1997,92)。正如我们通过前面的论述将会预料到的那样,绝大多数情况下,"社会"和"社会的(领域)"这些术语是被否定地使用的,尽管这样的用法绝非无所不在的。[3]

我们可以把一种社会解释与一种社会学解释加以区分,而且说阿伦特只是发展了前者吗?那样就能保持她的清白。但是,只要社会学是关于社会事务、社会事实、社会习惯、社会型构、社会几何学、社会互动、社会纽带、社会关系的杰出学科,那么,这个区分就是迂腐和含糊的。从涂尔干到弗洛里安·兹纳涅茨基(Florian Znaniecki),

---

[1] 这个表述是皮特金(Pitkin's [1998, 26])而不是阿伦特的,但它是贴切的。除了其对真实的内在自我的坚持,《拉埃尔·瓦恩哈根》(*Rahel Varnhagen*)是戈夫曼式的。

[2] 阿伦特补充道:"或许现实只存在于每个人的一致同意,它或许是一个社会现象,一旦有人有勇气坚持不懈地否定其存在,它很快就将土崩瓦解。……唯有通过理性发现的真理是无法反驳的;只有这样的真理总是能够把自己清晰地呈现给每个人。可怜的现实,它依赖于相信它、确认它的人。因为事实及其确认是转瞬即逝的。"请对比彼得·伯杰(Peter Berger)的"可信结构"(structures of plausibility)概念 1965/1973, 53—56; and 1992, 123—143)。

[3] 在《反思小石城事件》(1959b/2000)中,阿伦特实际上依赖于社会关系的完整性。关于社会和社交对于思考的重要性,参见阿伦特(1989, 10, 19, 26—27, 42, 69—70, 72—74)。

再到罗伯特·尼斯比特（Robert Nisbet），社会学家一直是社会现象的意义的最伟大探索者。的确，今天的某些社会学家大声宣告社会的死亡，因而也宣告了传统社会学的死亡。但这是而且以后也将是一种怪异的观点。它对于我们关于阿伦特的讨论也没有意义，因为正如我们已经看到的，她不仅发展了"社会的"概念，而且赋予它特定的含义。在所有使用作为人类行为的限制性因素的社会概念和"社会的"概念的地方，在所有男人和女人的行为注定受到仪式、意识形态及受其影响的大量组织（俱乐部、军事和准军事团体、秘密社团、集中营等）影响的地方，我们就离不开社会学的解释。重要的只是它的类型、范围、复杂性和方法问题。它（社会学解释）的类型、范围、复杂性和社会学的解释是掩盖性的还是清楚明白的，假定的还是业已证明的，貌似有理的还是稀奇古怪的，证据充足的还是仅仅是一种断言？只有这些才是社会学解释的关键所在。

总之，问题不是阿伦特是否在其著作中借用了社会学的解释（考虑到她研究的主题，她很难完全回避），而是借用得是否合适。哲学家、历史学家、人文地理学家、政治理论家都注意到了这一点。你或许对社会学不感兴趣，但是，一旦你具体处理到社会形成问题，并使它们建立在理性、动机和能量的基础上，那么社会学就隐含于你的实践。追求纯粹的人将为阿伦特的隐在社会学所困扰，其他人则认为它是特别恰当的。社会学家能够将阿伦特当成一个重要的思想家来读，他们与她有一些共同之处。阿伦特的遗产有了一个新的传播媒介，一个新的听众，并通过它们产生思想影响。

（陶东风　译）

参考文献

Arendt, Hannah. 1945a/1994. "Organized Guilt and Universal Responsibility." In *Essays in Understanding 1930–1954*, edited by Jerome Kohn, 121–139. New York: Harcourt Brace.

———. 1950a/1994. "The Eggs Speak Up." In *Essays in Understanding 1930–1954*, edited by Jerome Kohn, 270–284. New York: Harcourt Brace.

———. 1951d/1973. *The Origins of Totalitarianism*. New York: Harcourt Brace.

———. 1951–1952/1994. "At Table with Hitler " (1951–1952). In *Essays in Understanding 1930–1954*, edited by Jerome Kohn, 285–296. New York: Harcourt Brace.

———. 1953a. "Ideology and Terror: A Novel Form of Government." *Review of Politics* 15 (3) : 303–327.

———. 1953b/1994. "Religion and Politics." In *Essays in Understanding 1930–1954*, edited by Jerome Kohn, 368–390. New York: Harcourt Brace.

———. 1957/1997. *Rahel Varnhagen*, edited by Liliane Weissberg. Translated by Richard and Clara Winston. Baltimore, MD: Johns Hopkins University Press.

———. 1958a. *The Human Condition*. Chicago: Chicago University Press.

———. 1958c. "Totalitarianism Imperialism: Reflections on the Hungarian Revolution." *Journal of Politics* 20 (1) : 5–43.

———. 1959b/2000. "Reflections on Little Rock." In *The Portable Hannah Arendt*, edited by Peter Baehr, 231–243. New York: Penguin.

———. 1963c/1994. *Eichmann in Jerusalem. A Report on the Banality of Evil*. New York: Penguin.

———. 1963g. *On Revolution*. New York: Viking.

———. 1964c/2003. "Personal Responsibility under Dictatorship." In *Responsibility and Judgment*, edited by Jerome Kohn, 17–48. New York: Schocken Books.

———. 1966a/2003. "Auschwitz on Trial." In *Responsibility and Judgment*, edited by Jerome Kohn, 227–256. New York: Schocken Books.

———. 1968a/2003. "Collective Responsibility." In *Responsibility and Judgment*, edited by Jerome Kohn, 147–158. New York: Schocken Books.

———. 1972/2015. "Stalinism in Retrospect." *History and Theory* 54 (3) : 353–

366, edited with an introduction by Peter Baehr.

——. 1985/1992. *Hannah Arendt Karl Jaspers Correspondence 1926–1969*, edited by Lotte Kohler and Hans Saner, translated by Robert and Rita Kimber. New York: Harcourt Brace.

——. 1989. *Lectures on Kant's Philosophy*, edited by Ronald Beiner. Chicago: University of Chicago Press.

——. 2005a. *The Promise of Politics*, edited and with an introduction by Jerome Kohn. New York: Schocken Books.

——. 2008. *The Jewish Writings*, edited by Jerome Kohn and Ron H. Feldman. New York: Schocken Books.

Aron, Raymond. 1965b. *Main Currents in Sociological Thought Volume I: Comte, Montesquieu, Marx, Tocqueville*. Translated by R. Howard and H. Weaver. New York: Basic Books.

Baehr, Peter. 2001. "The Grammar of Prudence: Arendt, Jaspers and the Appraisal of Max Weber." In *Hannah Arendt in Jerusalem*, edited by Steven Aschheim, 306–324. Berkeley and Los Angeles: University of California Press.

——. 2007. "The 'Masses' in Hannah Arendt's Political Theory." *The Good Society*, 16 (2) : 12–18.

——. 2010. "China the Anomaly: Hannah Arendt, Totalitarianism, and the PRC." *European Journal of Political Theory* 9 (3) : 267–286.

Berger, Peter. 1965/1973. *The Social Reality of Religion* (US title: *The Sacred Canopy*). Harmondsworth: Penguin.

——. 1992. *A Far Glory: The Quest for Faith in an Age of Credulity*. New York: Doubleday.

Canovan, Margaret. 2004. "The Leader and the Mass: Hannah Arendt on Totalitarianism and Dictatorship." In *Dictatorship in History and Theory. Bonapartism, Caesarism, and Totalitarianism*, edited by Peter Baehr and Melvin Richter, 241–260. Cambridge: Cambridge University Press.

Collingwood, R. G. 1939/1978. An *Autobiography*. With an Introduction by Stephen Toulmin. Oxford: Clarendon Press.

Gerth, Hans. 1940. "The Nazi Party: Its Leadership and Composition." *American Journal of Sociology* 45 (4) : 517–541.

Guardini, Romano. 1954. *The Lord*. Translated by John M. Haas. Washington, DC: Regnery Publishing.

Johnson, Eric A. 2000. *Nazi Terror: The Gestapo, Jews, and Ordinary Germans*. New York: Basic Books.

Kershaw, Ian. 2008. *Hitler: A Biography*. New York: Norton.

Klemperer, Victor. 1995/1999. *I Will Bear Witness 1933–1941: A Diary of the Nazi Years*. Translated by Martin Chalmers. New York: The Modern Library.

Mann, Michael. 1997. "The Contradictions of Continuous Revolution." In *Stalinism and Nazism: Dictatorships in Comparison*, edited by Ian Kershaw and Moshe Lewin, 135–157. Cambridge: Cambridge University Press.

Picker, Henry and Gerhard Ritter. (eds. /1951. *Tischgespräche im Führerhauptquartier 1941–1942*. Bonn: Athenäum.

Pitkin, Hanna Fenichel. 1998. *The Attack of the Blob: Hannah Arendt's Concept of the Social*. Chicago: Chicago University Press.

Weber, Max. 1922/1978. *Economy and Society*, Volumes I and II, edited by Guenther Roth and Claus Wittich. Translators various. Berkeley: University of California Press.

作者简介

朱迪丝·阿德勒（Judith Adler）主要从事文化社会学研究，她已经发表的著作涉及艺术社会学、旅行观光的社会学和社会史、早期隐修制度的流动文化，以及罗伯特·尼斯比特作为一种艺术形式的社会学方法。

彼得·贝尔（Peter Baehr）是加拿大社会理论研究专家。他是《简明汉娜·阿伦特》（2002）的主编，也是《汉娜·阿伦特、极权主义和社会科学》（2010）的作者。他目前正在写一本研究英国批评家丽贝卡·韦斯特的政治著作的书。

丹尼尔·戈登（Daniel Gordon）是阿默斯特马萨诸塞大学历史学教授。他曾发表过大量关于启蒙运动和启蒙运动学术史的著作。他是《没有主权的公民》（1994）的作者，伏尔泰《老实人》（1999）的译者，《后现代主义与启蒙运动》（2001）的主编。戈登还曾多年担任《历史反思》期刊的联合主编。

利亚·格林菲尔德（Liah Greenfeld）是一位专攻民族主义的社会学家。他曾写过三部曲：《民族主义：现代性的五条道路》（1992）、《资本主义精神：民族主义与经济增长》（2001）、《精神、现代性、疯狂：文化对人类经验的影响》（2013）。

约翰斯·朗（Johannes Lang）是丹麦国际研究学院的社会心理学家，也是哥本哈根大学心理学讲师，还曾是耶鲁大学社会学博士后。他是《情感与群体暴行》的联合主编，同时也是一个新的研究项目的联合主管，这个项目关注的是心理学在21世纪美国主导的战争中的作用。

约翰·李维·马丁（John Levi Martin）是芝加哥大学弗洛伦斯·博彻特·巴特林社会学教授。他的著作有《社会结构》（2009）、《社会行动的解释》（2011）、《通过理论思考》（2015），同时他还写过关于方法论、认知、社会网络和理论的论文。目前他正在研究社会行动理论的历史。

圭多·帕列蒂（Guido Parietti）曾在罗马萨皮恩扎大学学习哲学，目前是哥伦比亚大学政治学博士候选人。他的主要研究兴趣是政治概念分析和政治概念史，他正在写作关于权力概念的学位论文。

查尔斯·特纳（Charles Turner）在英国沃里克大学教授社会学。他的著作有《马克斯·韦伯作品中的现代性与政治》（1992）、《社会学理论》（2010）。他与别人合编了《大屠杀后的社会理论》（与罗伯特·法恩，2000）、《新欧洲的形成》（与拉尔夫·罗戈夫斯基，2006）、《威廉·巴尔达穆斯的社会学》（与马克·埃里克森，2010）。他是《欧洲文化与政治社会学杂志》的编者之一。

菲利普·沃尔什（Philip Walsh）是加拿大约克大学社会学副教授。他发表的文章涉及社会理论、政治社会学以及知识社会学。他的著作有《怀疑论、现代性与批判理论》（2005）、《阿伦特反社会学：理论、社会及其科学》（2015）。

本书荣获上海交通大学人文学院、首都师范大学文学院资助